Architektur der Welt

W0244128

Andreas Volwahsen
Henri Stierlin (Hrsg.)

Indien

Bauten der Hindus, Buddhisten und Jains

Fotos: Andreas Volwahsen
Vorwort: Walter Henn

Benedikt Taschen Verlag

Herausgeber der Reihe	Henri Stierlin
Grafische Gestaltung	Marcel Wyss SWB VSG
Ausführung der Pläne	Andreas Volwahsen und Gerd Mader

© für diese Ausgabe: Benedikt Taschen Verlag GmbH
© Compagnie du Livre d'Art, S.A.
Editions Office du Livre, Lausanne
Printed in Germany
ISBN 3-8228-9532-6

Anlage des Buches

Vom Bedeutungsinhalt des Rasters

Vorwort von Walter Henn, Architekt

Für den Europäer ist es schwierig, einen Zugang zur indischen Baukunst zu finden; und wenn man sie gar noch unter dem Blickwinkel betrachtet, Beziehungen zur Baukunst unserer Tage aufzudecken, dann erscheint das zunächst ein völlig falscher Ausgangspunkt zu sein. Man sucht nach Leitlinien, wie sie aus der europäischen Baukunst geläufig sind, oder man möchte zumindest den einen oder anderen Bezugspunkt aufgezeigt bekommen und ist enttäuscht, daß man derartige Orientierungshilfen nicht ohne weiteres erkennen kann. Selbst das einfache Mittel der vergleichenden Stilelemente versagt sich dem fremden Betrachter.

So wie die üppige Vegetation des Dschungels den freien Blick verwehrt, so wird man in der indischen Baukunst irritiert von dem unübersehbaren Reichtum der Formen, des dekorativen Schmuckes und des plastischen Ausdrucks. Um so reizvoller und verlockender ist es aber, die äußeren Erscheinungsformen zu durchdringen und zu fragen, ob die alten indischen Baumeister nicht auch Regeln oder Gesetze gekannt haben, nach denen sie ihre Bauten aufgeführt haben. Besonders das indische Mittelalter mit seinen zahlreichen hinduistischen Tempeln bietet sich für solche Fragestellungen an.

Das Ergebnis der durchgeführten Untersuchungen, die in dem vorliegenden Buch erstmalig einem breiten Leserkreis zugänglich gemacht werden, ist überraschend. Man stößt auf ganz einfache Gesetzmäßigkeiten, nämlich auf das Quadrat und das gleichseitige Dreieck. Und aus der regelmäßigen Reihung gleicher Quadrate ergibt sich ein ganz strenger Raster, der fast allen Hindu-Tempeln zugrunde liegt. Dem Quadrat und dem gleichseitigen Dreieck ist außerdem wegen ihrer mehrfachen Symmetrie immer auch der Kreis verwandt.

Hat man aber erst einmal das geometrische Grundprinzip der indischen Bauwerke entdeckt, dann zieht man unwillkürlich Vergleiche mit den entsprechenden Epochen der europäischen Baukunst; ausserdem drängen sich geradezu Parallelen zur Baukunst unserer Tage auf. Ihr hält man vor, daß sie im Vergleich zu früheren Epochen verarmt sei, weil die meisten ihrer Bauten auf einem Raster entwickelt sind. Die indische Baukunst dagegen scheint durch die Anwendung eines Rasters, noch dazu eines strengen quadratischen Rasters, überhaupt keine Einschränkung ihres Formenreichtums erfahren zu haben. Vielleicht konnte sich ihre Üppigkeit überhaupt nur entfalten, weil ihr ein Raster zugrunde lag. Wie ist dieser scheinbare Widerspruch zu erklären?

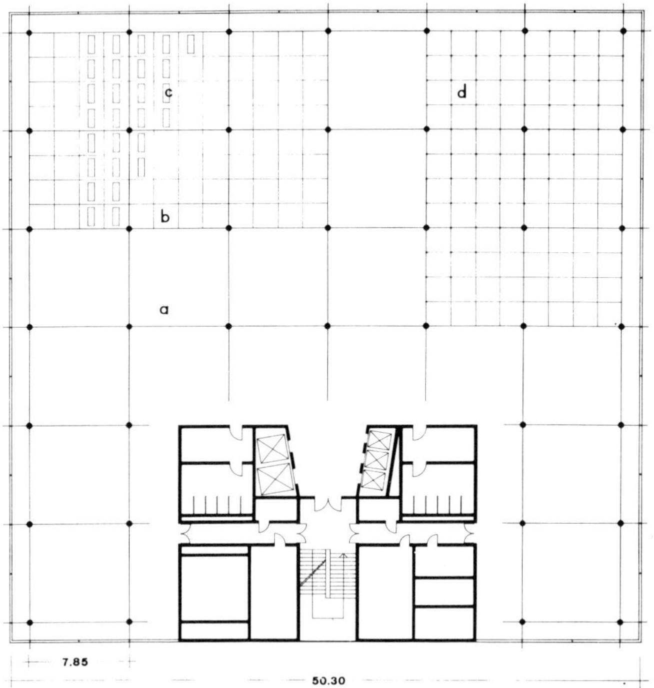

▲ Grundriß eines Verwaltungsgebäudes in München, von Walter Henn
a) Tragwerkraster
b) Installationsraster
c) Deckenraster
d) Beleuchtungsraster

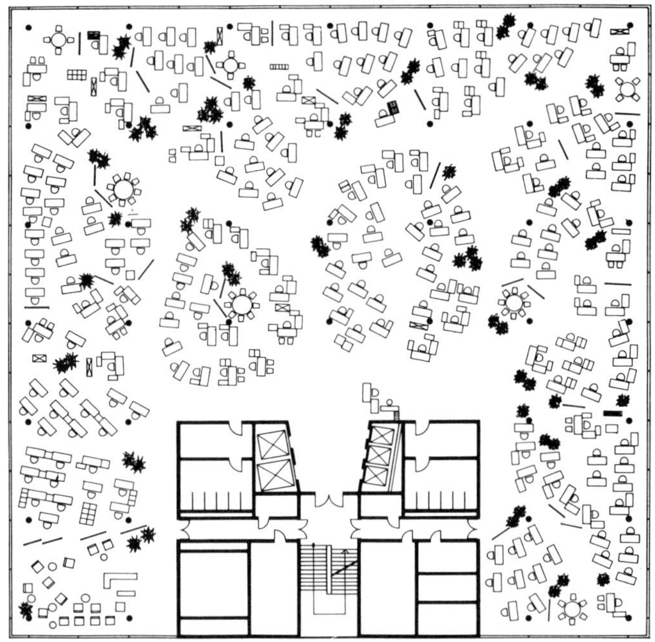

▲ Grundriß desselben Raumes mit freier Mobiliaranordnung

Die Verwendung des Quadrates als Grundraster und des Dreiecks als Kompositionsprinzip hatte in der indischen Baukunst in erster Linie eine religiöse Bedeutung. Jedes Quadrat war der Wohnsitz einer Gottheit und die Lage des Quadrates im Grundriß entsprach der Bedeutung der Gottheit. Das in der Mitte des Bauwerkes gelegene Quadrat war der Sitz des Brahman. Dem indischen Baumeister ging es ausschließlich um die religiöse Bedeutung des von ihm verwendeten Rasters. Ein Hindu-Tempel kann daher als ein kultisches Weltmodell gedeutet werden.

Wenn wir für unsere neuzeitlichen Zweckbauten einen Raster verwenden, so liegen dem – oberflächlich betrachtet – zunächst ganz vordergründige wirtschaftliche Absichten zugrunde. Man strebt gleiche Bauteile an, um sie seriengemäß vorfertigen zu können. Wir sind auch bereit, die unseren Bauten zugrunde liegenden Raster abzuwandeln, sobald es uns zweckmäßig und wirtschaftlich erscheint.

Für den indischen Baumeister gab es keinen Wandel der geometrischen Grundfiguren, da diese religiösen Ursprungs waren. Deshalb auch das Festhalten an alten Formen und ihre Wiederholung über Jahrhunderte in ganz verschiedenen Materialien. Daraus folgt weiterhin, daß der indischen Baukunst der Begriff des materialgerechten Bauens fremd ist; die Kanonisierung der Form steht im Vordergrund. So können auf die indische Baukunst auch nicht Begriffe aus der europäischen Baukunst, wie Last, Stütze und Bogen, übertragen werden. Ja selbst die für uns mit dem Wort Fassade verbundenen Vorstellungen versagen gegenüber der indischen Architektur.

Da aber für den indischen Priesterarchitekten das Quadrat die absolute Grundform war, aus der keine Folgerungen abzuleiten waren und die auch keine konstruktiven Variationen zuließ, konnte diese mystische Grundform um so mehr vom Dekorativen überwuchert und fast verdeckt werden, wobei auch die Dekoration und besonders der plastische Schmuck einen ikonographischen Charakter hat.

Nun zeichnet sich auch bei unseren Bauwerken eine Entwicklung ab, die den Raster überspielt. Die «Bürolandschaft» eines Bürogroßraumes läßt die dem Bauwerk zugrunde liegenden Raster kaum mehr erkennen. Diese Freiheit in der organisatorischen Nutzung eines Baues ist aber nur möglich, weil mehrere Rastersysteme – vom Tragwerksystem über die Installation in den Fußböden bis zur Aufteilung der Unterdecken und Anordnung der Beleuchtung – ganz konsequent aufeinander abgestimmt sind. Wir wären vermutlich gar nicht in der Lage, die Bauaufgaben unserer Zeit ohne die geometrischen Grund-strukturen, die uns die Raster liefern, sinnvoll zu lösen. Und zwar sind es nicht nur vordergründig technisch-wirtschaftliche Überlegungen oder simple Ordnungsprinzipien, die auch den heutigen Architekten seine Bauten im Raster entwickeln läßt, sondern letzten Endes ist es der Drang zur Gestaltung – zum bewußten Gestalten im Gegensatz zum organischen Wachsen –, der die Bindung an eine geometrische Ordnung voraussetzt. Es hängt

▼ Das Arbeitsmodell eines Großraumbüros von Walter Henn zeigt die in Arbeitsgruppen gegliederte Bürolandschaft.

▼ Grundriß eines hinduistischen Tempels, der über einem quadratischen Raster entwickelt wurde

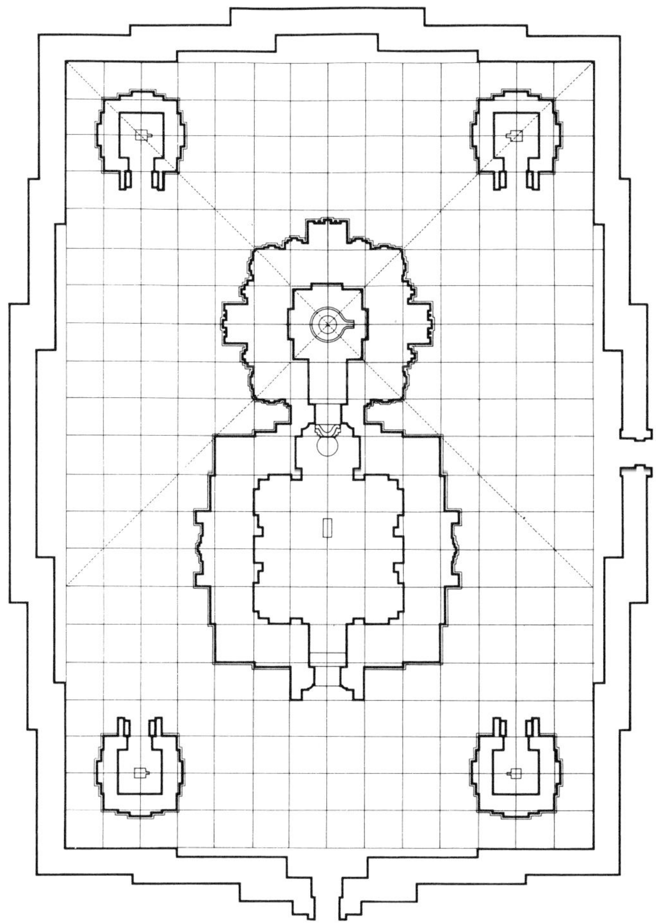

von der Intensität der Auseinandersetzung mit der jeweiligen Bauaufgabe ab, ob sich eine freie und überzeugende Form über einem Raster entwickeln läßt oder ob der Raster zu einem Prokrustesbett der modernen Architektur werden muß.

So fremd uns die indische Architektur erscheint, und so wenig man auf den ersten Blick irgendwelche Zusammenhänge mit den Bauwerken unserer Tage vermutet, umso provozierender wirkt geradezu der geometrische Raster, der den indischen Bauten zugrunde liegt und auch für uns immer noch seine Bedeutung hat. Die verschiedenen Motivationen haben aber zu ganz verschiedenen Überbauten geführt. Daraus kann nur die Folgerung gezogen werden, daß ein Raster als solcher architektonisch wertfrei ist. Erst sein ihm von den Architekten zugewiesener Bedeutungsinhalt entscheidet über seine Auswirkungen in der Architektur.

1. Historische Einführung, religionsgeschichtliche Voraussetzungen

Indien verdankt die ungewöhnlich stetige Entwicklung seiner Kulturepochen in erster Linie seiner geographischen Abgeschlossenheit. Im Nordwesten begrenzen unpassierbare Wüsten und Gebirge die Indusebene, im Norden führen nur wenige Pässe über den in ewigem Eis liegenden Himalaja. Auch der Osten ist nur über schwer passierbare Verkehrswege erreichbar. Nach Süden zu wird die sich verjüngende Halbinsel vom Meer abgeschlossen. Diese abgeschirmte Lage hat die Bewohner des indischen Subkontinents seit je in trügerischer Sicherheit gewiegt. Eindringende Eroberer hatten leichtes Spiel, wenn es ihnen erst einmal gelungen war, ins Land zu kommen.

So überrannte im 2. Jahrtausend v. Chr. ein aus den zentralasiatischen Hochebenen kommendes Hirten- und Reitervolk Stadt für Stadt einer bereits hoch entwickelten, aber militärisch ungewappneten Kultur in der Indusebene. Die Eroberer nannten sich Aryas. Sie bestimmten in den folgenden zwei Jahrtausenden die Entwicklung des geistigen und vor allem des sozialen Lebens. Aus der Gegensätzlichkeit zwischen Fremden und Einheimischen entwickelte sich ein immer differenzierteres System von Kasten und Unterkasten. Die nur auf die Verehrung einiger Naturerscheinungen begrenzte Glaubenswelt der Aryas stieß auf eine Vielfalt von Geistern und Dämonen. Das bis heute unveränderte Ergebnis ist ein kaum mehr überschaubares Mosaik verschiedenster Anschauungen und Kulte. Aus diesen Kontrasten wuchs ein unerschöpflich reiches Leben auf den Gebieten der Philosophie und der Kunst. Andererseits verhinderte diese Zerrissenheit aber auch eine gemeinsame Verteidigung gegen militärische Invasionen. So konnten sich die seit dem 10. Jahrhundert n. Chr. ebenfalls aus Nordwesten vorstoßenden Mohammedaner dank ihrer größeren inneren Geschlossenheit unschwer des Landes bemächtigen. Dieser Einbruch hatte genauso wie der der Aryas eine weitgehende Zerstörung der bestehenden Kultur zur Folge. Mit der Unterwerfung der dravidischen Urbevölkerung in der Indusebene durch die Aryas wird die Industal-Kultur ausgelöscht. Nach der Eroberung Indiens durch die Mohammedaner wiederum kann von einer eigenständigen Entwicklung auf dem Gebiet der Hindu-Architektur nicht mehr die Rede sein. Damit kommen wir zu unserem Anliegen, einen bestimmten Abschnitt aus der Baugeschichte Indiens zu betrachten.

Die indische Baugeschichte gliedert sich in drei Epochen:
1. Industal-Kultur von etwa 2500 v. Chr. bis zur Arya-Invasion um 1500 v. Chr.
2. Hindu-Architektur von der Arya-Invasion bis zur schritt-

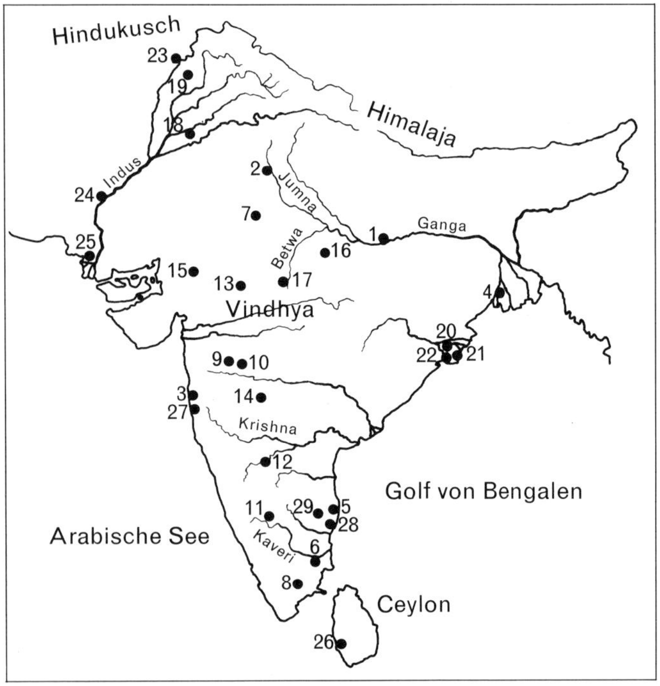

▲ Geographische Karte Indiens

1 Kashi (Benares)	11 Somnathpur	21 Konarak
2 Delhi	12 Vijayanagar	22 Caurasi
3 Bombay	13 Ujjain	23 Takht-I-Bahai
4 Calcutta	14 Chezarla	24 Mohenjo Daro
5 Madras	15 Abu	25 Karachi
6 Tanjore	16 Khajuraho	26 Colombo
7 Jaipur	17 Sanchi	27 Karla
8 Madurai	18 Harappa	28 Mahaballipuram
9 Ellora	19 Taxila	29 Kanchipuram
10 Ajanta	20 Bhubaneswar	

weisen Eroberung Indiens durch die Mohammedaner, also etwa bis zum 13. Jahrhundert n. Chr.
3. Die Architektur des Islam vom 10. Jahrhundert n. Chr. bis zur Ablösung der mohammedanischen Herrscher durch eine englische Verwaltung im 18. Jahrhundert n. Chr.
Wir beschäftigen uns in diesem Buch mit der mittleren Phase, weil nur sie die hinduistische Mentalität in ihren wesentlichen Zügen widerspiegelt. Da diese aber das Resultat eines langen historischen Werdegangs ist, werfen wir auch einen kurzen Rückblick auf die vorausgegangene Stadtkultur des Industals.

Die Industal-Kultur

Der erste Hinweis auf eine vor-arische Zivilisation wurde durch die Ausgrabungen unter Sir John Marshall gegeben. Er legte die Überreste von Mohenjo Daro und Harappa, zwei regelmäßige Stadtanlagen in der Indusebene, frei. Dabei fiel auf, daß beide Städte, obgleich über 600 km voneinander entfernt, nach einem gleichen Planungsprinzip angelegt waren. Weitere Grabungen im Nordosten Indiens brachten schließlich noch Reste mehrerer Kleinstädte ans Tageslicht, welche zur selben Zivilisation gehören müssen. Hatte sich die indische Geschichte bis zum Zeitpunkt dieser Entdeckungen nicht weiter als bis ins 7. vorchristliche Jahrhundert mit Sicherheit zurückverfolgen lassen, ergab sich nun ein ganz neues Bild der Frühgeschichte des Subkontinents.

Über die Anfänge der Industal-Kultur wissen wir allerdings noch wenig, da ein hoher Grundwasserstand bislang in Mohenjo Daro das Vordringen durch die ältesten, tiefsten Schichten bis auf den gewachsenen Boden verhinderte.
Die Grabungsfunde in den oberen Schichten zeigen, daß die Stadt nicht, wie gleichzeitige Großstädte Mesopotamiens, langsam aus einer kleinen Siedlung, einem Flußlauf folgend, wuchs. Es handelt sich vielmehr um die älteste wohldurchdachte Gesamtplanung einer Stadt schlechthin. Ein nahezu rechtwinkliges Schema von Hauptstraßen gliederte den Stadtbereich in verschiedene Wohnquartiere. Diese wurden durch wiederum rechtwinklig angeordnete Nebenstraßen und schließlich Fußpfade in Baublöcke unterteilt. Die zur Straße hin fensterlosen Häuser gleichen in der Gruppierung der Wohn- und Schlafräume um einen Innenhof bereits dem noch heute in weiten Teilen des Orients üblichen Stadthaustyp. Als tragendes Baumaterial wurde ausschließlich Ziegel verwendet. Auch einige ausgedehnte Bauten, welche als Paläste einer Aristokratie gedeutet werden können, sind in der nämlichen schmucklosen Ziegelbauweise aufgeführt. Die Häuser haben durchwegs gleiche Höhe.
Ein ins Auge fallender Palast, wie er für das Bild einer frühgeschichtlichen Stadt des Orients typisch ist, fehlt.
In Mohenjo Daro wie auch in Harappa überragt aber ein aus Lehmziegeln künstlich aufgeschichteter Hügel die Wohnstadt. Der Hügel ist im Gegensatz zur Wohnstadt stark befestigt. Bezeichnenderweise enthält diese Zitadelle nun aber nicht den prunkvollen Palast eines absoluten Herr-

schers altorientalischer Prägung, sondern im Falle von Mohenjo Daro zum Beispiel eine großzügige Badeanlage, Getreidespeicher und andere Gemeinschaftseinrichtungen. Ein kompliziertes Be- und Entwässerungssystem, welches uns in gleicher Perfektion erst wieder in Rom begegnet, durchzieht die Stadt. Die Abwasserkanäle, ebenfalls in Ziegelmauerwerk gefaßt, liegen direkt unter der Straße, abnehmbare Bedeckungen ermöglichen jederzeit ihre Reinigung. Es ist nun wiederholt der Versuch gemacht worden, die Städte der Indusebene mit der sumerischen Stadtkultur in Verbindung zu bringen, sie eventuell sogar als einen unindischen Ableger der letzteren einzustufen.

Solche Vermutungen wurden gestützt durch Funde von Industal-Siegeln in Mesopotamien. Ebenso war in beiden Kulturen die Verehrung von Fruchtbarkeitssymbolen üblich. Ein in der Industal-Kultur zu beobachtender starker zivilisatorischer Unterschied zwischen Land- und Stadtbevölkerung führte schließlich zu der Theorie, daß eine einheimische Dorfkultur bereits in vorgeschichtlicher Zeit durch ein Volk auf höherer zivilisatorischer Stufe überlagert wurde. So kannten die Städter vermutlich schon Bronzewerkzeuge, während die bäuerliche Landbevölkerung durchweg mit Steinbeilen arbeitete. Betrachten wir allerdings das städtische soziale Gefüge, soweit es sich aus den städtebaulichen Resten rekonstruieren läßt, dann scheint eine über den normalen, einander befruchtenden Kontakt hinausgehende Verbindung zwischen den Bewohnern des Fünfstromlandes (Panjab) und denen des Zweistromlandes (Mesopotamien) unwahrscheinlich.

▼ Stadtplan von Mohenjo Daro (~2000 v. Chr.)

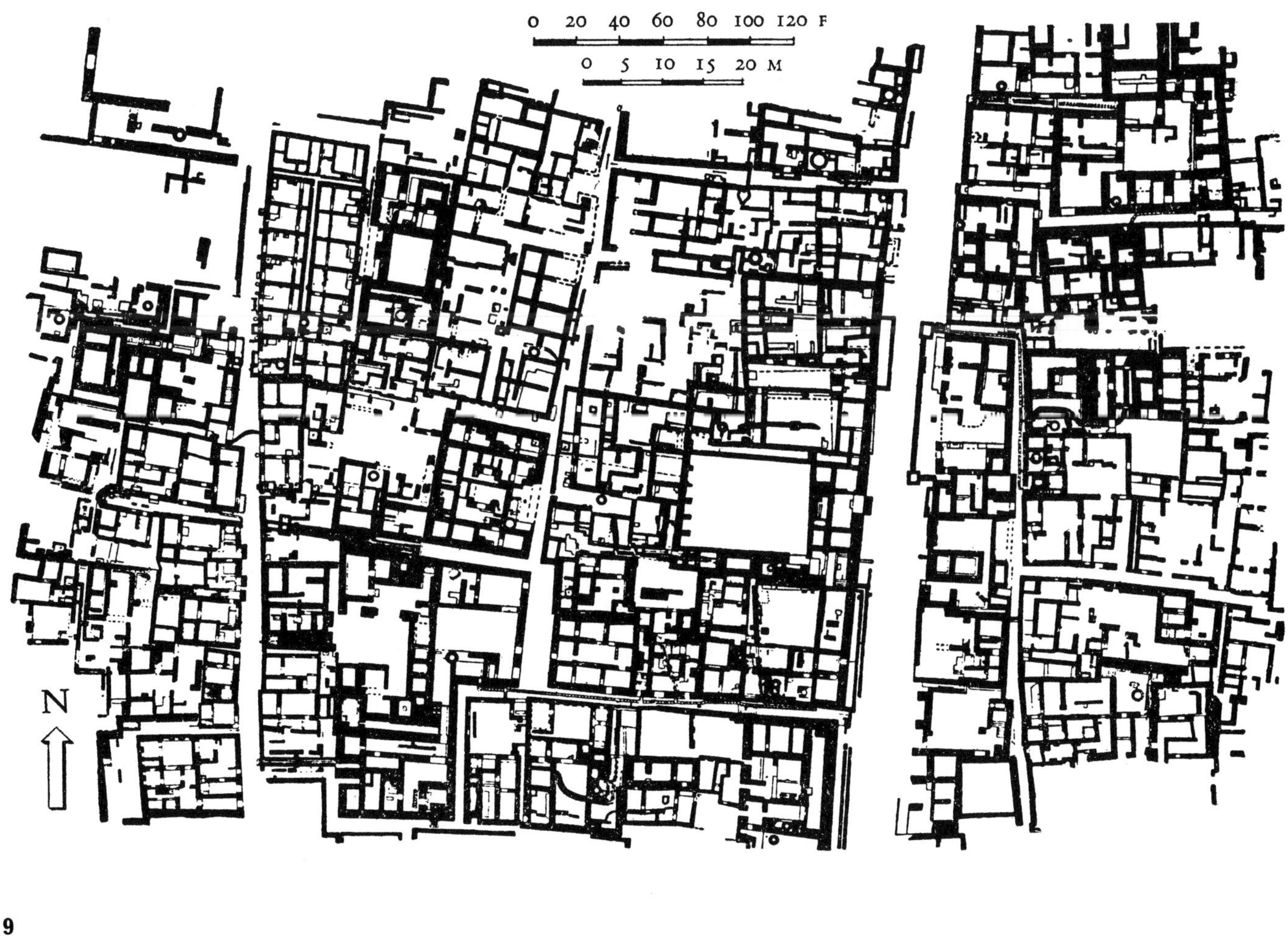

Der auf einen Alleinherrscher ausgerichteten Gesellschaftsform Mesopotamiens steht die breite Schicht der durchweg wohlhabenden Stadtbevölkerung von Mohenjo Daro und Harappa entgegen. Diese wurde offensichtlich nicht durch den Terror eines Despoten gelenkt, sondern beugte sich vielmehr einer von Priesterfürsten überwachten, religiös begründeten Gesetzmäßigkeit. Die große Badeanlage auf der Zitadelle von Mohenjo Daro erinnert an die später in der Nachbarschaft von Hindutempeln angelegten Teiche, die der rituellen Reinigung dienen; in Mesopotamien sind rituelle Waschungen und ausgedehnte Badeanlagen unbekannt.

Wer eigentlich das Imperium um Mohenjo Daro und Harappa regierte, wird erst geklärt werden können, wenn es gelingt, die Schrift der Industal-Bewohner zu entziffern. An Quellenmaterial mangelt es nicht. Stempelsiegel mit Tier-, Menschen- und Götterdarstellungen und immer wieder auftauchende einfache Schriftzeichen hat man in großer Menge gefunden.

Die Arya-Invasion

Mehrere Male im Lauf ihrer tausendjährigen Existenz wurden Harappa und Mohenjo Daro durch Flut und Brand zerstört; und jedesmal baute man die Stadt ohne die geringste bauliche Veränderung auf den Mauern der vorhergegangenen wieder auf. Den Archäologen bot sich Schicht für Schicht das gleiche Bild. In der obersten Schicht findet sich ein Hinweis auf die Art des endgültigen Untergangs. In unnatürlichen Stellungen liegende Skelette lassen uns vermuten, daß die immer zahlreicher einfallenden und unaufhaltsam nach Osten und Süden vordringenden Arya-Stämme der Industal-Kultur ein Ende setzten.

Das hellhäutige, vergleichsweise primitive Reitervolk der Aryas wußte mit einem Stadtgebilde nichts anzufangen. Die schwarzhäutigen Bewohner wurden versklavt und bildeten in der sich langsam formenden Kastengesellschaft die unterste Kaste. Bestätigt wird diese Theorie zur Entstehung der Kasten durch das Sanskrit-Wort für Kaste, das nichts anderes heißt als «Farbe», zudem auch dadurch, daß der höchste Gott der Aryas, Indra, in den heiligen Überlieferungen als «Zerstörer der Städte» gefeiert wird. Das setzt die Kenntnis von Städten, und insbesondere ein feindliches Verhältnis zu ihnen, voraus.

Aus dem wilden Reitervolk der Aryas wurde im Verlauf weniger Jahrhunderte eine seßhafte Dorfbevölkerung. Bald wuchsen die Niederlassungen der Stammesführer zu städtischen Mittelpunkten kleiner Fürstentümer und Republiken. Da die Ahnen der neuen Städtebauer die Stadtkultur am Indus restlos zerstört und diese auch in den ansonsten sehr ausführlichen Sagen ihrer befremdenden Nutzlosigkeit wegen kaum erwähnt hatten, vollzieht sich der Prozeß der Umwandlung einer Dorfkultur zur weit komplexeren Stadtkultur ohne Erinnerung – oder gar Anknüpfung – an die vorausgegangene perfekte Kunst des Städtebaus.

Veden und Upanischaden

Die Fruchtbarkeit der feuchten, heißen Niederungen hatte die Aryas von den zentralasiatischen Hochebenen und Gebirgen zum Indus gelockt. Umgeben vom übermäßig fruchtbaren aber auch tödlichen Dschungel, verfallen nun auch sie der Dämonen- und Zauberwelt, in welcher die unterworfene schwarze Landbevölkerung lebt. Der alte arische Glaube an die Devas, «die Glänzenden», weicht der Furcht vor den Geistern der undurchdringbaren, blühenden und gleichzeitig modernden Urwälder. Der Einfluß der Stammespriester, der Brahmanen, wird in der ursprünglich von dem Geist der Kriegerkaste geprägten Gesellschaft um so größer, je mehr die Dorfbevölkerung Schutz vor dem Spuk des Dschungels sucht. Die kaum mehr verständlichen Veden, eine bislang nur mündlich weitergegebene Sammlung von heiligen Liedern und Anrufungen der alten arischen Götter, werden nun, von ca. 1000 v. Chr. an, mit ausführlichen Kommentaren, den Brahmana-Texten, versehen. Die vedische Opferhandlung, die den Windgott, den Sonnengott oder den Gott des Donners und der Blitze günstig stimmen soll, erstarrt in einem komplizierten Ritus, über dessen genaue Einhaltung die Brahmanen eifersüchtig wachen. Der kleinste Fehler könnte den Zorn der Götter hervorrufen.

Immer mehr Draviden-Götter mischen sich in das vedische Pantheon. Obgleich die vedischen Götter als recht menschliche Wesen gedacht wurden, hatten die Aryas doch nie Abbilder von ihnen geschaffen. In den Dörfern der Dravida-Sklaven hingegen wimmelt es von bunten Götzenbildern und Fruchtbarkeitssymbolen. Aus der Mischung beider Religionen entsteht der Hinduismus in seiner klassischen, noch heute gültigen Form. Um 800 v. Chr. werden die ersten philosophischen Traktate, die Upanishaden, im Anhang an die vedischen Hymnen verfaßt. Der personifizierte Gott, sei er nun dravidischen oder arischen Ursprungs, rückt in den Hintergrund des Interesses. Die Seher verkünden nicht mehr die Macht der Götter und den Weg zur Erlangung ihrer Gunst durch Opfer oder Verehrung, sie bemühen sich vielmehr, das den Kosmos durchdringende Gesetz zu erkennen und alles Sein und Handeln in einem kausalen Zusammenhang zu sehen.

Als einzige Wirklichkeit anerkennen sie das Brahman, «selbstleuchtender, alldurchdringender, nicht geschaffener, ewiger Geist, die letzte Ursache des Universums, die Macht hinter allen greifbaren Kräften, das Bewußtstein, das alle bewußten Wesen belebt.» Dieses Brahman wird in seinem transzendentalen Aspekt als das sogenannte «nicht beschaffene» Brahman betrachtet. Es kann mit dem Verstand nicht erfaßt werden und wird deshalb auch gerne mit Paradoxonen umschrieben, wie zum Beispiel «dieses zweiheitlose Brahman, obwohl es sich nicht bewegt, ist es schneller als das Denken, obwohl es ruht, reist es weit, obwohl es liegt, geht es überall hin.»

Als über jeder Kausalität von Raum und Zeit stehendes, reinstes Sein ist das nichtbeschaffene Brahman die Negation aller Eigenschaften. Wer es in der Meditation erkennt, dem verheißen die Upanishaden Einswerdung mit diesem reinsten Sein, Erlösung aus dem Kreislauf von Geburt, Tod und Wiedergeburt, Eingehen in Brahman.

Die Vorstellung des Brahman als höchstes, allen Dingen zugrunde liegendes Prinzip kommt dem Bedürfnis der Gläubigen nach einem personifizierten Gott, einem gnädigen Herren der Welt, nicht entgegen. Das Brahman kann deshalb auch in seinem phänomenalen Aspekt als «der beschaffene Brahma» oder «Ishvara» betrachtet werden. Diese Manifestation auf der Ebene der Erscheinungswelt entspricht dem Gottvater des Christentums oder dem Allah des Islam. War bei der Betrachtung des eigenschaftslosen, von der Raum-Zeit-Begrifflichkeit nicht bedingten Brahman der Gedanke an eine Schöpfung der Welt irrelevant, so kann nun der beschaffene Brahma als Schöpfer, Erhalter und Zerstörer des wahrnehmbaren, jedoch nicht die letzte Wirklichkeit repräsentierenden Universums verehrt werden. In seinen Funktionen als Schöpfer, Erhalter und Zerstörer wird der Weltenherrscher verehrt erstens als Schöpfer, auch wieder Brahma genannt, zweitens als Erhalter, Vishnu genannt, und drittens als der Zerstörer, Shiva genannt. Brahma, Vishnu und Shiva, diese hinduistische Dreieinigkeit bedeutet nicht eine indirekte Aufgabe des monotheistischen Prinzips. Alle drei Götter sind ausdrücklich nur als Aspekte des einen Brahman zu betrachten. Gleiches gilt auch für alle anderen Götter des hinduistischen Pantheon. Sie lassen sich grundsätzlich als Reinkarnationen, als funktionsbedingte Aspekte oder als untrennbares weibliches Prinzip zu einem männlichen Gott auf die fundamentale Trinität zurückführen, und damit auch über den beschaffenen Brahma auf die einzige Wirklichkeit des nicht beschaffenen Brahman.

Götter werden nur gedacht, und zwar lediglich auf der Ebene der Erscheinungswelt. Sie sollen die Verehrung derjenigen Eigenschaften aus der alle Eigenschaften umfassenden Eigenschaftslosigkeit des höchsten Seins ermöglichen, die dem Gläubigen göttlich erscheinen. Verschiedene Sekten projizieren die drei Funktionen des Schöpfens, Erhaltens und Zerstörens auf eine der drei erwähnten Gottheiten. So sehen zum Beispiel die Shivaiten in Shiva und die Vishnuiten allein in Vishnu gleichzeitig den Schöpfer, Erhalter und Zerstörer.

Der beschaffene Brahma, abhängig von Erscheinungen wie Raum und Zeit, gibt den Maßstab für die hinduistische Zeitenteilung. Ein Brahma lebt 100 Brahma-Jahre. Mit ihm geht ein Weltsystem zugrunde. Mit der Geburt eines neuen Brahma entsteht das Universum aufs neue. Ein Brahma-Tag, Kalpa genannt, dauert 1000 «Große Weltenalter» oder Mahayugas. Ein Mahayuga besteht wiederum aus den vier einander ablösenden Weltenaltern Kritayuga, Tretayuga, Dvaparayuga und Kaliyuga. Im 4000 Götterjahre währenden Kritayuga herrschen immer paradiesische Zustände auf der Welt, die Menschen sind gut und leben glücklich. Im 3000 Götterjahre umfassenden Tretayuga beeinträchtigt bereits aufkommender Neid und Selbstsucht das Glück der Menschen. In den 2000 Götterjahren des Dvaparayugas zeichnen sich diese negativen Tendenzen schon deutlicher ab, bis schießlich der moralischen Verkümmerung der Menschen am Ende des nur 1000 Götterjahre dauernden Kaliyuga durch den partiellen Weltuntergang ein Ende gesetzt wird. Da ein Götterjahr 360 Menschenjahre zählt, ergibt sich folgende Rechnung: ein Mahayuga umfaßt 4 320 000 Menschenjahre, ein Tag Brahmas dauert 4 320 000 000 Menschenjahre, Brahma lebt 311 040 000 000 000 Menschenjahre. Wir leben heute in einem Kaliyuga. Mit dem Untergang dieses Universums ist im Jahre 428 898 n. Chr. zu rechnen.

Der Glaube an ein höchstes Gesetz, welchem zufolge alle Existenz dem Wandel von Entstehen und Vergehen unterliegt – dem Menschen verständlich nur durch die Wiederkehr der Jahreszeiten und kalkulierbar durch die Beobachtung der Sterne – führte die Seher zu der Lehre von der Wiedergeburt der Seele. Auf die Frage, nach welchem Maßstab die Einstufung in ein neues Leben erfolgt, kann als Antwort nur die Lehre von der Vergeltungskausalität entstehen.

Ganz Indien wird bis auf einige Gebiete des Südens in der ersten Hälfte des ersten vorchristlichen Jahrtausends von der gleichen Lehre durchdrungen. Die soziale und religiöse Ordnung erstarrt in den Formen, die durch die heiligen Texte festgelegt sind. Bislang war es möglich gewesen, zum Beispiel durch Berufswechsel, in eine andere Kaste zu gelangen. Ein Brahmane konnte Krieger werden und damit in die Kaste der Kshatriyas eintreten, und umgekehrt war es sogar einem Nachkommen der schwarzen Dravida-Sklaven möglich, seinen Fähigkeiten entsprechend bis zum Brahmanen aufzusteigen. Je mehr sich aber die Brahmanen ihres geheimen Wissens wegen gegen andere Kasten abzuschließen suchen, um so eifriger sind selbst die niedrigen Kasten auf eine strenge Abgrenzung gegeneinander bedacht. Fällt auch nur durch Zufall der Schatten eines Straßenreinigers, der untersten Kaste, auf die Feuerstelle eines Handwerkers, so wird dieser um der eigenen Reinheit willen die auf der Feuerstelle zubereiteten Speisen nicht verzehren.

Das soziale Gefälle in der Hindugesellschaft vergrößert sich von Jahrhundert zu Jahrhundert. Die einen klammern sich in der Furcht vor Göttern und Dämonen an die Vorschriften der Veden und den alten Opferritus, andere, von der Irrealität weltlichen Glücks und Unglücks überzeugt, verlassen die dörfliche oder städtische Gemeinschaft und suchen ihr Heil in Askese und Meditation.

Gautama Buddha

In dieser Zeit des Suchens nach einem Fixpunkt in der trügerischen Erscheinungswelt wird 563 v. Chr. in einem kleinen Fürstentum am Fuße des Himalaja Gautama Siddharta geboren. Seinem Vater, dem Fürsten, wird anläßlich der Geburt geweissagt, daß dieser Sohn entweder als großer Seher oder aber als Staatsführer berühmt werden würde. Der Vater, der lieber einen Staatsmann als einen Mönch sehen würde, umgibt Siddharta mit all dem Luxus, der an den reichen Höfen der Arya-Fürsten möglich war. Vor allem soll Siddharta nicht die Schattenseiten des irdischen Lebens kennenlernen, denn diese sind offensichtlich für die Weltabgewandtheit der geistigen Führer des Hinduismus verantwortlich. Allen Vorsichtsmaßnahmen zum Trotz begegnet der Prinz bei vier Ausfahrten einmal einem Kranken, dann einem gebrechlichen Greis, einem Leichenzug, und schließlich erblickt er bei der vierten Ausfahrt einen Asketen, der majestätisch schreitend seinen Weg kreuzt. Erschüttert durch den Anblick menschlichen Leidens beschließt er, dem Beispiel des Asketen zu folgen. Heimlich verläßt er bei Nacht den Palast. Für sechs Jahre schließt er sich einer Gruppe von fünf Asketen an. Er verläßt sie aber, als er seinem Ziel, der Erkenntnis des wahren Seins, durch Askese nicht näherkommt. Er gibt das Leben der Selbstkasteiungen auf. Unter einem Feigenbaum sitzend meditiert er einen Monat lang, und schließlich wird ihm die erhoffte Erleuchtung auch zuteil. Er durchschaut die Gesetzmäßigkeit allen Seins.

Vor den fünf Asketen, von denen er sich enttäuscht getrennt hatte, hält er in Benares seine erste Predigt über das Dharma (Gesetz):

«Folgendes, o Mönche, ist die erhabene Weisheit über die Schmerzen: die Geburt ist schmerzvoll, das Altern ist schmerzvoll, Krankheit ist schmerzvoll, Tod ist schmerzvoll. Der Kontakt mit unschönen Dingen ist schmerzvoll, die Trennung von schönen Dingen ist schmerzvoll, und nicht zu erhalten, das was man sich wünscht, auch das ist schmerzvoll.

Folgendes, o Mönche, ist die erhabene Weisheit über die Beendigung aller Schmerzen, folgendes ist der erhabene Achtfache Pfad, nämlich: rechte Ansichten, rechte Absichten, rechte Rede, rechtes Handeln, rechte Lebensführung, rechtes Bemühen, rechte Gesinnung, rechtes Bewußtsein.»

Gemeinsam mit den fünf Asketen, seinen ersten Jüngern, durchwandert der Erleuchtete predigend die nordindischen Königreiche. Er wendet sich gegen den Aberglauben der Hindus, gegen das Tieropfer und gegen die Kastengesellschaft. Er ruft auf zur Achtung alles Lebendigen, zur Mildtätigkeit und zum Mitleid. In den Städten, in denen er predigt, entstehen kleine buddhistische Gemeinden und erste Mönchsgemeinschaften. Im Alter von 80 Jahren stirbt der Buddha in Kusinagara. Sein sterblicher Leib wird mit königlichen Ehrungen nach Hindu-Sitte verbrannt. Über seinen Reliquien errichten die Mönche des jungen buddhistischen Ordens sogenannte Stupen in der überlieferten Form frühindischer Königs- und Heldengräber.

Die Philosophie der ersten Gemeinden kreist im wesentlichen um die Theorie, daß alle diesseitigen Erscheinungen

▲ Das Stadttor von Kusinagara in Magadha. Nach einem Relief von Sanchi, Südtor, großer Stupa

von drei Kriterien gekennzeichnet sind. Diese sind «anitya», d.h. «unbeständig, einem stetigen Wandel unterworfen.» Sie sind «dhukha», d.h. «leidvoll» und sie sind «anatma», d.h. «niemandem gehörend, nicht wirklich existierend». Dieser schmerzvollen Scheinwelt zu entgehen, ist höchstes Ziel. Das ist nicht möglich durch Verehrung irgendwelcher Götter, da auch diese nicht wirklich sind. Nur auf dem mittleren Pfad, dem Achtfachen Pfad, gelangt man, dank der Vergeltungskausalität, langsam in der Hierarchie der Lebewesen zum Bodhisattva und schließlich zum Buddha emporsteigend, in das Nirvana.

Alexander der Große

Während sich die nordindischen Arya-Fürsten kleiner Gebietsstreitigkeiten wegen laufend bekriegen, erreichen erste Nachrichten über die Eroberungen des Yavana-Königs Iskander, des Griechenkönigs Alexander, das Land am Indus. Der Perserkönig Darius III. verliert nach der Schlacht am Issus in der Entscheidungsschlacht bei Gaugamela endgültig sein Riesenreich an den Makedonier. Griechische Stadthalter regieren von nun an in Persepolis, Ekbatana, Babylon und Susa. Berauscht von seinen Triumphzügen durch die märchenhaft reichen Städte des persischen Großreichs beschließt Alexander, einen seiner Jugendträume zu verwirklichen. Trotz beginnender Nachschubschwierigkeiten zieht er 326 v.Chr. zur Eroberung Indiens noch weiter nach Osten. Der gemeinsame Sturm auf Troja hatte die zerstrittenen griechischen Stämme vereint. Die gemeinsame Eroberung Indiens soll nun die verfeindeten Griechen und Perser zusammenführen. Geschickt nutzt der Griechenkönig innerindische Zwistigkeiten. Zusammen mit dem Heer des Gandhara-Königs Omphis überquert er den Hydaspes und den Indus. Er steht an den Grenzen des mächtigen Magadha-Reiches. Die Unterwerfung Magadhas würde ganz Nordindien unter die Herrschaft des Makedoniers bringen. Die Offiziere Alexanders aber sind kriegsmüde und veranlassen ihren König zum Abbruch des Eroberungsfeldzugs. Zur Sicherung der Ostgrenze seines Weltreiches läßt er am Indus Burgen und Städte bauen und kehrt dann mit der Armee nach Babylon zurück. Nordindien wird nicht hellenisiert. In der buddhistischen Kunst Gandharas aber zeigt sich noch Jahrhunderte später der Einfluß griechischer Vorbilder.

Die Maurya

Das Reich Alexanders zerfällt nach dessen Tod. Chandragupta, Befehlshaber der einheimischen Truppen von Gandhara, verjagt den griechischen Stadthalter Eudemos und erobert mit Hilfe eingeschleuster Partisanen das Magadha-Reich. Nach wenigen Jahren herrscht er über ganz Nordindien. Der Gedanke eines Imperiums war in Indien auf fruchtbaren Boden gefallen. Chandraguptas Berater, sein einstiger Erzieher Kautilya, verfaßt das erste und einzige große indische Lehrbuch über die Kunst – beziehungsweise List – der Staatsführung. Geheimpolizei, Spionage und Deportation sind die ins Auge fallenden Mittel der neuen Innenpolitik. Seiner niedrigen Herkunft wegen erhält der König den Beinamen «Maurya». Als Chandragupta sieht, daß sein eigener Sohn als eifriger Schüler des Kautilya den Sturz des Vaters vorzubereiten sucht, verläßt er auf der Höhe seiner Macht den Thron. Unerkannt zieht er als bettelnder Asket in den Himalaja.

Einen ähnlichen Gesinnungswechsel beobachten wir bei Chandraguptas Enkel, dem Maurya-Kaiser Ashoka (273–232 v.Chr.). Innenpolitisch sind die ersten Jahre seiner Regierung durch den Terror der Geheimpolizei gekennzeichnet, außenpolitisch durch die Gewißheit, daß Verträge mit den Nachbarstaaten nur geschlossen werden, um jene bald mit um so größerer Sicherheit zu vernichten. Nach dem Sieg über die Kalingas an der Ostküste sind die Königreiche des Subkontinentes mit Ausnahme des Draviden-Reichs der Cholas in der Südspitze der Halbinsel zu einem Maurya-Imperium verschmolzen. In der letzten großen Schlacht um das Kalinga-Reich überkommt den «Machiavellisten», genauer gesagt «Kautilyalisten», angesichts des von Erschlagenen übersäten Schlachtfeldes Reue. Sei es nun, daß er sein Riesenreich durch eine starke Religion zusammenschweißen möchte, oder aber, daß sich der Gewaltherrscher tatsächlich unter dem Einfluß der buddhistischen Lehre von der Gewaltlosigkeit und der Achtung des geringsten Lebens schlagartig der Unsinnigkeit seines grausamen Krieges bewußt wird, Ashoka bekennt sich zum Buddhismus und führt keine Kriege mehr. Die Lehre des Erleuchteten wird zur Staatsreligion erhoben. Unter der Anleitung eines buddhistischen Bettelmönches zieht sich der Herrscher für zwei Jahre zurück, um dann als Kaiser-Mönch das Schicksal des Imperiums für weitere Jahrzehnte zu steuern. Der Aufgabenbereich der Geheimpolizei wird eingeschränkt und ein Stab von hohen Beamten mit der Wiedergutmachung geschehenen Unrechts beauftragt. Der Herrscher selbst wandert als Bettelmönch durch sein Reich und verkündet auch in den entlegensten Provinzstädten die neue Lehre. In Felswände oder auch in eigens zu diesem Zweck errichtete Gedenksäulen läßt er

▼ Die politischen Verhältnisse im 11. Jh. n. Chr.; die Schraffur gibt die Größe des Imperiums Ashokas an

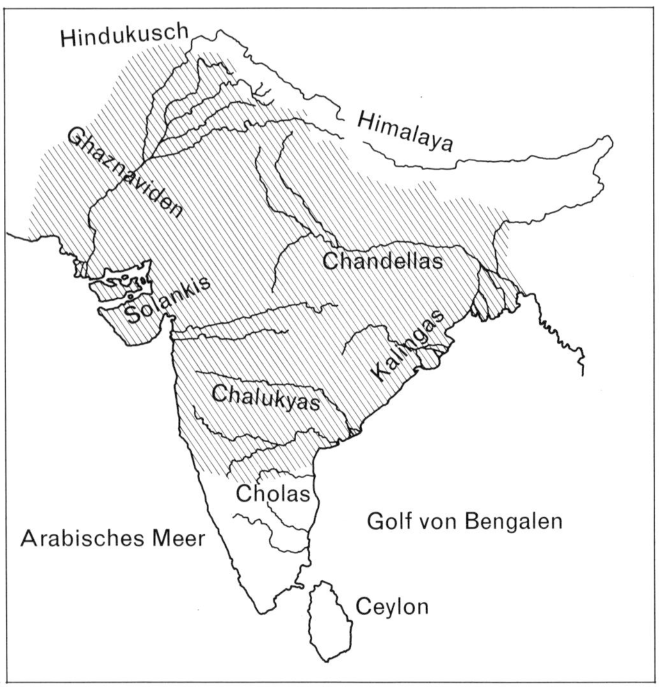

seine Edikte meißeln. Einer frommen Asketengemeinschaft, den Ajivikas, läßt er eine Reihe von künstlichen Höhlen als Zufluchtsort während der Monsunzeit aus dem Granit der Barabar-Berge schlagen. Über den Reliquien des Buddha und seiner Jünger baut er unzählige Stupen. Der Grabhügel des Erleuchteten wird in allen erdenklichen Materialien und jeder Größe als Symbol und Verehrungsobjekt der buddhistischen Heilslehre von eifrigen Laien und Mönchen in allen Teilen des Subkontinents errichtet.

Der Buddhismus allein vermag allerdings das Riesenreich nicht zusammenzuhalten. Mit dem Tod Ashokas zerfällt Nordindien wieder in ein östliches und ein westliches Reich. Die unterworfenen Draviden-Könige entfachen den alten Kampf der schwarzen Urbevölkerung gegen die Vorherrschaft der weißen Aryas. Bald bietet der Subkontinent wieder das alte Bild von einander befehdenden kleinen Hindu-Königreichen. Eine Gegenreformation setzt ein, und nur der im Hinduismus verwurzelten Achtung des Andersgläubigen verdankt der Buddhismus seinen Fortbestand in anderen Provinzen.

185 v. Chr. wird der letzte Maurya von seinem Oberbefehlshaber Pushyamitra ermordet. Ein Jahrhundert lang herrscht die von diesem begründete Shunga-Dynastie. Die Buddhisten verlieren am Hof jeden Einfluß, brahmanische Minister beraten die orthodoxen Shunga-Könige. Während im Norden die Shungas und im Osten die Kalingas regieren, erstarkt im Süden die Dynastie der Andhras. Südlich der Andhras teilen sich Cholas, Keralas und die Pandyas in den Südzipfel der Halbinsel.

Eine im Panjab noch existierende griechische Kolonie wird von einbrechenden zentralasiatischen Stämmen, den Shakas, erobert. Gedrängt von nachrückenden Hunnen fällt ein anderer Nomadenstamm ca. 100 v. Chr. in Gandhara ein und zerstört das buddhistische Reich des Griechenkönigs Hermaeus. Vom Panjab bis nach Zentralasien erstreckt sich das neue Reich der sogenannten Kushans. Obgleich die Quellen aus dieser Zeit wenig ergiebig sind, müssen wir kurz bei dieser Dynastie verweilen. Ein altes Spiel wiederholt sich: ein Wechsel der Dynastie bringt einen Wechsel der Konfessionen mit sich. Kanishka, der einzige Kushan-König, über den uns relativ ausführliche Berichte erhalten sind, wird Buddhist und beruft ein Konzil zur Klärung schon lange strittiger Auslegungen der Lehre nach Kaschmir. Wenige Jahre nach diesem Konzil vollzieht sich ein bedeutsamer Wandel im Buddhismus. Aus der atheistischen, ethischen Lehre des Erleuchteten wird eine

Erlöserreligion. Unter dem Einfluß der hinduistischen Götterwelt wird auch Buddha zum Gott erhoben, umgeben von Bodhisattvas (noch nicht zum Buddha aufgestiegene Heilige), gefeiert und verehrt von ihm dienenden arischen und dravidischen Gottheiten.

Ashoka hatte die breite Bevölkerung mit der «gnadenlosen» Richtung des Hinayana-Buddhismus überfordert, unter Kanishkas Patronat wird nun der Schritt in die leichter faßbare Form des Mahayana-Buddhismus getan. In der Zeit des Hinayana hatte man sich vor der figürlichen Darstellung des Erhabenen gescheut, Buddhas Anwesenheit wurde lediglich durch Symbole angedeutet. Seit dem Konzil aber füllen Bildnisse eines Gnade verheißenden Gott-Buddhas in unzähligen Wiederholungen die Klöster und Gebetshallen. Der Schritt vom Hinayana zum Mahayana erinnert uns an die Wandlung, welcher sich schon die Religion der arischen Einwanderer unter dem Druck der dravidischen Dämonenwelt nicht hatte entziehen können.

Aus den Reisetagebüchern eines chinesischen Pilgers wissen wir, daß der von Nomaden abstammende König Kanishka zum großen Förderer von Literatur, Kunst und Architektur wurde. Über den kupfernen Protokollen des großen Konzils errichtete er einen 200 m hohen hölzernen Turm, verkleidet mit Relief-Darstellungen Buddhas und gekrönt durch das alte Herrscherzeichen eines mehrstöckigen Schirmes. 160 n.Chr. wird Kanishka erdrosselt, und keine Inschrift gibt einen Hinweis auf das dunkle Ende der Kushan-Dynastie.

Im 4. Jahrhundert nach Christus übernehmen einstige Untertanen der Kushans, die Guptas, die Führung der nordindischen Kleinstaaten. Für unsere Betrachtung der indischen Architektur sind sie insofern von Bedeutung, als unter ihrer Herrschaft die ersten Versuche gemacht werden, einen Tempel aus Stein zu bauen.

Der chinesische Pilger Fa-hsien schildert uns das Gupta-Reich in seiner Blütezeit: «Die Einwohner sind zahlreich und glücklich..., der König regiert ohne Todes- oder Körperstrafe, Verbrecher werden nur zu einer, je nach dem Tatbestand, mehr oder minder hohen Geldstrafe verurteilt, sogar in Fällen wiederholter Rebellion wird ihnen lediglich die rechte Hand abgeschlagen. Es gibt keine Metzgerläden und es werden keine berauschenden Getränke verkauft..., die Schenkungen der Könige an den buddhistischen Orden wurden auf Metallplatten aufgezeichnet, so daß sie später von König zu König weitergegeben werden konnten, ohne daß einer gewagt hätte, sie rückgängig zu machen. Und so ist es noch heute.»

Die Lehre des Erleuchteten wird am Hofe der Gupta zwar geschätzt und gefördert, dem Volk aber ist selbst die Mahayana-Form des Buddhismus noch fremd, gemessen an der magischen Anziehungskraft der bunten Hindu-Götterwelt.

In Südindien befehden sich durch viele Jahrhunderte Cholas, Keralas und Pallavas. An der Westküste regieren die Rashtrakutas. Auch von ihnen wissen wir kaum mehr, als daß gemäß einer Inschrift ihr größter König, Krishna I. (757–783), ein Felsenheiligtum aus dem harten Stein der Berge von Ellora schlagen ließ: «Krishna-Raja ließ auf dem Berg von Elapura einen wunderbaren Tempel bauen. Als die Götter in ihren Himmelswagen vorüberfuhren und ihn sahen, waren sie sehr überrascht und dachten lange darüber nach. Sie sprachen zueinander: «Dieser Tempel Shivas ist einzigartig, in keinem Kunstwerk ist soviel Schönheit zu finden.» Sogar der Architekt, der ihn erbaut hatte, wurde von Staunen ergriffen, und – nichts Gutes für einen ähnlichen neuen Versuch ahnend – sagte er: «wunderbar! Ich hätte nicht für möglich gehalten, daß ich etwas so Schönes würde schaffen können.»

Die Kerales im Süden bauten ihre Tempel und Paläste ausschließlich aus Holz, so daß uns kein einziges Bauwerk erhalten ist. Die Pallavas hingegen experimentierten seit dem 7. Jahrhundert n.Chr. mit dem Material Stein, allerdings ausschließlich zur Verwendung im Sakralbau. In Mahaballipuram meißelten sie nicht nur künstliche Höhlen aus dem Fels, sondern bildeten auch verschiedene Grundtypen der zeitgenössischen Holzarchitektur in Stein nach. Im 19. Jahrhundert gruben die Archäologen einen monumentalen, steinernen «Katalog der Formen des Holztempels» aus den Sanddünen am Golf von Bengalen. Unweit dieser sogenannten «Rathas» finden wir in Mahaballipuram auch den einzigen erhaltenen von ursprünglich sieben Strandtempeln, welche die Pallavas, an drei Seiten meerumspült, halb auf dem Land, halb in das Meer gebaut, errichteten.

Im 10. Jahrhundert bringen die Cholas ganz Südindien unter ihre Herrschaft. Raja Raja der Große legt in seiner Residenzstadt Tanjore ein Shiva-Heiligtum von bis dahin ungekannter Größe an. Während dieser Blütezeit des Chola-Reiches unternehmen im Nordosten des Subkontinents die einfallenden Türken unter Mahmud von Ghazni die ersten großen Beutezüge in die reiche Indusebene. Von Süden kommend erweitern die Cholas im 11. Jahrhundert ihr Reich bis in das Land der Kalingas, von Nordwesten kommend stehen die Mohammedaner zu diesem Zeitpunkt bereits an den Grenzen des zentralindischen Chandella-Staates. Khajuraho, die Hauptstadt dieses Reiches, fällt 1203 in die Hand der Mohammedaner. Der Bildersturm hat das Zentrum einer überschwenglichen, plastischen Tradition erreicht.

Im Süden unterlagen die Rashtrakutas der emporstrebenden Familie der Chalukyas. Diese griffen nun die Cholas an. Neue, kleine Königreiche entstanden. Sie schwächten sich in ununterbrochenem Kampf gegeneinander, während in Delhi ein ehemaliger Sklave, Kutub-ud-din Aiback, den Titel eines Sultans von Delhi annahm. Hatten die ersten mohammedanischen Eindringlinge nur um der Beute willen das Land durchzogen, so existierte nun bereits ein starker mohammedanischer Staat auf indischem Boden. Die einander in rascher Folge ablösenden Sultane – sie starben in der Regel eines gewaltsamen Todes – waren nach der Sicherung der innenpolitischen Stabilität darauf bedacht, die Eroberung Zentral- und schließlich Südindiens voranzutreiben. Im 14. Jahrhundert regierte dann auch in Madurai ein Moslem. Nur das von der Familie der Hoysala gegründete Hindu-Reich um Vijayanagar konnte sich bis in das 16. Jahrhundert gegen die mohammedanische Fremdherrschaft erfolgreich wehren.

Yoga

Es bieten sich dem Hindu verschiedene Wege, auf denen er das höchste Ziel, die Vereinigung mit dem Brahman, erreichen kann.

Bhakti-Yoga, der Weg der Liebe und Hingebung, wird in den Shastras, den heiligen Büchern, als der geeignete Weg zur Annäherung an Gott für die im Kaliyuga lebenden Menschen bezeichnet. Durch das Rezitieren von heiligen Versen, durch Singen und wiederholtes Sprechen des Namens Gottes versenkt sich der Gläubige in jenen Zustand, welcher Voraussetzung für die höchste Erkenntnis ist. Bhakti-Yoga führt zur Savikalpa Samadi, der Vereinigung mit Brahma in einer personifizierten Form. In dieser Vereinigung besteht weiterhin der Unterschied zwischen Subjekt und Objekt.

Auf dem Gebiet der Bildhauerei führt Bhakti-Yoga zu den tausendfachen Darstellungen der Götter und Dämonen auf den südindischen Tempeltürmen. In Madurai sehen wir diese Entwicklung in ihrer spätesten und überschwenglichsten Form.

Karma-Yoga ist der Weg des selbstlosen Handelns. Durch Gottesdienst, das heißt Dienst am Nächsten, erlangt der Gläubige Einsichten in das höchste Sein. Mitleid, Nächstenliebe und selbstloses Helfen führen auf diesem Weg zur Vereinigung mit dem höchsten Sein in personifizierter oder auch absoluter Form. Der Gedanke des Karma-Yoga lebt heute besonders in der Rama-Krishna-Mission.

Gnjana-Yoga ist der Weg des Intellekts, beziehungsweise der philosophischen Spekulation. So rechnen wir die Vedanta-Schulen, in dem Versuch, das Unaussprechbare anhand der Upanishaden in einer Begriffswelt zu ordnen, dem Gnjana-Yoga zu.

Raja-Yoga, der königliche Weg, ist für das Kaliyuga gänzlich ungeeignet. Eine der ersten Stufen auf diesem Weg, Hata-Yoga, die Kunst, den Körper unter Kontrolle zu halten, wird aber gerade heute in oft mißverstandener Form in westlichen Ländern nachgeahmt. Raja-Yoga und Gnjana-Yoga führen den Gläubigen zur sogenannten Nirvikalpa-Samadi, der Vereinigung mit dem formlosen Absoluten. Hält dieser Zustand 21 Tage an, dann ist keine Rückkehr mehr in die phänomenale Welt möglich.

Anmerkungen

Die buddhistischen Stupen von Sanchi

Den heiligen Überlieferungen nach erlebten Architektur und Städtebau im 3. Jahrhundert v. Chr. unter dem Patronat des ersten buddhistischen Kaisers, Ashoka, eine Blütezeit, deren Glanz sich in den wenigen archäologischen Funden nur unvollkommen spiegelt. Doch alle Bauwerke waren aus Holz und Lehm errichtet. Das Holz vermoderte, der Lehm zerfiel unter der Gewalt des jährlichen Monsunregens, und der Schmuck von Gold und Edelsteinen fiel Eroberern in die Hände.

Einige Grabhügel aber, deren äußere Kugelform aus gebrannten Ziegeln gemauert war, überdauerten die Jahrhunderte. Den buddhistischen Mönchen wurde die Form des Grab- oder Reliquienhügels Buddhas zum Symbol für die Lehre des «Erleuchteten». An den heiligen Orten Indiens bauten sie unzählige dieser sogenannten Stupen als Ziegel- oder Steinhäufungen. Im Klosterbezirk von Sanchi erweiterten sie im 2. Jahrhundert n. Chr. einen Ziegelstupa aus der Zeit Ashokas. In Anlehnung an den alten Brauch der Aryas, heilige Bezirke mit einem Zaun einzufassen, umgaben die Buddhisten den neuen Steinstupa mit einem prächtigen Steinzaun. Zu der Bedeutung des Stupa als Denkmal über den Reliquien des Buddha oder eines Heiligen trat eine zweite: der Stupa wurde durch eine möglichst exakte Orientierung nach den vier Himmelsrichtungen und die seinen Abmessungen zugrunde liegende Zahlensymbolik zum geometrischen Abbild der buddhistischen Kosmologie. Die wichtigsten Motive sind Kreis und Kugel, beziehungsweise die Rotation.

Die Höhlen in den Barabar-Bergen

Die Ausbreitung des Buddhismus über den indischen Subkontinent ging von den Residenzen und Universitätsstädten der Gangesebene aus. Mit der Lehre des Erleuchteten brachten missionierende Mönche auch zeitgenössische nordindische Bauformen wie zum Beispiel das Tonnendach einer Bambushütte oder das Kuppeldach eines Holzhauses nach Mittel- und Südindien. Diese Bauformen werden oft als typisch buddhistisch bezeichnet, es handelt sich aber lediglich um Formen und Konstruktionen, die von den Buddhisten aus der Wohnhaus-Architektur übernommen wurden. So beginnt zum Beispiel die Tradition der monolithischen Chaitya-Hallen mit zwei Höhlen aus der Mitte des 3. Jahrhunderts v. Chr., der Lomas-Rishi-Höhle und der Sudama-Höhle, die nicht von buddhistischen Mönchen, sondern Asketen der Ajivika-Sekte aus dem Granit der Barabar-Berge gemeißelt wurden, etwa 50 km von Bodh Gaya, einem alten Wallfahrtsort des buddhistischen Ordens in der Gangesebene, entfernt.

Die Gebetshalle von Karla

Im 1. Jahrhundert v. Chr. erreichte die Entwicklung der buddhistischen Felsarchitektur ihren Höhepunkt in der Chaitya-Halle von Karla. Die Baumeister wählten für die unterirdische Anlage von Kult- und Wohnräumen zumeist abgelegene Täler oder schwer zugängliche Felsformationen aus. Nahe der heutigen Stadt Lonavala meißelten sie Jahrzehnte lang mit einfachsten Werkzeugen aus einer Bergkuppe die größte monolithische Basilika Indiens.
In Grund- und Aufriß ähnelt sie christlichen Basiliken, da der Raum ähnlichen liturgischen Erfordernissen genügen sollte. Das Mittelschiff, der Versammlungsraum der Priester, ist auf das Kultobjekt in der Apsis, den Stupa, ausgerichtet. Die Seitenschiffe, welche auch um die Apsis geführt wurden, dienten der Prozession um den Stupa, was uns an die Prozessionsriten in der frühchristlichen Basilika erinnert.

Die Klöster von Ajanta

In allen Teilen Indiens zogen die buddhistischen Mönchsorden monolithische Felstempel und Felsenklöster hölzernen Bauwerken oder solchen aus Stein vor. Für die Anlage monolithischer Sakralräume lassen sich verschiedene Gründe anführen; in mehreren frühen Hochkulturen legte man in Verbindung mit Fruchtbarkeits-, Mutter- und Erdkulten unterirdische Tempel an. Ungeklärt hingegen bleibt, warum sich die Mönche die Mühe machten, auch ihre Wohnbauten als Felsarchitekturen zu realisieren, zumal die Klöster nicht als Wehrbauten gedacht, sondern unter der Schirmherrschaft frommer Könige als aufwendige Prachtbauten konzipiert waren. Wirtschaftliche Gesichtspunkte standen wohl nicht im Vordergrund, obgleich ein Kostenvergleich zeigt, daß die monolithische, unterirdische Ausführung nicht wesentlich kostspieliger war als es die Ausführung in Haustein gewesen wäre.

Das buddhistische Heiligtum Sanchi: Lageplan 1:5000

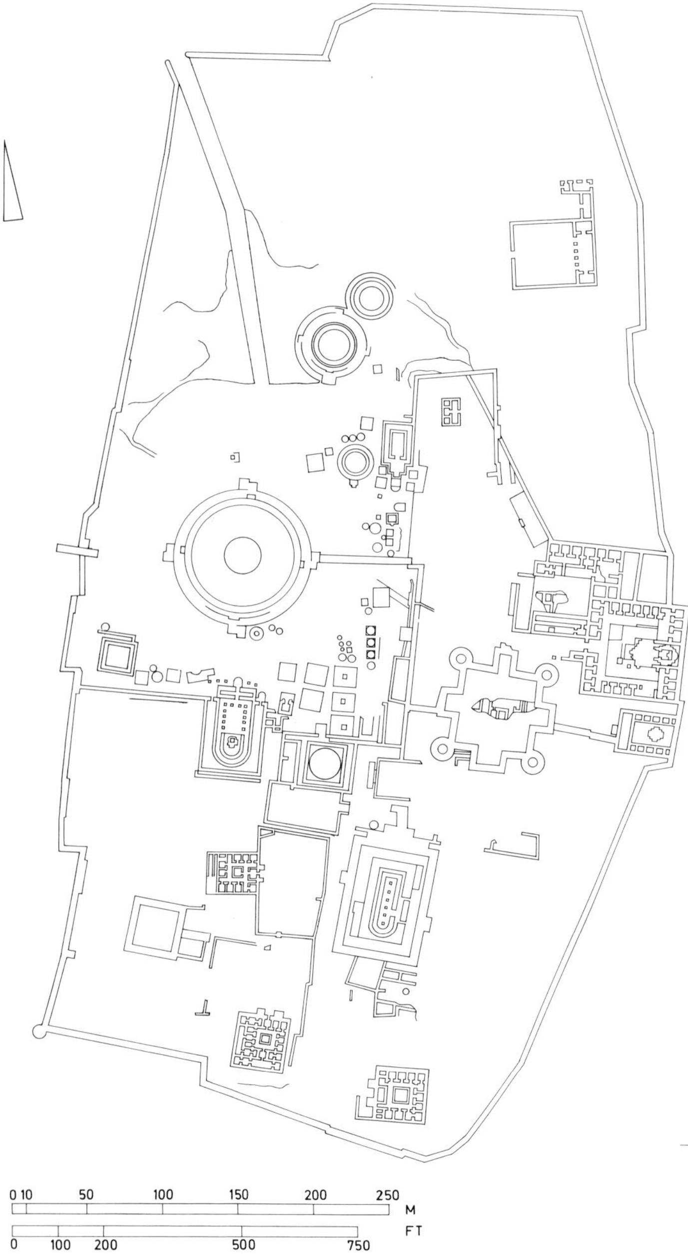

Grundriß und Ansicht des «Großen Stupa» 1:500

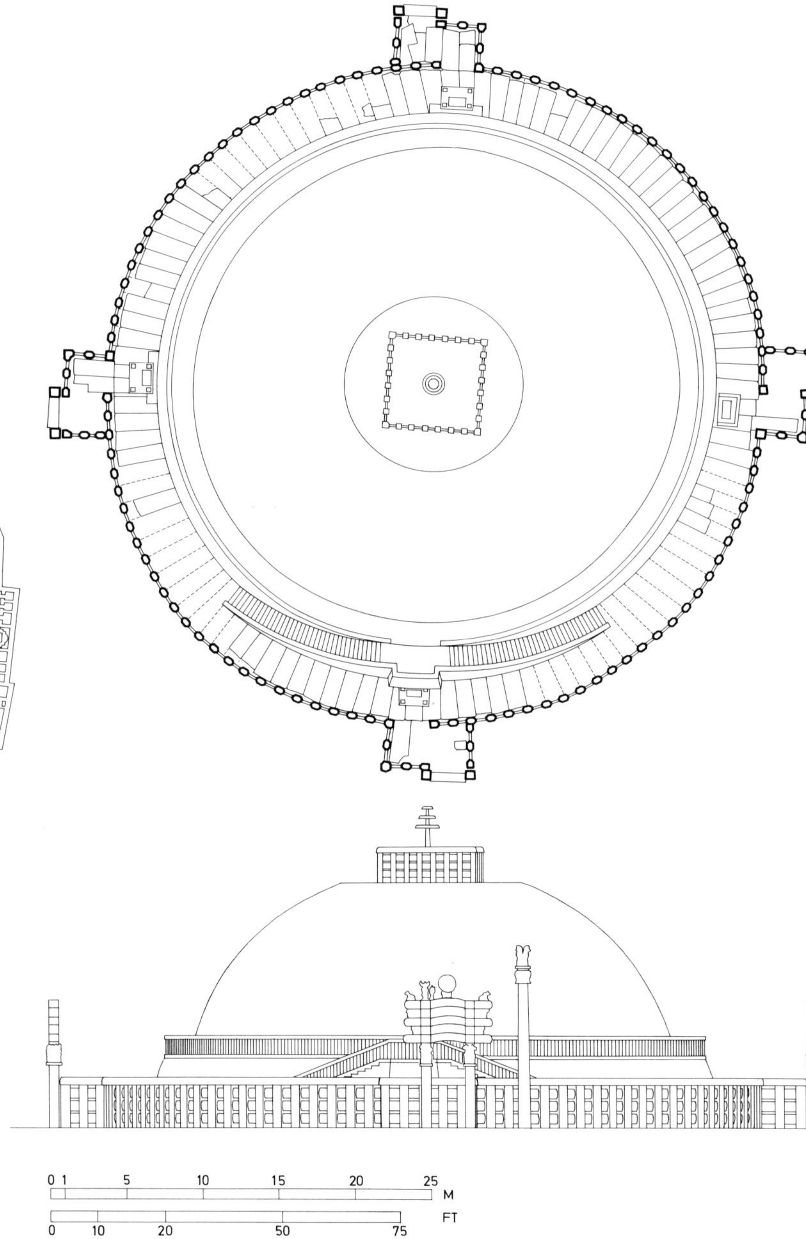

Details der Balustrade 1:60 und des Tores 1:40

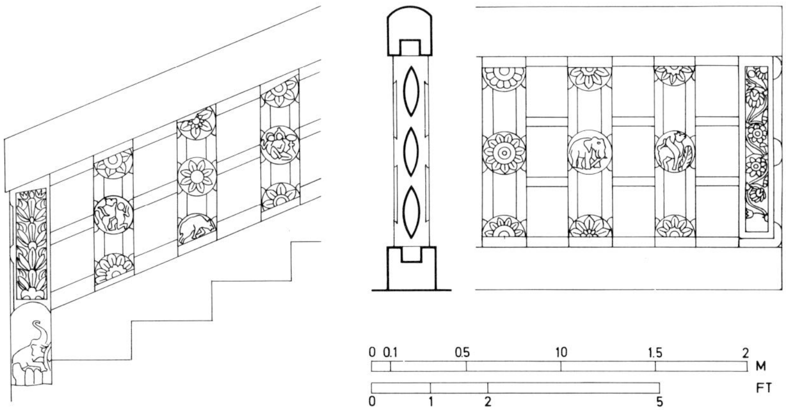

Legenden

Sanchi

21 Buddhistisches Heiligtum aus dem 3. Jahrhundert v. Chr. Die steinerne Ummantelung des sogenannten «großen Stupa» stammt aus dem 2. Jahrhundert n. Chr. (im Hintergrund). Der Stupa Nr. 3 (im Vordergrund) wiederholt die Formen des großen Stupa in einfacher Ausführung.

22 Stupa Nr. 3 von Südosten. Das Innere des Baukörpers besteht aus Bruchsteinen, die Verkleidung aus Hausteinen. Die in horizontalen Schichten aufgeführte Kugelschale trägt sich nicht selbst, sie wird von der Bruchsteinfüllung gestützt.

23 Im Vordergrund der untere Steinzaun des großen Stupa, im Hintergrund der Aufgang zum oberen Umwandlungspfad.

24 Es ergibt sich ein oberer Umwandlungspfad, da der Durchmesser der Kugelschale kleiner ist als der des zylindrischen Sockels.

25 Der untere Steinzaun des großen Stupa. Obgleich er über 3 m hoch ist, wurde er vorausgegangenen kleinen Holzzäunen genau nachgebildet.

26 Die prächtigen Tore, die in den unteren Umwandlungspfad führen, sind mit Reliefs überzogen, in denen Szenen aus den verschiedenen Vorleben des Buddha geschildert werden. Die Darstellung von Menschen und Tieren wurde in den geometrischen Rahmen verschiedener Architekturdarstellungen gebunden.

27 Osttor des großen Stupa. Die Architrave schließen mit einer umgekehrten Volute ab. Buddhistische Mönche deuten dieses Motiv als Hinweis darauf, daß sich die dargestellten Legenden endlos fortsetzen ließen.

Lomas-Rishi- und Sudama-Höhle

28 Die Giebelfassade der Lomas-Rishi-Höhle (3. Jahrhundert v. Chr.) zeigt die Übersetzung einer Holzarchitektur in monolithische Formen in einem frühen Stadium.

29 Im Inneren der Sudama-Höhle steht die monolithische Kopie eines runden strohgedeckten Hauses. Lomas-Rishi- und Sudama-Höhle gleichen sich in Form und Abmessungen, die Lomas-Rishi-Höhle wurde aber nicht fertiggestellt.

Karla

30 Die unterirdische Gebetshalle (Chaitya-Halle) von Karla aus dem 1. Jahrhundert v. Chr. zeigt die monolithische Verbindung von Rund- und Rechteckraum zu einer Basilika.

31 Blick auf die Säulenstellung, die das Seitenschiff vom Mittelschiff trennt.

32 Aufwärts gerichteter Blick in das Tonnengewölbe.

33 Säulen, Kapitelle, figürliche Darstellungen und Deckensparren, teils direkt aus dem Fels geschlagen, teils aus Holz eingefügt, ergeben in Karla ein stark differenziertes und einheitliches Raumbild.

Ajanta

34 Der Waghora-Bach schnitt ein enges, tiefes Tal in die Hochflächen der West-Ghats. Die runde Form des Tals schien den buddhistischen Mönchen besonders geeignet für eine Klostersiedlung.

35 Fassade einer Gebetshalle (Chaitya-Halle Nr. 19) aus dem 6. Jahrhundert n. Chr.

36 In den Klosteranlagen wiederholt sich die Form der runden Dächer und Fenster als Zierform.

37 Blick aus einem Nebenraum auf die Eingangssituation der Chaitya-Halle Nr. 19.

38 Im Kloster Nr. 2 liegt gegenüber dem Eingang statt einer schlichten Mönchszelle der Bildschrein des Buddha.

39 Die zentral gelegene Halle des Klosters Nr. 2 wird von einer Säulenstellung umgeben.

40 Während der Hinayana-Periode bevorzugte man die Darstellung des Erleuchteten durch die symbolische Form des Stupa, wie er in der Chaitya-Halle Nr. 10 steht.

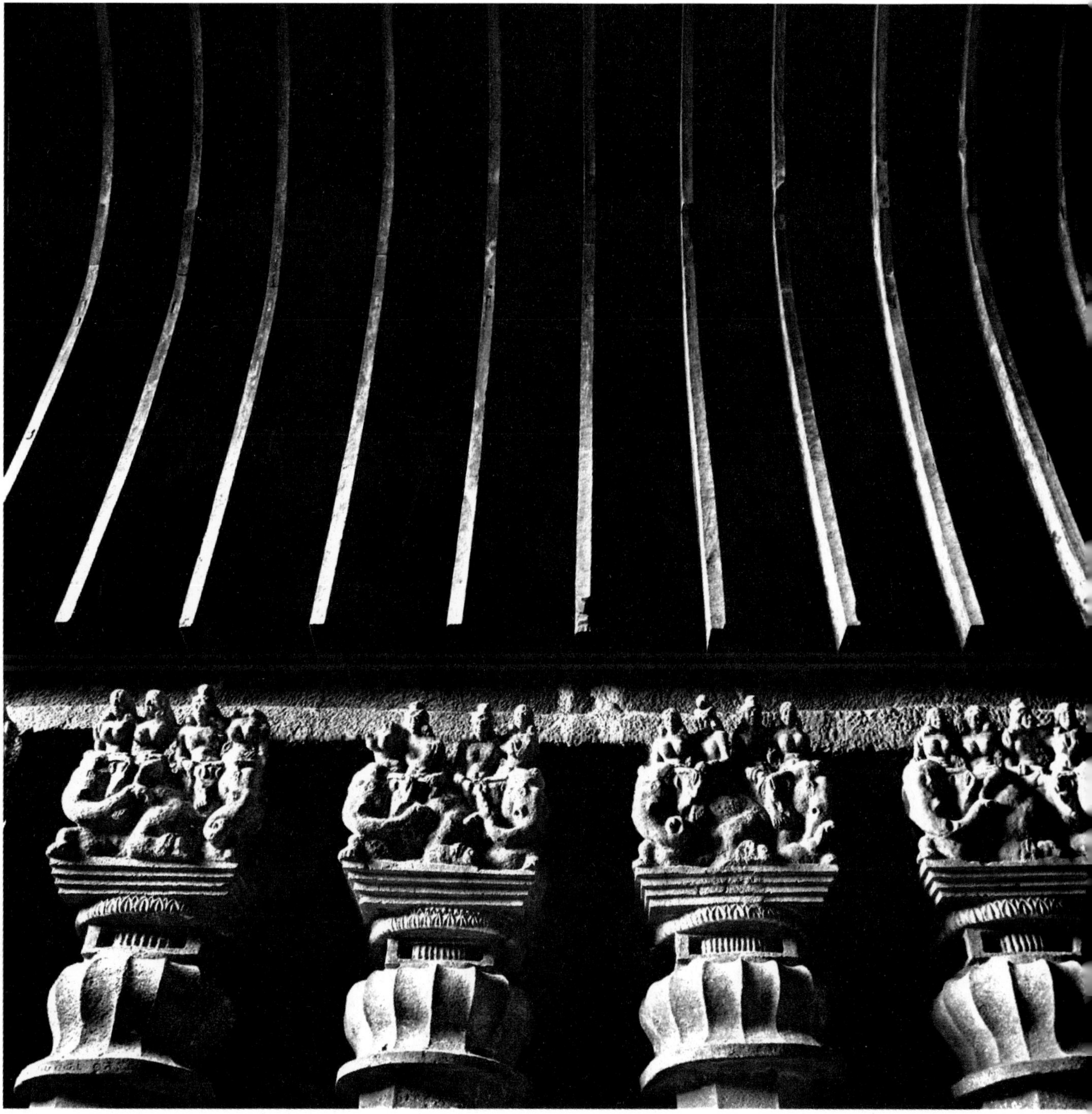

Die buddhistische Chaitya-Halle von Karla: Grundriß und Aufrisse 1:500 und Details einer Säule 1:80

1 Stupa
2 Mittelschiff
3 Seitenschiffe
4 Vestibül

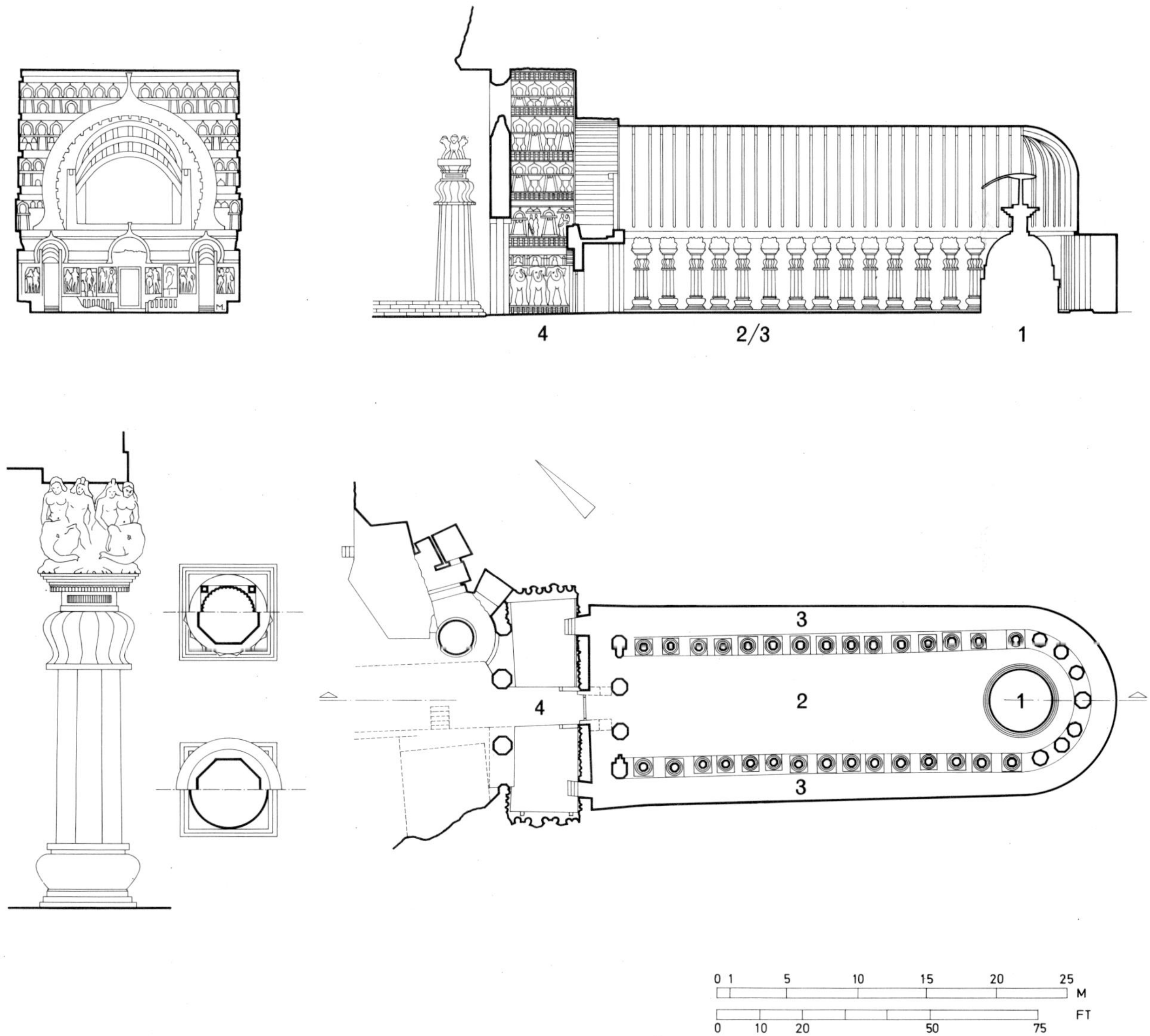

Der hinduistische Dharmaraja-Ratha in Mahaballipuram: Grundriß, Ansicht, Schnitt und Aufsicht 1:200

2. Stadt- und Tempelgrundriß als kosmischer Plan

Vastu-Vidya, die Lehre von der Architektur, war schon in vedischer Zeit eine Geheimwissenschaft. Sie wurde vom Vater dem Sohn mündlich weitergegeben. Eine schriftliche Festlegung wurde erst im Mittelalter notwendig. Die Vorschriften zur Proportionslehre wurden nämlich in dieser Blütezeit der Tempelarchitektur so umfangreich und der Ritus so kompliziert, daß sich eine Fixierung in Form von Lehr- und Nachschlagwerken nicht mehr umgehen ließ.
Die Manuskripte zur Vastu-Vidya, meist auf Palmblätter geritzt und anschließend getrocknet, werden noch heute im Rahmen des Opferritus in den Hindutempeln verehrt. Nur selten hatten Baugeschichtler deshalb bislang die Möglichkeit, an Hand originaler Palmblatt-Manuskripte die Form und die Konstruktion erhaltener Bauwerke zu analysieren. Auch die Engländer des «Archaeological Survey of India» mußten sich im 19. Jahrhundert darauf beschränken, verlassene Tempel zu registrieren und zu restaurieren. An Versuchen einer stilistischen Einteilung fehlte es nicht; diese gehen aber im Grunde an den zentralen Problemen der indischen Architektur vorbei, da sich kein Sthapati (Priester-Architekt) bereit fand, die überdies auch schon halb vergessene Geheimlehre Vastu-Vidya preiszugeben. Die europäischen Forscher sahen sich einem unverständlichen und scheinbar ungeordneten Formenreichtum gegenüber.

Den ersten eingehenden Versuch, speziell die Hindutempel mit Hilfe einiger Manuskripte zu analysieren und sie nicht nur vom Standpunkt des europäischen Betrachters aus zu beschreiben, unternahm 1920 Stella Kramrisch. In den folgenden Jahrzehnten wurden weitere Manuskripte entdeckt; ihre Auswertung hat erst begonnen, ein Vergleich der Texte mit den Bauwerken steht noch aus. Wir können deshalb erwarten, daß sich unser Wissen von den Planungsmethoden und den Ausführungsvorschriften in den kommenden Jahren wesentlich erweitern wird.
Wir wollen uns in diesem Kapitel mit der Symbolik befassen, welche den indischen Bauwerken zugrunde liegt. Wir werden sehen, daß ein Stadtgebilde in seiner Anlage von dem gleichen Ordnungsprinzip bestimmt wird, welches einen Tempel oder ein Haus in seiner Gliederung festlegt.

Das Vastu-Purusha-Mandala

In einem alten Text heißt es: «Vor langer Zeit gab es irgend etwas Existierendes, nicht definiert durch einen Namen, unbekannt in seiner Form. Es blockierte den Himmel und die Erde. Als die Götter es sahen, packten sie es und preßten es auf den Boden, mit dem Gesicht nach unten. So wie sie es zu Boden warfen, halten die Götter es. Brahma ließ es von den Göttern besetzen und nannte es Vastu-Purusha.»

Existenz, welche noch keinem Prinzip folgt, wird von Brahma definiert, indem er sie in eine Form zwingt, und in dieser Form mit Hilfe der auf dem Vastu-Purusha verteilten Götter hält. Diese Schöpfungsgeschichte ist für die indische Architektur von großer Bedeutung. Form heißt Mandala. Das sogenannte Vastu-Purusha-Mandala ist also die Form, in welcher das nunmehr geordnete Sein, die Erscheinungswelt, existiert. Die geometrische Form des Vastu-Purusha-Mandalas erklärt sich aus dem vedischen Opferritus. Die Aryas trugen während der Opferhandlung Feuerschalen von einem Altar zum anderen. Ein runder Altar symbolisierte dabei die irdische Welt und ein quadratischer die Himmelswelten. Das Rund versinnbildlicht die Bewegung, die zyklische Zeit. Das Quadrat läßt sich nicht in sich bewegen, es ist eine endgültige und eindeutige Form. Als perfekte Form steht es im Hinduismus für das Absolute. Betrachtet man die Erde lediglich in ihrer physikalischen Erscheinungsform, dann zeichnet man sie rund; betrachtet man sie aber

▼ Das Vastu-Purusha-Mandala aus einem alten indischen Architektur-Lehrbuch

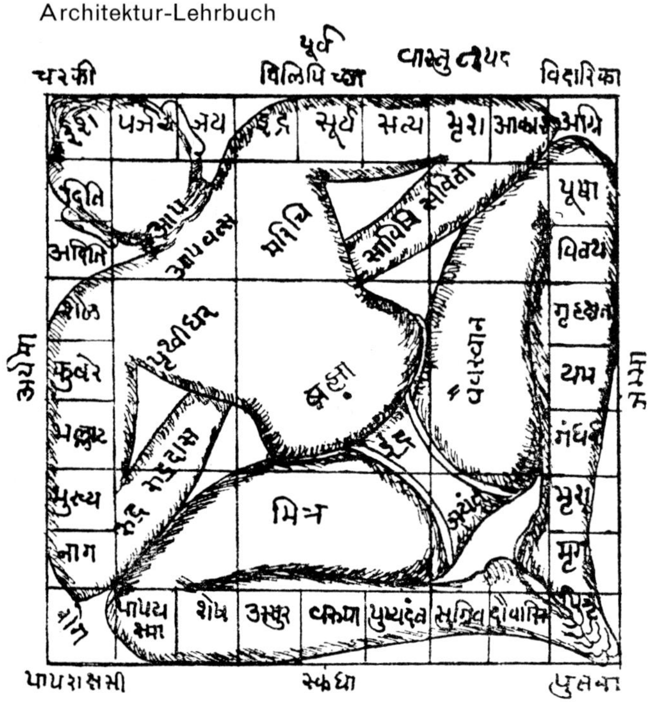

als eine Manifestation des höchsten Prinzips, des Brahman, dann wird sie, durch die Kardinalpunkte fixiert, als Quadrat dargestellt. Vastu-Purusha wird deshalb in die Form eines Quadrates gepreßt. In den Legenden wird Purusha auch als ängstlich schauender Greis geschildert, gebeugt gehend, häßlich und buckelig. Seine krüppelhafte Gestalt füllt genau ein Quadrat. Jede der Gottheiten, welche ihn gefangenhalten, belegt einen kleinen quadratischen Teil seines Körpers. Wo auch immer das Zeichen des Vastu-Purusha von Menschen auf die Erde gezeichnet wird, dort liegt er. Das Vastu-Purusha-Mandala ist Abbild einer kosmischen Gesetzmäßigkeit, der die Menschen ebenso unterliegen wie die Erde, auf der sie bauen. In der Bautätigkeit ordnen sie ihre Umwelt, so wie einst Brahma den undefinierten Purusha in eine geometrische Form zwang.

Bauen heißt für den Sthapati ungeordnetes Sein mit der alles durchdringenden Gesetzmäßigkeit in Einklang zu bringen. Möglich ist das nur dadurch, daß jede Architektur – vom Sitz des Einsiedlers bis zur Stadtanlage – genau dem magischen Diagramm des Vastu-Purusha-Mandalas folgt. Jede Bautätigkeit bedeutet einen neuen Sieg über die Gefahr der Auflösung und unterstützt die kosmische Ordnung. Vorausgesetzt allerdings, daß das Bauwerk im Einklang mit dieser phänomenalen und transzendentalen Ordnung errichtet wird.
Alles Sein spiegelt sich in diesem magischen Quadrat. Es ist ein Abbild der aus dem Kreis hervorgegangenen quadratischen Erde, es ist aber auch der Leib des geopferten Urmenschen Purusha. Mensch und Erde entsprechen einander in diesem Bild. Die Zeit geht über die Zuordnung der Tierkreiszeichen in das Mandala ein, der Ort durch die Orientierung des Quadrats in den vier beziehungsweise acht Himmelsrichtungen. Die von den einzelnen Göttern belegten Teilquadrate, Padas genannt, gruppieren sich um ein zentrales, mehrere Teilquadrate zusammenfassendes Brahma-Sthana. Wichtige Götter belegen den innersten Ring, in den äußeren Ringen folgen die in der himmlischen Hierarchie tiefer stehenden Götter. Eigenartigerweise ist das zentrale Quadrat nun nicht dem «nicht beschaffenen Brahman» zugeordnet, sondern ausdrücklich dem Gott Brahma.

Purusha ist auch der personifizierte Kosmos, der Übermensch, der sich der Sage nach im Opfer als die Erscheinungswelt, die Götter, die Sonne, der Mond, das Feuer, die Luft und die Erde, manifestiert. Der Gedanke eines Menschenopfers oder eines Opfers in Menschengestalt taucht bereits in den Veden auf. Im Opferritus der Aryas wird ein

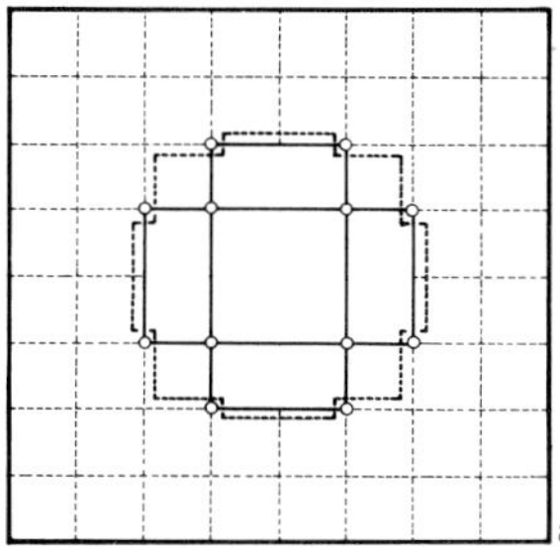
a)

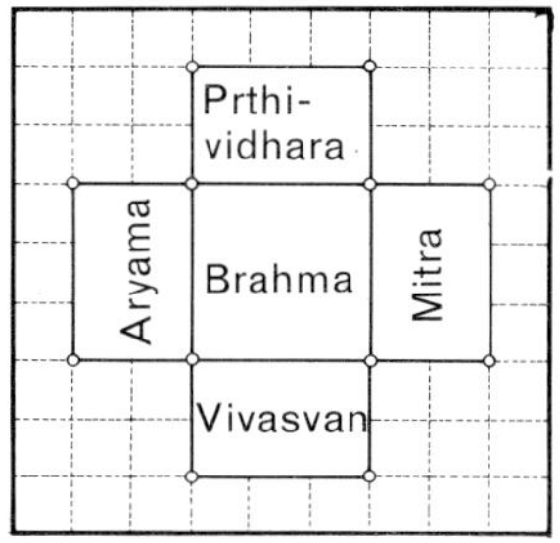

b)

▲ a) Das nordindische Manduka-Mandala mit 8×8 Padas. Um das zentrale Brahma-Sthana (4 Einheiten) liegen die Padas der «inneren Götter» (2 Einheiten) und die Ringe der «äußeren Götter» (1 Einheit). Die Schnittpunkte (Marmas) dürfen von den Grundriß-Linien (dick gestrichelt) nicht berührt werden.

b) Das nordindische Paramasayika-Mandala mit 9 × 9 Padas

Mensch in der Anordnung der Opfergefäße symbolisch dargestellt. Drei Kessel bilden den Kopf, zwei Milchtöpfe die Ohren usw. Der Bau eines vedischen Opferaltars setzte sicherlich nicht ausdrücklich ein Menschenopfer voraus, der Ritus und die Symbole weisen aber darauf hin, daß ursprünglich ein solches der Errichtung eines Altares vorausging. Es finden sich auch aus historischer Zeit Berichte, welche bezeugen, daß der Architekt eines Tempels unter den Fundamenten desselben, sozusagen als Opfer, begraben wird. Durch diesen Akt soll die Gottheit, welcher dieser Ort geweiht ist, gestärkt werden.

Das Vastu-Purusha-Mandala kann den Vastu-Shastras (allgemeine Architektur-Lehrbücher) nach in 32 Arten gezeichnet werden. Das einfachste besteht aus einem Quadrat, alle anderen ergeben sich durch Teilung dieses Quadrats in 4, 9, 16, 25, 36, 49, 64, 81 . . ., 1024 Teilquadrate beziehungsweise Padas. Die Größe, in der es gezeichnet wird, ist für seine Wirksamkeit unwesentlich. Es kann in einem weiträumigen Lageplan die Verteilung der Baumassen regulieren, kann aber auch im Tempelgrundriß den Rhythmus der Bauteile oder das Verhältnis der Wandstärke zum Innenraum bestimmen.
Das «1-Pada-Mandala» soll dem Sitz eines Eremiten oder auch einer kleinen Opfer-Feuerstelle zugrunde gelegt werden. Südindische Texte messen dem aus 7×7 Padas bestehenden Mandala besondere Bedeutung bei; alle Texte zur Proportionslehre aber stimmen darin überein, daß aus der Vielzahl der Mandalas zwei besonders wichtig sind, nämlich das Manduka-Mandala, bestehend aus 64 Padas und das Paramasayika-Mandala aus 81 Padas. Das Manduka-Mandala entsteht durch eine geradzahlige Teilung der Quadratseiten. Seine beiden Mittelachsen weisen zu den Kardinalpunkten. Das Paramasayika-Mandala läßt sich auf eine ungeradzahlige Teilung reduzieren. Die Himmelsrichtungen können hier direkt den acht Padas zugeordnet werden, welche das zentrale Brahma-Sthana umschließen. In beiden Mandalas umgeben 44 vedische Götter den Brahma. In der Regel belegen vier «innere Götter» die an das Brahma-Sthana grenzenden Padas, acht «mittlere Götter» den nächsten Ring und schließlich 32 «äußere Götter» die am Rande gelegenen Padas. Das Vastu-Purusha-Mandala ähnelt äußerlich der Form eines indischen Horoskops. Indische Astrologen zeichnen noch heute den Zodiak in der Form eines Quadrats, welches in jeder Richtung viergeteilt wird; die zwölf Tierkreiszeichen werden in die zwölf äußeren Quadrate eingetragen. In das Vastu-Purusha-Mandala geht die Ekliptik nun nicht zwölfteilig ein, sondern meist durch die Teilung des äußeren Pada-Ringes in 32 Einheiten, welche die Mondhäuser repräsentieren. Diese Teilung ist für das geometrische Bild des Mandala selbst nicht von Bedeutung, spielt aber bei allen astrologischen Voraussagen über den Beginn und den Verlauf der Bautätigkeit eine wichtige Rolle. Jedes Mondhaus deckt sich mit einem der 32 Götter des äußeren Ringes. Acht dieser Götter, die in den Eckpunkten und die in der Mitte der Quadratseiten, bestimmen als Wächter der Himmelsrichtungen die räumliche Orientierung des magischen Quadrats.

Wir müssen zwei Arten des Purusha unterscheiden. In seinem einen Aspekt dreht er sich als kleines Abbild des Kosmos, dem Stand der Sonne in der Ekliptik folgend, ein Mal im Jahr um sich selbst. Seine Füße weisen immer zur Sonne, sein Kopf liegt sieben Tierkreiszeichen davon entfernt. Der rotierende Purusha soll allen weltlichen Bauwerken als metaphysischer Plan dienen. Tempel hingegen, die als Körper Gottes nicht in gleicher Weise den irdischen Gesetzen unterliegen, errichtet man über einem nicht rotierend gedachten Vastu-Purusha.

Das Mandala im Städtebau

Bei der Neuplanung einer Stadt oder eines Dorfes muß zuerst festgelegt werden, welches Vastu-Purusha-Mandala geeignet ist. Aus den 32 Möglichkeiten wählt der Priester-

Astrologe dasjenige Mandala, welches einerseits aus astrologischen Gründen Glück zu verheißen scheint und andererseits auch in der Anzahl seiner Padas mit der Zahl der geplanten Wohnquartiere übereinstimmt. Besonders empfohlen werden wiederum die Mandalas mit 64 und mit 81 Padas.

Soweit landschaftliche Gegebenheiten dies erlauben, soll die Stadt einen exakt rechtwinkligen, wenn nicht gar quadratischen Umriß haben. Die Stadtmauer wird auf der äußersten Linie des Mandala errichtet. Die Straßen verlaufen in nordsüdlicher und ostwestlicher Richtung auf den Linien, welche die Padas gegeneinander abgrenzen. Ein Wohnblock belegt genau ein Pada. Ausführliche Vorschriften über das Verkehrsnetz enthält ein Manuskript, in welchem das 64-Pada-Mandala empfohlen wird. Unabhängig davon, ob eine Großstadt, eine Kleinstadt oder ein Markt geplant ist, ist folgendes Straßennetz vorzusehen: nordsüdlich und entsprechend auch ostwestlich führt eine breite «Königsstraße» auf der Mittellinie des Diagramms durch die ganze Stadt. In Großstädten soll sie 12 m breit sein, in Kleinstädten 10 m und in Märkten 8 m. Sie soll für fürstliche Prozessionen ausreichend Platz bieten und auch den Durchmarsch der Armee erleichtern. Ihre Fortsetzung außerhalb der vier in den Kardinalpunkten liegenden Stadttore (Gopura) dient dem überregionalen Verkehr. Etwas schmäler sind die insgesamt acht einzuplanenden sogenannten «Großen Wagenstraßen». Ihre Breite soll 6 m beziehungsweise 5 m beziehungsweise 4 m betragen. Auf dieser Straßenart gibt es keine Fußgänger, sie ist für den Wagen- und Elefantenverkehr reserviert. Die nächst engere Straßenart hingegen, die «Einfache Wagenstraße», erhält zu beiden Seiten einen gesonderten Fußweg.

Entlang der Innenseite der Stadtmauer führt die sogenannte «Prozessionsstraße» ununterbrochen um die Ansiedlung. Sie gleicht in ihren Abmessungen den Königsstraßen. Sie ist nicht nur weit angelegt, um der Armee im Falle eines Angriffes die Verteidigung zu erleichtern, sondern verdankt ihre Bedeutung vor allem einer alten arischen Tradition: der vedische Altar wurde zum Zeichen der Verehrung während des Opferritus im Uhrzeigersinn umwandelt. Verehrung durch mehrmaliges Umschreiten wurde im frühen Hinduismus allgemein üblich, ganz gleich, ob es sich um einen ursprünglich vedischen oder dravidischen Gott handelte. Bezugspunkt war anfangs der Opferaltar, später das Bild oder Symbol der Gottheit. In der planmäßigen Siedlung war es schließlich das unsichtbare Brahma-Sthana des Vastu-Purusha-Mandala.

Bereits vor der Zeit der Stadtgründungen hatte sich in den Dörfern der Arya-Stämme folgende räumliche Ordnung eingebürgert: in der Mitte des Dorfes steht ein mächtiger Baum, unter welchem der Rat der Ältesten tagt und Recht spricht. Dieser Baum ist das Symbol für eine gedachte Achse, um die sich das Universum und die Himmelswelten drehen. Seine Zweige grenzen die übereinander geschichteten Himmelswelten gegeneinander ab. Das Bedürfnis, auch ein kleines Dorf harmonisch der Gesetzmäßigkeit dieser Welt unterzuordnen, führt in Anlehnung an die Altarsymbolik zur Anlage eines Prozessionspfades (Pradakshina-Patha) rund um die Siedlung. Altar und Dorf entsprechen sich nun als Abbilder der gleichen überirdischen Ordnung. In der Architektur des Hinduismus bestimmt der Prozessionspfad den Grundriß des Allerheiligsten.
In der buddhistischen Architektur nimmt die Umwandlung des Grabhügels Buddhas in der für den Buddhismus typischen Kreisform (im Hinduismus rechteckig!) einen hervorragenden Platz unter den Riten ein, welche sich in der Architektur niederschlagen.

Wir haben gesehen, daß die prächtige Auslegung der Prozessionsstraße aus liturgischen Gründen erforderlich ist. Die Sitte, eine Stadt als Abbild des Kosmos zu umwandeln, tritt zwar bald in den Hintergrund; eine neue Bedeutung erhält die Prozessionsstraße der Stadt durch die häufigen religiösen Festtage, an denen das Kultbild aus dem Tempel genommen und in einem fahrbaren Holztempel durch beziehungsweise um die Stadt gefahren wird.

Die durch die Pada-Teilung entstehenden städtischen Baublöcke können in beliebigem Rhythmus durch Gassen und Fußpfade unterteilt werden. Nur die Hauptstraßen, die das Bild der Stadt prägen, müssen genau der Teilung des Vastu-Purusha-Mandalas entsprechen.

Die Orientierung der Stadt im Gelände

Bei der Wahl des Ortes, an dem eine neue Siedlung entstehen soll, wird zu Beginn festgestellt, welcher der drei klassischen Landarten der in Aussicht genommene Bauplatz zugehört. «Jangala» heißt das unfruchtbare Land, weitab von jeder Quelle oder einem Fluß. Der Wind ist hier heiß und der Boden von schwarzer Farbe. «Anupa» ist die liebliche Landschaft, voller Quellen und umgeben von Flüssen. Das Klima ist erfrischend und kühl, der Boden feucht und fruchtbar. An Fisch und Fleisch wird es nicht mangeln. Die meisten Landschaften fallen unter die Kategorie «Sadhana». Alles ist hier Mittelmaß. Gute und schlechte Eigenschaften der anderen zwei Klassen mischen sich.

Der Boden wird nun einer genauen Prüfung unterzogen; seine Farbe, sein Geruch, sein Klang, seine Griffigkeit und auch sein Geschmack werden begutachtet. An der Farbe des Bodens läßt sich erkennen, für welche Kaste der Platz besonders geeignet ist. Man unterscheidet vier Farben, nämlich Weiß, Rot, Gelb und Schwarz. Dem weißen Grund entsprechen die Brahmanen, dem roten die Kshatriyas, dem gelben die Vaishyas und dem schwarzen die Shudras. Auch seinem Geschmack nach wird der Boden dem Kastensystem zugeordnet; süß den Brahmanen, astringierend den Kshatriyas, scharf den Vaishyas und bitter den Shudras. Erde, deren Klang dem Heulen der Schakale ähnelt, dem Bellen der Hunde oder dem Schrei des Esels, soll gemieden werden.

Besonderer Wert wird darauf gelegt, daß sich das Stadtgelände nach Norden oder Nordosten hin senkt. Ein Südhang bringt Tod, ein Südwesthang Leiden. Baut man die Stadt an einen Westhang, so droht Vernichtung der Ernte und des Wohlstands, ein Nordwesthang führt zum Krieg. Die Stadt in einer Mulde anzulegen gilt als besonders gefährlich und hat die totale Vernichtung mit Sicherheit zur Folge. Alle diese Vorschriften erscheinen absurd, gerade die letzte weist aber darauf hin, daß jede Vorschrift einer Erfahrung entspringt. Wer einmal einen Monsun erlebt hat, versteht sofort, warum eine Mulde für Ansiedlungen ungeeignet ist. Sie verwandelt sich jedes Jahr für einige Monate in einen See.

Während einige Lehrbücher den quadratischen Stadtplan gutheißen, weisen andere darauf hin, daß eine quadratische Stadt, genau genommen, nur von Brahmanen bewohnt werden dürfe. Die anderen Kasten hätten kein Anrecht auf diese perfekte Form und müßten in rechtwinkligen Städten leben. Eine solche Trennung der Städte nach Kasten war in der Frühzeit des arischen Städtebaus durchaus üblich. Jede Siedlungseinheit wurde nur von einer bestimmten Berufsgruppe bewohnt. Ein enges Landstraßennetz sorgte für den reibungslosen Transport der Güter. Immer wieder stoßen wir in den alten Schriften auf Ortsangaben wie: Wagenbauer-Stadt, Schmiede-Stadt, Wäscher-Dorf, Weber-Dorf usw. Dieses Prinzip der monoprofessionellen Stadt wurde aber aufgegeben, als die gesellschaftlichen und beruflichen Zuordnungen so komplex wurden, daß eine arbeitstechnische Verflechtung nicht mehr umgangen werden konnte. Alle Städtebau-Lehrbücher stimmen darin überein, daß für eine solche Stadt mit gemischten Berufen und Kasten ein Flächen-Nutzungsplan auf der Basis des Vastu-Purusha-Mandala erstellt werden muß. In seiner einfachsten Form kann dieser Plan besagen, daß die Brahmanen im Norden, die Kshatriyas im Osten und Südosten, die Vaishyas im Süden und die Shudras im Westen der Stadt wohnen und arbeiten sollen. Läßt sich dieses Prinzip nicht einhalten, dann muß zumindest der Baublock, beziehungsweise ein Pada in dieser Weise geteilt werden, damit eine klare Trennung der Kasten gewährleistet bleibt. Das Verfahren der Unterteilung der Baublöcke nach Kasten wird in der Praxis auch notwendig, da es neben dieser allgemeinen Vorschrift eine andere gibt, welche den verschiedenen Berufen ihren festen Platz in der Stadt zuweist. So dürfen sich Goldschmiede, Schmiede und Waffenschmiede grundsätzlich nur im Südosten ansiedeln, Schäfer Jäger, Fischer und die Angestellten der Strafanstalten wohnen im Südwesten, Wagenlenker und Soldaten nur im Westen. Das Polizei-Hauptquartier und die Stadtverwaltung gehören zusammen mit den Schnapsbrennern und Weinhändlern in den Nordwesten. Die Wohnquartiere der Brahmanen, der Astronomen und Asketen befinden sich im Norden der Stadt, den Nordosten füllen die Großmärkte und die Wohnungen der Handelsleute. Der Osten ist für die Paläste der königlichen oder fürstlichen Familien reserviert, für den Hof der königlichen Garde und die Diensträume der höchsten Staatsbeamten.

Der Brauch, bestimmte Stadtteile für eine Kaste zu reservieren, wird in den Architekturlehrbüchern durch den Hinweis auf das Bild der Erde und des Himmels als «Berg Meru» gerechtfertigt: aus dem unendlichen Weltmeer steigt die manifestierte Welt pyramidenförmig auf. Die vier Dreiecke, welche diese Pyramide bilden, sind von verschiedener Farbe. Das weiße Dreieck ist der Wohnort der Brahmanen, das rote gehört den Kshatriyas, das gelbe den Vaishyas und das schwarze Dreieck den Shudras. Die Kastenteilung ist also nicht nur eine gesellschaftliche Übereinkunft, sondern gehört ebenso wie die Teilung der Welt in vier Himmelsrichtungen zu den Gesetzen, die diesen Kosmos gestalten.

Die meisten Städte Indiens wurden bis in die Mogul-Zeit vorwiegend aus ungebranntem Lehm, Holz und anderen schnell verfallenden Materialien gebaut. Stein war als das dauerhafteste Material dem Tempelbau vorbehalten. Es sind uns deshalb kaum Überreste alter Stadtanlagen erhalten, und wir können schlecht beurteilen, in wieweit die strengen Anweisungen der Lehrbücher befolgt wurden. Aus dem 18. Jahrhundert ist uns allerdings eine nordindische Stadtgründung erhalten, welche bezeugt, wie lebendig die alte Stadtbau-Tradition noch während der Mogul-Herrschaft war. Diese Stadt, es ist Jaipur in der Landschaft Rajasthan, entspricht in ihrer Grundrißlösung den alten Texten. Die einzelnen Bauwerke tragen allerdings den deutlichen Stempel der sich von Delhi und Agra ausbreitenden Mogul-Architektur. Lassen wir eine Stadterweiterung im Osten sowie die aus topographischen Gründen erforderliche Verlegung der Stadtmauer an der Nordwestecke außer Betracht, dann sieht das Planschema folgendermaßen aus: Eine ostwestlich verlaufende Prachtstraße und deren unvollständige Parallelstraße sowie zwei von Nord nach Süd führende Hauptstraßen teilen das ursprünglich geplante Rechteck der Stadt in neun Teile (die Erweiterung im Südosten ergibt einen zehnten Teil). Der zentrale Bereich des Brahma-Sthana ist für den Palast des Maharadjas reserviert, die anderen Baublöcke werden mehr oder weniger regelmäßig durch Nebenstraßen und ungepflasterte Fußwege unterteilt. Die ungeordnete Teilung der nördlichen Stadtbezirke ist darauf zurückzuführen, daß die Nachfolger des Maharadjas nicht auf eine sinngemäße Ergänzung der begonnenen Stadtplanung achteten. Da einer von ihnen überdies die reiche Bibliothek des Maharadjas als Packpapier verkaufte, ist über die einzige hinduistische Stadtplanung der Neuzeit keine theoretische Abhandlung mehr erhalten. Selbst der Name des Architekten, welcher nicht nur die Stadtanlage, sondern auch ein weiträumiges Observatorium in einem der Palasthöfe entwarf, steht nicht mit Sicherheit fest.

▼ Stadtplan von Jaipur

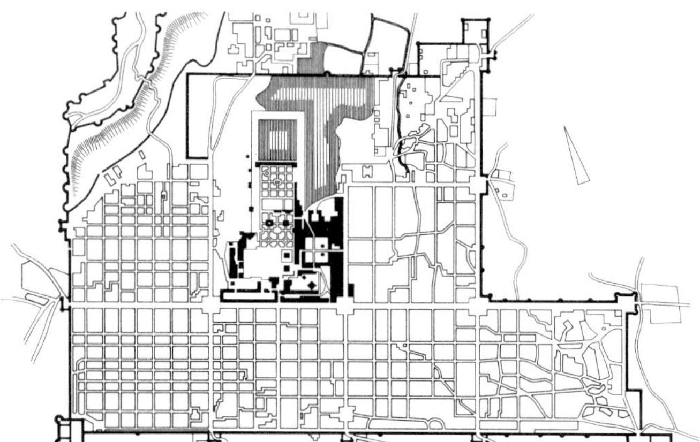

Ganz im Sinne der Vastu-Vidya wurden in Jaipur den einzelnen Berufsgruppen verschiedene Stadtteile zugewiesen. Sucht man einen Tuchhändler, dann geht man noch heute in eine bestimmte Straße, in der ausschließlich Tuchhändler wohnen. In einer anderen Straße sitzen jeden Morgen alle Maurer der Stadt in langer Reihe auf dem Bürgersteig und warten auf einen Bauherrn. Wieder in einer anderen Gegend liegt Tischlerei an Tischlerei, ein Korbmacher sitzt neben dem anderen und in Weiterführung dieses Prinzips reiht sich nun auch Fahrradhandlung an Fahrradhandlung.

Als Residenzstadt eines weltlichen Herrschers hat Jaipur einen rechteckigen und nicht etwa quadratischen Umriß. Die meisten Bauwerke haben eine gleiche Stockwerkzahl. Da die Stadt offensichtlich über einem Vastu-Purusha-Mandala mit ungeradzahliger Seitenteilung geplant wurde, gibt es auch keinen zentral gelegenen Platz. Besonders auffällig ist die Orientierung. Alle in der Längsrichtung verlaufende Straßen weisen nach Ostsüdost beziehungsweise Westnordwest. Eine solche Abweichung von der exakten Ausrichtung in den Himmelsrichtungen würde nicht auffallen, könnte sogar als Versehen abgetan werden, wenn nicht der Richtungsunterschied durch die monumentalen genau ostwestlich beziehungsweise nordsüdlich ausgerichteten astronomischen Meßbauten deutlich in Erscheinung treten würde. Vermutlich wurde diese Richtung der Stadt durch Proportions-Vorschriften oder astrologische Erwägungen notwendig; das nach Nordosten hin abfallende Gelände – das entspricht genau den Lehrbüchern – hätte auch eine andere Orientierung erlaubt.

Im Manasara, einem alle architektonischen Bereiche betreffenden Lehrbuch, wird auch eine runde Sonderform des Vasta-Purusha-Mandalas erwähnt, welcher der Vorschlag zu einer runden Stadtanlage entspricht. Ob allerdings jemals eine solche Stadt gebaut wurde, ist in Anbetracht der weit heiligeren Form des Quadrates ungewiß.

Beliebt war sicher außer der kanonischen Anordnung der Straßen über den Pada-Trennlinien der sogenannte Svastika-Plan. Der Svastika, ein altes arisches Sonnensymbol, kann ebenso im Hausgrundriß zur Aufteilung der Räume herangezogen werden, wie er im Stadtplan zur Festlegung der Straßenfolge und im buddhistischen Stupa als gemauertes Symbol für den Kreislauf aller Erscheinungen verwendet wird.

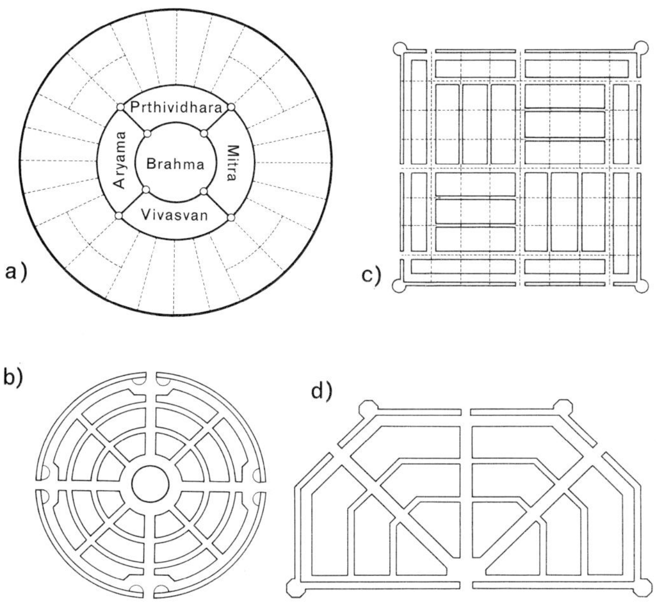

▲ a) Rundes Vastu-Purusha-Mandala (Manduka-Mandala)
b) Vorschlag zu einer runden Stadt über einem Manduka-Mandala (nach Manasara-Lehrbuch)
c) Svastika – Stadtplan über einem quadratischen Manduka-Mandala
d) «Kheta-Stadt» für Shudras

Eine eigenartige Variante des normalen Stadtplanes ist der sogenannte «Kheta»-Plan. In der Kheta-Stadt dürfen nur Shudras leben. Als Spiegelung ihrer Unvollkommenheit hat dieser amputierte Plan keine wirkliche Mitte. Ein Punkt an der Stadtmauer ist sein optisches Zentrum, während sein Flächenschwerpunkt keinerlei Bedeutung hat.

Der Bauplatz

An einem Tag, den die Astronomen bestimmen, begeben sich die mit der Stadtplanung beauftragten Priester und Architekten zu dem ausgewählten Gelände. Sie bestimmen die Himmelsrichtungen, indem sie in der Mitte des Bauplatzes eine sich nach oben verjüngende Säule errichten. Um ihren Fußpunkt ziehen sie einen Kreis, dessen Radius die doppelte Länge der Säule mißt. Bei Sonnenaufgang ist der Schatten des Gnomon länger als der Kreisradius. Trifft im Verlauf des Vormittags der Schatten der Säulenspitze auf die Kreislinie, dann wird der Schnittpunkt markiert. Am Nachmittag wird der Schatten wieder länger. Der zweite Schnittpunkt mit dem Kreis wird mit dem ersten verbunden. Die Ostwest-Richtung liegt jetzt fest; eine Parallele durch den Kreismittelpunkt ergibt die Ostwest-Achse der Stadt. Die Nordsüd-Achse wird als Mittelsenkrechte mit Hilfe zweier Kreise bestimmt.

Die äußere Linie des Vastu-Purusha-Mandala wird nun aufgetragen, und seine Eckpunkte werden durch Pflöcke markiert. Das ganze Stadtgelände oder Vastu-Purusha-Mandala wird eingeebnet, damit der Bauplatz möglichst exakt der Vorstellung einer ebenen quadratischen Erde entspricht. In einem günstigen Moment opfert der Priester-Architekt gebratenen Reis und weiße Blumen. Nachdem er sich durch heilige Waschungen rituell gereinigt hat, pflügt er mit einem eigens zu diesem Zweck hergestellten Pflug eine Furche in der Ostwest-Achse der Stadt. Eine Gruppe von Shudras pflügt dann das ganze Gelände und sät verschiedene Getreidearten aus. Wenn das Korn reif ist, begeben sich die zukünftigen Bewohner der neuen Stadt wieder mit dem Priester zum Bauplatz. Diesmal nehmen sie alles Vieh der Gemeinde mit und lassen es die Ernte abfressen. «Nach zwei Nächten ist das Gelände durch das Abweiden des Viehs gereinigt, geweiht durch den Atem der Kühe und das Gebrüll der Ochsen, geheiligt durch den Speichel aus den Mäulern der Kälber, gewaschen durch ihren Urin, beschmiert mit ihrem Kot und wiedergekäutem Futter und gezeichnet durch ihre Hufe.» Auf dem dadurch gereinigten und geheiligten Grund kann nun das Vastu-Purusha-Mandala mit allen Padas aufgezeichnet werden. Die Breite der Straßen wird festgelegt, und den verschiedenen Berufsgruppen wird anhand des Flächennutzungsplanes ihr Baugebiet zugewiesen.

Der Tempelplan

Die Teilflächen, die im Flächennutzungsplan der Stadt für Tempel ausgewiesen sind, werden vor dem Baubeginn durch den gleichen Ritus noch einmal von Kobolden und Erdgeistern gereinigt. Die Größe des neuen Vastu-Purusha-Mandala ist nicht frei, da eine Reihe von Proportionsforderungen erfüllt werden müssen. Der Begriff Proportion ist allerdings bei der Betrachtung der indischen Maßvorschriften nicht nur in dem Sinn eines Maßverhältnisses zwischen zwei oder mehreren Bauteilen zu definieren. Die indische Proportionslehre hat nicht nur das Ziel, verschiedene Bauteile eines Tempels in ein ästhetisch befriedigendes Verhältnis zu bringen; sie soll vielmehr die ganze Anlage in ein magisch-harmonisches Verhältnis zu Zeit, räumlicher Orientierung oder auch der Kaste des Erbauers setzen. Zwar wird in allen Manuskripten das Längen-, Breiten- und Höhenverhältnis verschiedener Bauteile in ausführlichen und kaum verständlichen Vorschriften besprochen, im Mittelpunkt der Lehre aber steht die Forderung, daß ein Tempel in jedem Fall sechs magischen Proportionsforderungen entsprechen muß. Bei der Berechnung solcher Proportionen tritt der Begriff «Vastu» wieder auf, jetzt aber nicht in seiner Bedeutung als «Bauplatz», sondern als Begriff «Rest».

Absolute Perfektion ist das Kennzeichen des Brahman; das Wesen der Erscheinungswelt hingegen ist Unvollkommenheit. Unvollkommenheit spiegelt sich für den Sthapati auf dem Gebiet der Mathematik in einer Bruchrechnung, die nicht zu einem ganzzahligen Ergebnis führt. Es bleibt ein «Rest», der uns durch weitere Division die Stellen hinter dem Komma liefert. Die Inder errechnen bei solchen Divisionen aber nur die ganze Zahl, den Rest betrachten sie als das wichtigste Resultat der ganzen Rechenoperation. Mit Proportionslehre ist in der indischen Architektur also genau genommen eine «Rest-Lehre» gemeint. Es werden Bruchrechnungen ausgeführt, nicht aber ihr Ergebnis, sondern der verbleibende Rest muß den Vorschriften entsprechen.

So soll man zum Beispiel die Breite eines Tempels mit 3 multiplizieren und dann – hier gehen die acht möglichen Richtungen der Orientierung eines Bauwerkes in die Rechnung ein – durch 8 teilen. Der Rest dieser Rechnung, «Yoni» genannt, gibt die Himmelsrichtung an, nach welcher der Tempel ausgerichtet werden müßte. Die Himmelsrichtungen sind von 0 beginnend im Uhrzeigersinn fortlaufend bis 7 numeriert. Ein Yoni von Null ist erwünscht, das heißt eine Orientierung nach Osten. Auch 4 ist als Yoni tragbar, das heißt eine Orientierung nach Westen. Ein anderes Yoni brächte Unglück. Die Rechnung muß so lange mit einer veränderten Tempelbreite durchgeführt werden, bis sich ein Rest von 4 oder besser noch 0 ergibt.

Die Breite des Tempels muß aber auch einer anderen Restrechnung entsprechen, deren Rest «Vyaya» genannt wird. Die Rechnung zur Vyaya-Ermittlung ist $\frac{\text{Breite} \times 9}{10}$

Nun wird die Länge des Tempels durch die 27 Planeten bestimmt. $\frac{\text{Länge} \times 8}{27}$ ergibt den Rest «Rksha» und bestimmt den Stern, unter welchem der Tempel errichtet werden muß. Soll der Tempel unter einem besonderen Stern errichtet werden, dann ist die Länge des Bauwerks abzuändern bis sich als Rest die Index-Nummer des Sternes ergibt. Gleichzeitig muß aber auch einer die Tierkreiszeichen berücksichtigenden Formel $\frac{\text{Länge} \times 8}{12}$ genügt werden. Ihr Rest, «Aya» genannt, soll möglichst 0 sein.

Länge und Breite des Tempels werden schließlich gemeinsam in zwei weiteren Formeln getestet. Diese operieren mit dem Umfang des Tempels. $\frac{\text{Umfang} \times 9}{7}$ ergibt den Rest «Vara», die 7 im Nenner steht für die sieben Wochentage. Der Rest Vara gibt an, an welchem Wochentag mit dem Bau des Tempels begonnen werden muß, damit er im Einklang mit dem zyklischen Lauf der Zeit steht. Die Zeit wird außerdem durch folgende Rechnung in den Maßkanon des Tempels übertragen: aus $\frac{\text{Umfang} \times 9}{30}$ erhält man den Rest «Tithi». Tithi gibt denjenigen der dreißig Mondtage an, welcher ausschließlich für den Baubeginn in Frage kommt.

Alle diese Forderungen zu erfüllen, ist sehr schwierig, da es sich nicht um sechs Gleichungen mit sechs Unbekannten handelt, sondern immer der unkalkulierbare Rest einer Division ausschlaggebend ist. Die Bedeutung der Multiplikatoren im Zähler konnte bislang nicht geklärt werden, die der Divisoren ist bis auf den der Vyaya-Rechnung klar.

Neben diesen sechs grundsätzlichen Proportionsforderungen sollen möglichst noch zwei weitere Rechnungen durchgeführt werden. Diese beziehen sich auf die Kaste des Stifters und das gewünschte Alter des Tempels. $\frac{\text{Länge} \times \text{Breite} \times 9}{4}$ ergibt die Kaste, $\frac{\text{Länge} \times \text{Breite} \times 27}{100}$ das Alter des Tempels. Nimmt man zum Beispiel die Länge eines Tempels mit 11 cubits an, und die Breite mit 5 cubits, dann ergibt sich:

das Alter des Tempels: $\frac{5 \times 11 \times 27}{100} = 1485 : 100 = 14$; Rest 85, das heißt der Tempel wird 85 Jahre stehen.

Die Kaste des Erbauers: $\frac{5 \times 11 \times 9}{4} = 495 : 4 = 123$; Rest 3, das heißt ein Tempel dieser Abmessungen darf nur von einem Bauern oder Handwerker gestiftet werden.

Der Wochentag des Baubeginns:
$\frac{(5+5+11+11)\times 9}{7} = 288 : 7 = 41$; Rest 1, der Tempelbau darf also nur an einem Montag begonnen werden. Die Orientierung des Tempels: $\frac{5\times 3}{8} = 15 : 8 = 1$; Rest 7. Ein Tempel mit diesen Maßen müßte also nach Nordosten ausgerichtet werden. Das ist aber nicht glückverheißend, der Rest sollte in dieser Rechnung 0 (Ost) oder wenigstens 4 (West) sein. Bevor man also den Mond-Tag oder den Planeten, unter welchem dieser Tempel gebaut werden müßte, berechnen kann, muß man mit einem veränderten Breiten- oder Längenmaß die Rechnung noch einmal von vorne beginnen. Erschwerend kommt hinzu, daß der errechnete Mond-Tag schließlich auch mit dem errechneten Wochentag und nicht zuletzt mit der ermittelten günstigen Sternenkonstellation zeitlich zusammenfallen muß. Können alle diese Forderungen nicht in Einklang gebracht werden, dann wird der Bau des Tempels verschoben oder ganz aufgegeben. Ein Tempel, der nicht den Gesetzen des Kosmos genau entspricht, brächte nur Unglück über den Erbauer.

Der frühe nordindische Tempel besteht nur aus dem Allerheiligsten, der Garbha-Griha (deutsch: Schloß). Die enge kubische Cella wird von dicken Mauern umgeben. In Anbetracht der Kleinheit des Innenraumes möchte man von einem massiven Turm oder Berg sprechen, in dem nur eine kleine Höhlung freigelassen wurde. Zu diesem Turmbau tritt seit dem 8. Jahrhundert n. Chr. ein zweiter, selbständiger Baukörper. Man errichtet vor der Cella einen Versammlungsraum für die Gläubigen, die sogenannte Mukhashala. Dieser weite Raum ist im Gegensatz zur Cella nur von dünnen Mauern umschlossen. Er erhält durch die Eingangstür im Osten sowie durch zwei zusätzliche Fenster in der Nordsüd-Achse eine ausreichende Beleuchtung. Die Tür im Westen führt in das dunkle Allerheiligste.

Der Brahmeshvara-Tempel in Bhubaneswar zum Beispiel folgt dieser klassischen Anordnung (siehe graue Plantafel). Eine Bauaufnahme zeigt, daß die von Mauern umgebene Plattform, auf der sich der Tempel mit seinen vier Nebenschreinen erhebt, in einem bestimmten Verhältnis aufgeteilt wurde. Alle Bauteile sind einem festen Rastersystem eingeordnet. Die Plattform wurde in 14×21 Planquadrate mit einer Seitenlänge von etwa 1,51 m aufgeteilt. Diagonale Linien, beginnend in der Südwest- und Nordwest-Ecke der Plattform bestimmen durch ihren Schnittpunkt das rituelle Zentrum der Anlage, den Punkt, über welchem das Phallussymbol Shivas, Lingam genannt, aufgestellt wird. Die Cella

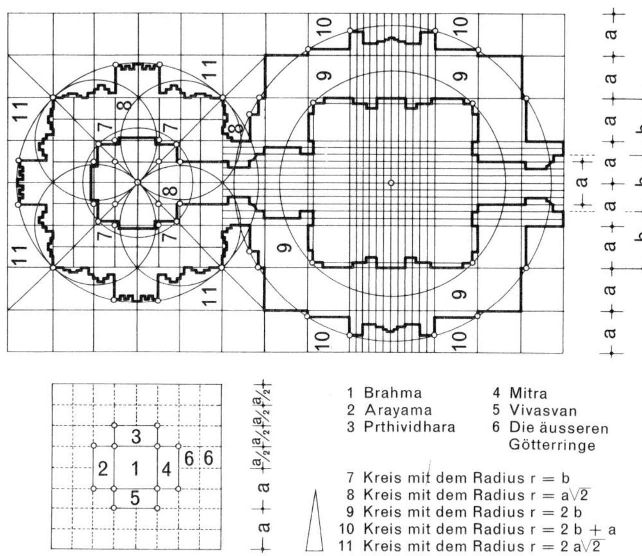

▲ Der Brahmeshvara-Tempel in Bhubaneswar, sein Raster und die sich daraus ergebenden Proportionen. (Ausschnitt aus der Gesamtanlage; siehe auch graue Plantafel!)

um das Lingam bietet gerade genug Raum für die rituelle Umwandlung; ihre Wände sind ohne jeden Schmuck. Über 4×4 Planquadraten wird um dieses Zentrum das Mandala ausgelegt. Durch Teilung der Quadrate entsteht das 8×8 Padas umfassende Manduka-Mandala. Seine Eckpunkte sind auch die Eckpunkte des äußeren Cella-Umrisses. Östlich der Garbha-Griha werden nun die Abmessungen der Mukhashala aufgetragen. Sie ist innen genau so breit wie die Garbha-Griha außen, ihre Wand ist ein Planquadrat stark. Das Vastu-Purusha-Mandala unter der Garbha-Griha ist von den 6×6 Planquadraten des äußeren Mukhashala-Grundrisses durch einen eine Planeinheit breiten Streifen getrennt. In diesem Bereich muß der formal schwierige Übergang zwischen beiden Baumassen bewältigt werden. In vielen Tempeln liegt hier noch ein kleiner vermittelnder Zwischenraum. Der Architekt des Brahmeshvara-Tempels wählte eine andere Lösung. Gangförmige Erweiterungen von Garbha-Griha und Mukhashala treffen sich an der tiefen Türleibung des Cella-Zuganges. Die nur zur Mukhashala hin reich verzierte Tür vermittelt zwischen dem stark gegliederten Versammlungsraum und der dunklen, schlichten Enge des Allerheiligsten. Ein optischer Bezug zwischen beiden Räumen fehlt allerdings. Nicht nur die Cella, sondern auch der Versammlungsraum hat außer der gemeinsamen Ostwest-Achse eine eigene Nordsüd-Symmetrieachse. Der Gläubige wird nicht, wie in buddhistischen Gebetshallen, bewußt auf das Zentrum hingeführt! Es besteht auch in der Architektur ein alle Vergleiche oder Bezüge unmöglich machender Unterschied zwischen dem Raum, der die phänomenale Welt mit all ihrem Formenreichtum darstellt, und dem Schoß des Tempels, der in seiner schmucklosen Einfachheit nicht ein Versuch sein soll, den Körper der Gottheit darzustellen oder gar das allerhöchste, formlose Sein, das Brahman, zu illustrieren.

Der Tempelturm ist Gott und nicht nur sein Wohnhaus. Nach außen, zur Erscheinungswelt hin, manifestiert er sich in einer reichen geometrischen und auch figürlichen Formenwelt, seine wahre Gestalt aber ist die jenseits allen Formenspiels stehende Garbha-Griha, der Schoß der Welt, der das Phallussymbol als Bild für die alles Sein bedingende Schöpfung birgt.

Aus einem noch nicht bekannten Grund beruht die Gestaltung der Mukhashala nicht nur auf einer Vierteilung des 16 Planquadrate bedeckenden Innenraumes, sondern gleichzeitig auf einer Dreiteilung. Drei Teile b entsprechen vier Teilen a. Die kleinste immer wieder im Grundriß auftauchende Maßeinheit ist dadurch $\frac{1}{6}$ a beziehungsweise $\frac{1}{8}$ b. 1b = 1$\frac{1}{3}$ a.

Das Vastu-Purusha-Mandala unter der Garbha-Griha deckt sich nicht genau mit dem Grundriß. In den mittelalterlichen Traktaten zu den Beziehungen zwischen Mandala und Bauwerk findet sich eine Erklärung. Das Brahma-Sthana ist von den umliegenden vier inneren Göttern durch die Linien des Vastu-Purusha-Mandala getrennt. Diese Linien haben in der Vorstellung der Priester-Architekten eine Ausdehnung in räumlichen Dimensionen, auch wenn sie nur als dünne Striche auf die Fundamente des Tempels gezeichnet werden. Besonders die Schnittpunkte der magischen Kraftlinien sind räumlich zu denken. Sie sind die Lebensknoten des Mandala. Die rings um das Brahma-Sthana liegenden Knotenpunkte (Marmas) sind besonders verehrungswürdig, ebenso wie diejenigen Marmas, welche die Eckpunkte der «inneren» Padas bilden. Je weiter Pada-Trennlinien oder Marmas vom Zentrum entfernt sind, um so weniger empfindlich und wichtig sind sie für die Wirksamkeit des Mandala. Auf jeden Fall muß vermieden werden, daß die zentralen Marmas um das Brahma-Sthana und um die «inneren» Padas zum Beispiel dadurch verletzt werden, daß Mauervorlagen, Säulen oder andere Bauteile sie anschneiden. Und dennoch sollte sich der Innenraum der Cella möglichst mit dem Brahma-Sthana decken. Die räumliche Ausdehnung der Marmas wird im allgemeinen mit $\frac{1}{8}$ der Seitenlänge eines Pada angenommen. Die Cella-Wände müssen um diesen Betrag verschoben werden. Damit dem Cella-Raum aber nicht irgendein beliebiges Maß zugrunde liegt, wählt man ein bereits vorgegebenes Maß, nämlich b, als halbe Diagonale der Garbha-Griha. Dadurch ist sie etwas kleiner als das Brahma-Sthana, und die Marmas liegen, von Grundrißlinien unangetastet, in ihrer Ausdehnung von $\frac{1}{8}$ einer Pada-Seite innerhalb des Mauerwerks. Auch die aus einer alten Holzbauweise in die steinerne Cella übernommenen Nischen sind so bemessen, daß sie die Marmas umgehen.

Der äußere Umriß eines nordindischen Tempelturms entwickelt sich meist über dem Quadrat. Aus dem Bedürfnis, in den Himmelsrichtungen Kultbilder der Wächter über die

▼ Die Entwicklung des nordindischen Cella-Grundrisses
a) Drei-Ratha-Typ (Triratha)
b) Fünf-Ratha-Typ (Pancharatha)
c) Weiterentwicklung des Fünf-Ratha-Typs (mit Rücksprüngen)
d) Sieben-Ratha-Typ (Saptaratha)

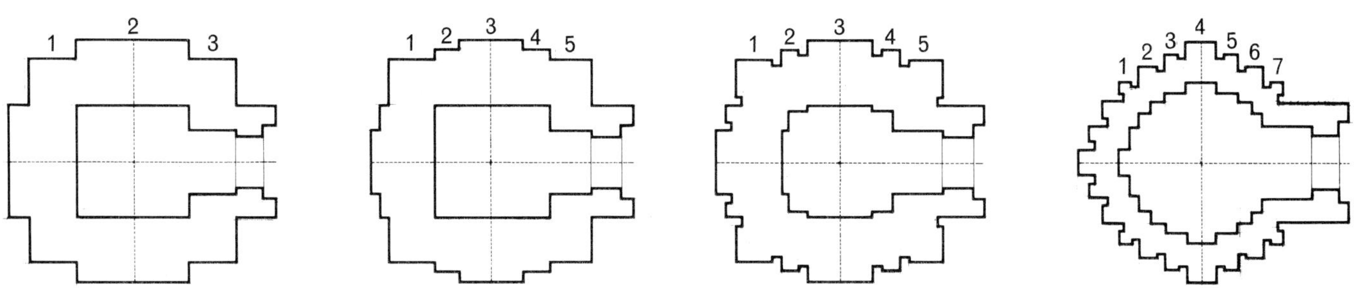

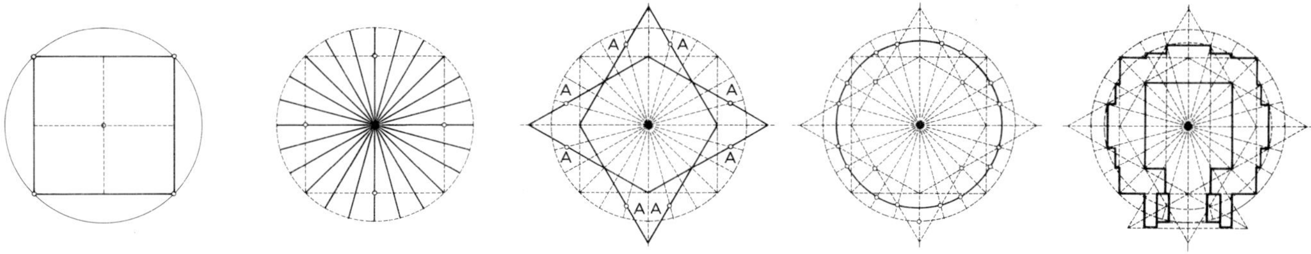

1. Schritt 2. Schritt 3. Schritt 4. Schritt

Beispiel: Grundriß eines Nebenschreines des Brahmeshvara-Tempels in Bhubaneswar

▲ Entwicklung eines Tempelgrundrisses aus dem Quadrat und der Zeit-Teilung des Kreises

jeweilige Richtung aufzustellen, entwickelt sich schon in der Zeit der Holztempel der Brauch, äußere Nischen axial an den eigentlichen Baukörper anzufügen. Daraus entsteht der einfachste Grundriß erhaltener Tempel, der sogenannte Drei-Ratha-Typ. Als «Rathas» oder «Pagas» bezeichnen wir die vertikalen Mauervor- beziehungsweise Rücksprünge; drei Rathas in der Fassade der Garbha-Griha ergeben sich, da jeweils ein Mauerteil in der Breite des Innenraumes zur Aufnahme einer äußeren Nische vorgezogen wird. In der klassischen Zeit begnügt man sich nicht mehr mit dieser einfachen Fassadengliederung. Der nächste Schritt ist die Fünfteilung der Quadratseiten. Es entsteht der gebräuchlichste aller Grundrisse, der Fünf-Ratha-Typ. Die Tiefe der Ratha-Vor- und Rücksprünge kann durch verschiedene geometrische Beziehungen festgelegt werden. Meist haben alle Rathas gleiche Breite und springen gleich weit vor. Im Falle des Brahmeshvara-Tempels ist die geometrische Konstruktion der in sich wiederum reich gegliederten Rathas noch nicht bekannt. Gewiß ist nur, daß die axialen Rathas genau so weit vorspringen, daß sie an einem Kreis enden, der um das Quadrat des Vastu-Purusha-Mandala, beziehungsweise die Garbha-Griha, gezogen wird.

Die Forschungen von Alice Boner haben gezeigt, daß den Plastiken in Shiva-Tempeln meist eine 15°-Kreisteilung zugrunde liegt. In ähnlicher Weise scheinen die Umrisse der vier kleinen, verschiedenen Aspekten Shivas geweihten Nebenschreine des Brameshvara-Tempels konstruiert zu sein. Alle vorspringenden Ecken der Rathas liegen exakt auf einem der 24 Durchmesser einer 15°-Kreisteilung.

Wir wollen für einen dieser Nebenschreine die geometrische Konstruktion des Grundrisses Schritt für Schritt rekonstruieren, und zwar in der Reihenfolge, in der ein Sthapati die Linien auf die Plattform des Tempels zeichnete: die vier Planquadrate, welche in jeder Ecke der Plattform für einen Nebenschrein ausgewiesen wurden, bilden das Quadrat, aus dem der Grundriß entwickelt wird. Dieses Quadrat ist die Erde, fixiert durch die Kardinalpunkte und ausgespannt zwischen die vier Eckpunkte Nordwest, Nordost, Südost und Südwest. Ihr zeitlicher Aspekt wird in Form eines umschreibenden Kreises aufgetragen; die Zeitteilung wird durch eine 12- beziehungsweise 24-Teilung des Kreises dargestellt. Über den Achsen errichtete gleichseitige Dreiecke haben die gleiche Seitenlänge wie das Quadrat. Die Schnittpunkte A der Dreiecke mit den Kreisradien werden zu den äußeren Eckpunkten der axialen Rathas. Ein zweiter Kreis, wiederum um den Mittelpunkt der Cella, aber diesmal durch die Eckpunkte gezogen, bestimmt durch seine Schnittpunkte mit den Radien die Lage der mittleren Rathas. Die äußeren Rathas, Konaka-Rathas genannt, treffen sich auf den verbleibenden Radien. Jeder Radius der 15°-Teilung hat damit seine Funktion im Grundriß. Vier Radien ordnen den Schrein in die Himmelsrichtung ein, vier bilden die Diagonalen des Grundquadrates, die restlichen sechzehn Radien bestimmen Breite und Tiefe der Rathas. Die Entfernung zwischen den Eckpunkten der mittleren Rathas ist gleich der äußeren Torbreite an der Eingangsseite.
Die Schwelle wird nach außen durch eine Tangente des Grundkreises begrenzt und nach innen durch das Grundquadrat. Der Mauerdurchlaß hinter der Eingangstür hat die Breite der axialen Rathas; die Schnittpunkte der Dreiecke über dem Grundquadrat mit der Kreisteilung definieren schließlich auch noch den Vorsprung der «Eingangs-Ratha».
Es ist nicht schwierig, den geometrischen Schlüssel eines Grundrisses zu finden. Wenn es aber darum geht, den esoterischen Gehalt der gezeichneten Konstruktionen und

Formeln zu deuten, sind wir leider auf Vermutungen angewiesen.

Auch die Gestaltung der Eingangstür unterliegt genauen Vorschriften. Die Türöffnung soll immer doppelt so breit sein wie der steinerne Türstock. Die Architekten der Tempel in Orissa hielten sich grundsätzlich an diese Proportionen, nur im Fall sehr kleiner Schreine – und mit solchen haben wir es rings um den Brahmeshvara-Tempel zu tun – muß die Öffnung um eine Stockbreite erweitert werden, da der Durchgang sonst zu eng würde. Die Türöffnung soll doppelt so hoch wie breit sein und ebenso tief wie breit. Der Eingang zum Haupttempel entspricht genau diesen Forderungen, ebenso entsprechen ihnen die Türen zu den Nebenschreinen.
Südindische Abhandlungen zur Proportionslehre enthalten für viele verschiedene Tempeltypen lange Listen mit Angaben über die Höhe bestimmter Bauglieder. Es ist aber außerordentlich schwer, erhaltene Bauwerke zu finden, die diesen umfangreichen und zudem auch unklar formulierten Bestimmungen entsprechen.
Selbst für den Fall, daß es gelingen sollte, dieses oder jenes Monument in Einklang mit den Maßvorschriften zu bringen, wäre nicht viel gewonnen. Der Symbolgehalt eines bestimmten Maßverhältnisses, wie er zum Beispiel in den Rest-Rechnungen überliefert ist, wird in den Schriften nicht erklärt, und auch ein entsprechendes Bauwerk vermag ihn nicht zu enträtseln.

Nachdem wir den Grundriß des Brahmeshvara-Tempels als Beispiel für den nordindischen Tempeltyp betrachtet haben, ist nun ein Blick auf den südindischen Tempelgrundriß nötig. Wir wählen das Heiligtum von Tanjore, welches im Jahre 1010 von dem Chola-König Raja-Raja d. Gr.

▼ Oben: Palmblattmanuskript in Originalgröße
Links: Porträt des Architekten mit Meßlatte und Dreieck
Rechts: Proportionsberechnungen

Unten: Rückseite desselben Palmblattes
Links: Aufriß eines Tempelturmes mit Höhenangaben
Rechts: Das Mandala, über dem der Architekt den Grundriß frei komponieren kann

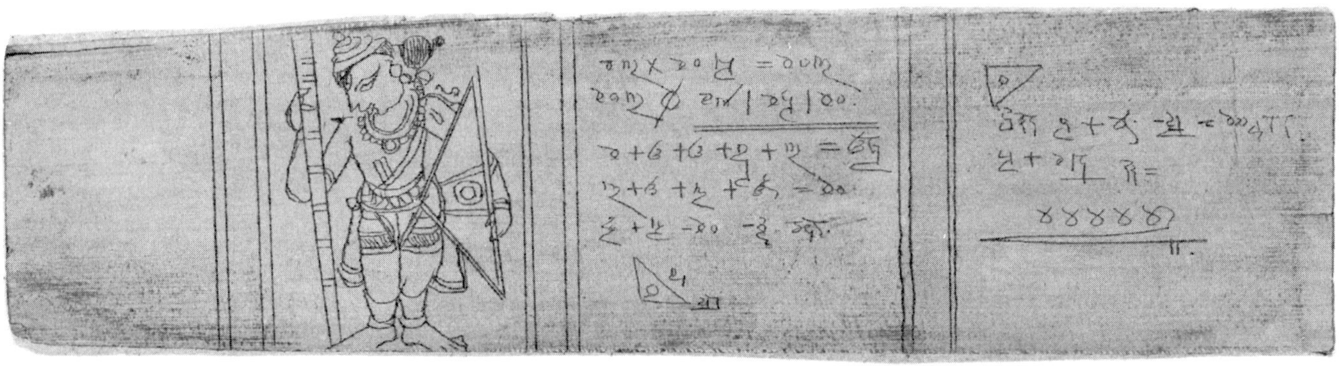

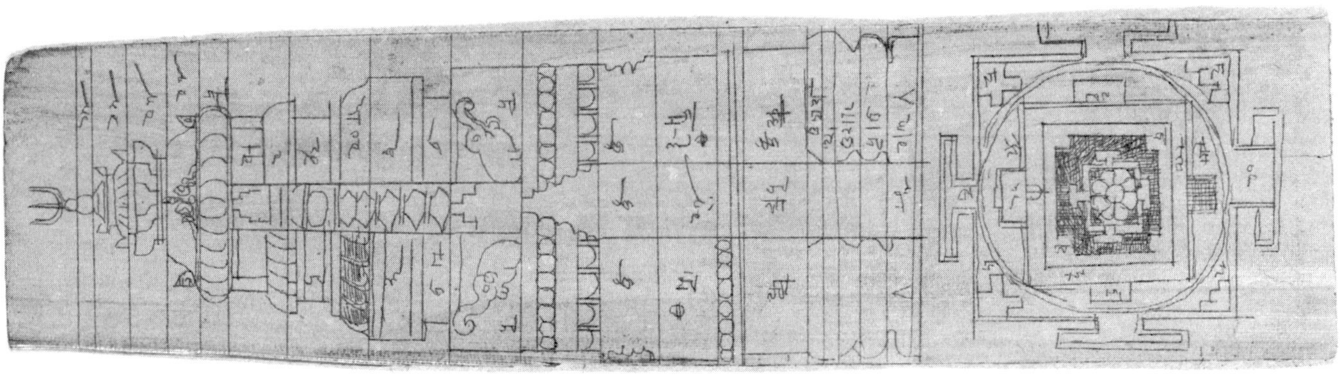

zur Erinnerung an seine Siege über benachbarte Königreiche gestiftet wurde. Eine starke Mauer umfaßt den Tempelbezirk, welcher wiederum innerhalb einer Befestigungsanlage liegt. Die Orientierung dieses Forts und des Tempels wird durch einen Flußlauf im Süden der Befestigungsmauern bestimmt. Es ergibt sich für die Orientierung des Tempels eine erhebliche Abweichung von der Ostwest-Richtung. Die Cella liegt wie beim Brahmeshvara-Tempel im Schnittpunkt zweier Diagonalen (siehe graue Plantafel). Das durch diese Diagonalen gebildete Quadrat wird in neun quadratische Flächen geteilt. Dem zentral liegenden Teilquadrat wird dann ein Kreis eingeschrieben. Ein diesem Kreis wiederum einbeschriebenes Quadrat begrenzt die erhöhte Plattform, welche der Cella als Fundament dient. Auf dieser Fläche wird das Mandala aufgezeichnet. Ein südindisches Mandala unterscheidet sich von dem in nordindischen Lehrbüchern beschriebenen Vastu-Purusha-Mandala. Die Legende vom ungeordneten Sein, welches von Brahma in die geordnete Form eines Mandala gezwungen wurde, oder auch die Version, in der der Ur-Mensch-Dämon-Kosmos Purusha in buckliger Gestalt, auf dem Bauche liegend, unter jedem Bauplatz liegt, ist dem südindischen Sthapati unbekannt. Er zeichnet ein äußerlich ähnliches, aber seiner Bedeutung nach verschiedenes magisches Zeichen auf die Fundamente des Tempels oder auf das Gelände, auf dem eine neue Stadt gebaut werden soll. Für ihn sieht die Weltordnung folgendermaßen aus: Zentrum und Wesen allen Seins ist Brahma (vermutlich ursprünglich das «nicht beschaffene Brahman»); ringförmig legt sich um dieses Zentrum die Welt der Götter. Weiter vom Brahma entfernt und mit ihm nur in Kontakt durch den Bereich der Götter, schließt sich ringförmig um die Götterwelt die irdische Manifestation, die Welt der Menschen. Am tiefsten in dieser Hierarchie stehen die Kobolde, Gnome und Geister. Sie bewohnen, ohne Verbindung zu den Göttern und zu Brahma, die Randzone der konzentrisch um das Brahma geordneten Welten. Die graphische Darstellung dieses Weltenplans, das sogenannte Sthandila-Mandala, bestimmt die räumliche Disposition des südindischen Tempels. Es gibt auch wieder verschiedene zeichnerische Lösungen, deren wichtigste das 49 Felder umfassende Mandala ist. Neben diesen Sthandila-Mandala wird in den südindischen Texten auf das Padmagarbha-Mandala hingewiesen. Von seinen 16×16 Feldern entfallen 16 auf das Brahma-Sthana, 84 auf den Ring der Götter, 96 auf die Welt der Menschen und 60 Felder auf den schmalen Ring der Kobolde und Geister. Dieses Padmagarbha-Mandala ist der Strukturplan der Cella von Tanjore.

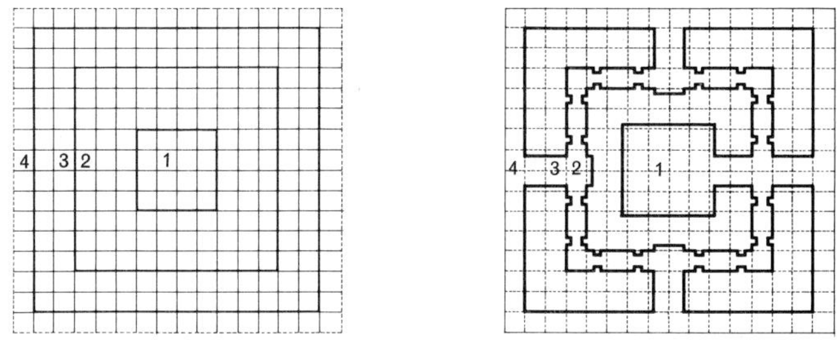

1) Brahma	=	1) Sanktuarium (Garbha-Griha) mit innerem Pradakshina-Patha
2) Die Götterwelten	=	2) Umwandlungspfad (äußerer Pradakshina-Patha)
3) Die Menschenwelt	=	3) Ummauerung
4) Die Welt der Kobolde	=	4) Terrasse

▲ Das südindische Padmagarbha-Mandala und die Cella von Tanjore haben die gleichen geometrischen Teilungen

Die 16 Felder des Brahma-Sthana decken sich mit dem Cella-Innenraum; wie in den nordindischen Tempelgrundrissen wird die Mauer aber nicht genau auf die Linie des Mandala gestellt, sondern soweit verschoben, daß die Marmas in ihrer räumlichen Ausdehnung nicht berührt werden. Die Cella-Mauer und der Prozessionsumgang füllen den Ring der Götterwelten, die Mauer ist zwei Padas stark und der Gang ein Pada weit. Über dem Bereich der irdischen Welt erhebt sich die äußere Cella-Mauer in der Stärke von zwei Padas. Für das Reich der Gnome und Dämonen ist kein Platz im Bereich des Allerheiligsten. Ihnen wird die Breite des vorspringenden Fundaments außerhalb des Baukörpers zugewiesen, weitab vom heiligen Shiva-Lingam im Brahma-Sthana.

Die Vorhallen (Mandapa) der Cella und die kleinen Schreine innerhalb der Umfassungsmauern des Heiligtums sind nicht dem ursprünglichen Planschema untergeordnet. Sie stammen aus späteren Jahrhunderten, in denen die geheim gehaltene Aufteilung der Fläche bereits vergessen war.

Wie weit der Anwendungsbereich eines südindischen Mandala gesteckt ist, läßt sich aus den Lageplänen südindischer Tempelstädte ablesen. In einer typischen südindischen Anlage wird der Tempel nicht durch eine Umfassungsmauer von dem Wohn- und Geschäftsbereich seiner Umgebung getrennt, sondern es reihen sich mehrere Straßen-Ringe um die Cella. Die innerste Ringstraße wird an beiden Seiten von Nebenschreinen und Gebetshallen gesäumt. Im zweiten Ring liegen die Wohnungen der Priester und einige Verkaufsstände, an denen man Räucherwerk, Blumen und Früchte für das Puja-Opfer erhält. Mit jedem weiteren Ring nimmt die Heiligkeit des Bezirkes ab, in den äußeren Tempelstraßen herrscht bereits ein normales Geschäftsleben. Dieses Stadtbild entspricht der Vorstellung eines in konzentrischen Ringen um das Brahman gelegten Kosmos. Der Turm über der vergleichsweise kleinen Cella ist zwar vergoldet, aber dennoch in seiner unscheinbaren Größe kaum wahrnehmbar. In den Kardinalpunkten der Ringmauern, welche die einzelnen Zonen gegeneinander abgrenzen, stehen prächtige Eingangstore, Gopura genannt. Je weiter eine Ringmauer von der Cella entfernt ist, um so höher wächst ihr Eingangstor, um so reicher ist dessen Bildschmuck.

▼ Die südindische Tempelstadt Srirangam ist ein Abbild der in konzentrischen Ringen um das Brahman liegenden Welten

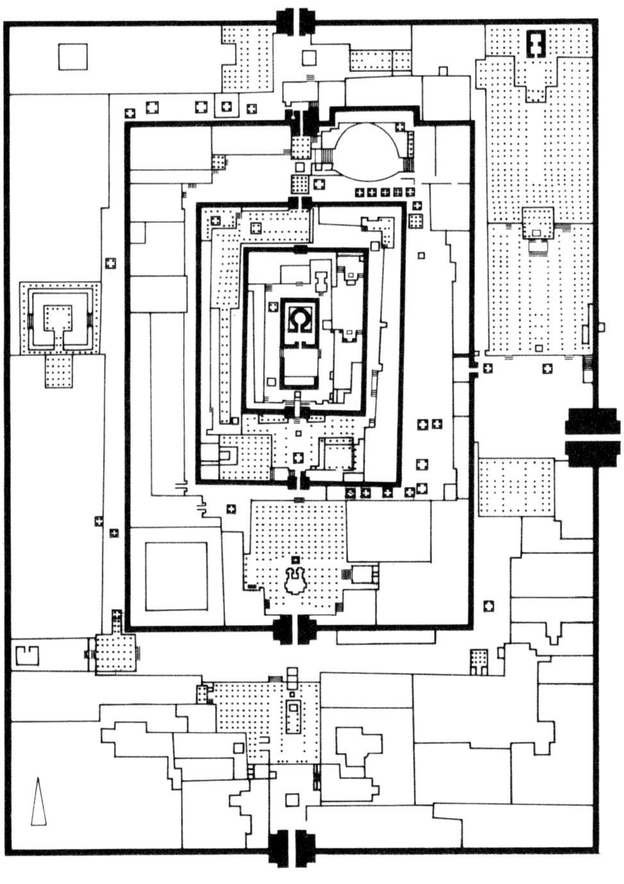

Brahman, das unfaßbare Zentrum des Seins, kann im Mandala der Tempelstadt auf Grund seiner Eigenschaftslosigkeit nicht als monumentale Architektur erscheinen. Die Götterwelten hingegen entziehen sich nicht der Vorstellungskraft der Menschen und damit auch nicht ihrer Gestaltungskraft. Erst in den Ringen der Menschenwelt und der Geisterwelt kann dann die ganze überschwengliche Prachtentfaltung irdischen Lebens von der Macht des Brahman zeugen. Die Tempelstadt Srirangam zeigt dieses Gestaltungsprinzip in der klaren Anordnung der Ringmauern und der nach außen hin immer höher werdenden Tortürme. Die Tempelstadt Madurai folgt dem gleichen Planungsschema. Sie wurde aber von einander ablösenden Herrscherdynastien immer wieder erweitert und verändert. Dadurch ging die beabsichtigte klare Ordnung des Stadtplans verloren. Paradoxerweise enthält diese Tempelanlage überdies zwei Cellen, die verschiedenen Göttern geweiht sind. Dadurch wird eine orthodoxe ringförmige Anordnung der Weltenzonen um ein einziges Zentrum unmöglich. In beiden Tempelstädten ist es Nicht-Hindus verboten, sich dem Allerheiligsten weiter als drei Ringzonen zu nähern.

Die Notwendigkeit der Geheimhaltung aller Mandalas wird in den alten Lehrbüchern damit begründet, daß nur der Erfahrene die aus dem magischen Zeichen resultierende Macht in rechter Weise zu nutzen wisse. Großes Unheil kann derjenige auf dieser Welt anstiften, der das Mandala und seine Wirksamkeit mißbraucht. Ein Mandala ist ein Werkzeug. Ebenso wie ein Gerät zur Beobachtung der Sterne bezeichnet man es deshalb auch als Yantram (deutsch: Instrument).

Das Stadthaus

Die Kastenteilung der Hindu-Gesellschaft spiegelt sich nicht nur im Grundriß einer Stadt, sondern auch in ihrem vertikalen Schnitt. Durch Vorschriften zur Geschoß-Zahl läßt sich leicht erkennen, welcher Kaste der Eigentümer eines Hauses angehört. So darf ein Shudra nicht höher als E+2½ bauen und ein Vaishya bis zu E+4. Kshatriyas können Wohnhäuser bis zu E+5½ und Brahmanen bis zu E+6½ errichten. Könige schließlich dürfen ihre Paläste noch ein Stockwerk höher bauen. Auf Steinreliefs sehen wir zwar oft auch pyramidenförmige Hochhäuser bis zu 12 Stockwerken, sie dienen aber ausschließlich sakralen Zwecken.

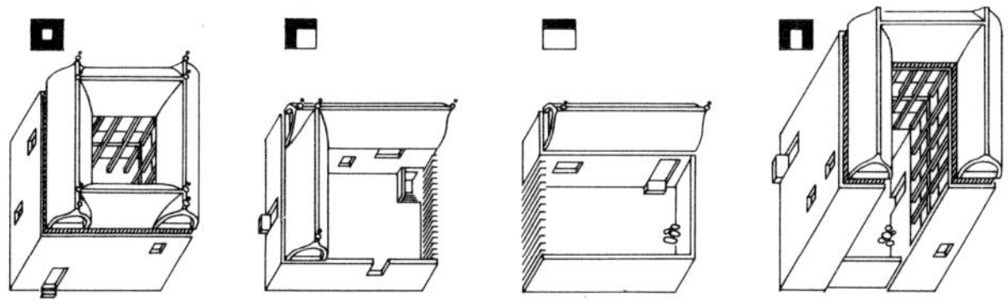

Catusala Dvisala Eksala Trisala

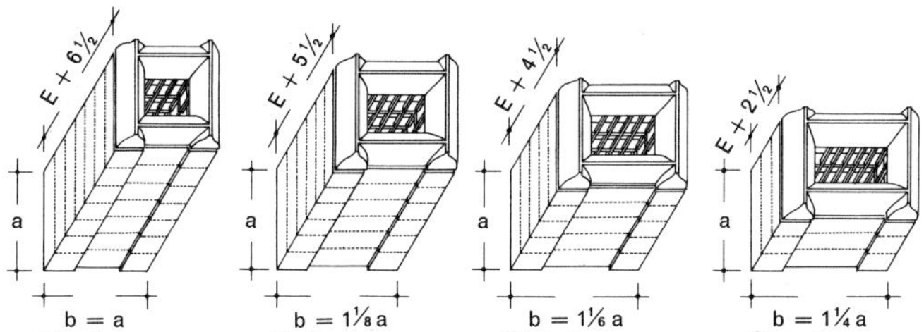

Brahmane Kshatriya Vaishya Shudra

▲ Das altindische Stadthaus sollte in seinen Proportionen die Kaste des Hausherren zeigen

Der Haupteingang eines Wohnhauses soll im Gegensatz zur Tempelarchitektur nie axial liegen, seine Orientierung hängt wiederum von der Kaste des Erbauers ab. Unabhängig von der Lage eines Hauses im Stadtbezirk soll eine Eingangstür im Süden liegen, wenn der Hausherr ein Brahmane ist, im Westen, wenn er ein Kshatriya, im Norden, wenn er ein Vaishya und im Osten, wenn er ein Shudra ist. Das Quadrat des Vastu-Purusha-Mandala wird dem Wohnsitz eines Brahmanen zugrunde gelegt. Es ist die perfekte Form, nur geeignet für denjenigen, der den Göttern nahesteht. Darum soll der Grundriß eines Brahmanen-Hauses um nicht mehr als $\frac{1}{10}$ einer Seitenlänge vom Quadrat abweichen. Das Seitenverhältnis eines Kshatriya-Hauses soll in deutlicher Abweichung von dieser Perfektion $1 : 1\frac{1}{8}$ betragen, eines Vaishya-Hauses $1 : 1\frac{1}{6}$ und eines Shudra-Hauses $1 : 1\frac{1}{4}$.

Hat ein Bürger seinen Bauplatz zugewiesen bekommen, dann stellt sich ihm das Problem, ob er einen Grundriß unter den vier Grundtypen findet, welcher den Forderungen der Orientierung von Gartentür und Haustür entspricht.

«Catusala» heißt der beliebteste Grundriß. Vier Bautrakte umschließen einen Innenhof. Alle Räume öffnen sich zum Hof. Vorgelagerte Galerien dienen als Verkehrsflächen. Dieses Atrium-Haus kann auch mehrstöckig auf engem Raum gebaut werden, da die Verschattung des Hofes ebenso erwünscht ist wie die daraus resultierende angenehme Abkühlung der Zimmer in den unteren Geschossen. Die der Straße zugewandten Außenwände sind aus Sicherheitsgründen fensterlos. Die Anordnung des Hauseinganges wirft bei diesem symmetrischen Grundriß keine Probleme auf, ganz gleich, in welcher Himmelsrichtung er gemäß der Kaste des Erbauers liegen muß.

Dieser Haustyp gleicht bis in Einzelheiten den stereotypen Reihenhäusern, die schon in der Industal-Kultur das eintönige Straßenbild bestimmen. Die Ausgrabungen Sir John Marshalls in Taxila brachten Reste einer zeitlich viel späteren Arya-Stadt, Sirkap, ans Tageslicht. In seinem Grabungsbericht schreibt er: «Die Stadt Sirkap setzt sich aus mehreren großen Baublöcken zusammen, welche durch enge Straßen voneinander getrennt sind. Obgleich die Grundrisse der Häuser stark variieren, zeigen sie doch ein und das gleiche Prinzip. Das Gestaltungselement ist immer ein offenes Quadrat, von Räumen umgeben. Diese Elemente werden entsprechend dem Raumbedarf der Bewohner zwei, drei-, viermal oder auch öfters wiederholt.»

Wie sehr das Klima eines Landes die Wohnarchitektur beeinflußt, zeigt die Tatsache, daß die arischen Invasoren, nachdem sie die Industal-Kultur total zerstört hatten und schließlich selbst zu Städtern geworden waren, zu offensichtlich genau derjenigen Grundrißlösung gelangten, welche schon die Industal-Bewohner bevorzugt hatten. Ohne wesentliche Veränderung werden solche mehrgeschossigen Atriumhäuser mit engem Hof noch heute in Indien gebaut. Blickt man zum Beispiel aus der Luft auf einen Stadtteil Kalkuttas, dann meint man, ein wiedererstandenes Mohenjo Daro oder eine arische Stadt aus der Ganges-Ebene zu erblicken.

Außer dem beliebten Catusala-Typ stehen dem Bauherrn noch die Typen Trisala, Dvisala und Eksala zur Auswahl. Wie der Name schon sagt (sala heißt Haus), besteht der Trisalatyp aus drei U-förmig angeordneten Gebäudeflügeln. Dvisala nennt man ein Winkelhaus und Eksala den nicht abgewinkelten, einfachen Baukörper.

Lassen sich die Raumwünsche des Bauherrn nicht in einem dieser Grundtypen so realisieren, daß auch die Eingangstür und das Gartentor an der richtigen Stelle liegen, dann ist ein Katalog zu Rate zu ziehen, in dem alle erlaubten Kombinationen aufgeführt sind. Jede der 14000 Möglichkeiten trägt einen eigenen Namen. Entschließt man sich zu einer dieser Varianten, dann ist wieder darauf zu achten, daß keine Abweichungen von der genau definierten Form unterlaufen. Für nachträgliche bauliche Veränderungen, insbesondere Erweiterungen, lassen die kanonischen Regeln keinen Raum.

Aus archäologischen Funden läßt sich nicht ableiten, daß die strengen Bauvorschriften der Hindus ein direktes Erbe der Stadtbaukunst im Industal sind. Und dennoch scheinen die gleichen Gesetze auch das Stadtbild von Harappa und Mohenjo Daro geformt zu haben.

Besonders auffällig ist übrigens in beiden Städten der Industal-Kultur, daß man nach jeder der Naturkatastrophen, von denen sie im Laufe ihres tausendjährigen Bestehens heimgesucht wurden, die Mauern eines wiederaufgebauten Hauses Stein für Stein beziehungsweise Ziegel für Ziegel in der alten Lage errichtete. Doch gerade dieses starre Festhalten an der Tradition, das Bedürfnis der Bewohner, bei jedem Wiederaufbau genau den alten Zustand wieder herzustellen, hatte paradoxerweise zur Folge, daß sich das Stadtbild schließlich doch veränderte: die Umfassungsmauern der Häuser im Industal hatten nämlich in traditionsbewußter Anlehnung an vorhergegangene Lehmarchitekturen eine leichte Neigung nach innen. War die Stadt einer Katastrophe zum Opfer gefallen, dann räumte man der Einfachheit halber den Schutt nicht weg, sondern baute die neue Stadt auf dem entstandenen höheren Niveau. Die Neigung der Hauswände brachte es dann mit sich, daß die Straßen im Laufe der Jahrhunderte immer breiter und die Häuser immer enger wurden. Hätten nicht die Aryas dem Leben dieser Städte ein Ende gesetzt, dann hätten die Bewohner vor der Wahl gestanden, entweder durch diese Praktiken ihre Stadt nach weiteren ein oder zwei Jahrtausenden in eine Straßenwüste zu verwandeln oder eines Tages doch mit ihrer Tradition zu brechen. Bevor wir dieses konservative Verhalten belächeln, müssen wir bedenken, daß auch die Städteplanung im 20. Jahrhundert ratlos vor den grotesken Konsequenzen einer stetigen Erweiterung des Straßenraumes steht.

Anmerkungen

Mahaballipuram

Erst in der Mitte des 1. Jahrtausend n. Chr. bekennen sich die südindischen Herrscher zum Hinduismus. Die hinduistische Epoche der Pallava- und Chola-Architektur wird durch die «Rathas» aus dem 7. Jahrhundert n. Chr. eingeleitet. Einer der «Rathas», der im Grundriß quadratische «Dharmaraja-Ratha», wurde zum Leitbild des südindischen, sogenannten Dravida-Stils. Der Strandtempel von Mahaballipuram ist einer der ersten struktiven Tempel nach diesem Vorbild.

Ellora

In der Nachbarschaft von Ajanta liegen die Felsenheiligtümer von Ellora. Außer einer buddhistischen Chaitya-Halle, mehreren buddhistischen Klosteranlagen und einigen Felstempeln der Jains befindet sich hier ein weiträumiges hinduistisches Heiligtum, der «Kailas-Tempel», der von den Eingeborenen «Ranga-Mahal» (Farbiger Palast) genannt wird. Da Krishna I., der Stifter des Kailas-Tempels, nicht einen hinduistischen Tempeltyp aus der Bautradition seines Landes ableiten konnte, ließ er – wie schon die Pallava-Könige im 7. Jahrhundert n. Chr. – Baumeister aus dem unterworfenen Chalukya-Reich herbeirufen. Sie entwickelten den Grundriß des Virupaksha-Tempels von Pattatkal weiter und entwarfen ein monolithisches Heiligtum mit mehreren Geschossen, Treppen, Veranden, Hallen und Brücken, wobei der Gestaltung der Außenform ebenso viel Bedeutung beigemessen wurde wie der des Innenraumes.

Tanjore

Die Dynastie der Cholas vereinte die südindischen Königreiche zu einem starken Großstaat. Alle eroberten Gebiete, selbst die Insel Ceylon, wurden nicht nur ihrem Herrscher tributpflichtig, sondern auch einem den Siegen geweihten, neu errichteten Heiligtum, dem Brihadeshvara-Tempel in Tanjore aus dem 11. Jahrhundert n. Chr. In der erstaunlich kurzen Zeitspanne von sechs Jahren ließ Raja-Raja der Große dieses dem Shiva geweihte Heiligtum bauen. Der verwendete Granit scheint aus den in 54 km Entfernung gelegenen Brüchen von Mammalai zu stammen.

Im Chola-Stil spiegelt sich der Reichtum und das Selbstbewußtsein einer Dynastie, die – ähnlich den Römern im Mittelmeerraum – nach der Festigung ihrer Macht alle künstlerischen Entwicklungen Südindiens zusammenfaßte und deren Elemente zu einem monumentalen Baustil verschmolz. In den Inschriften des Sockelgeschosses heißt es, daß der König nach all seinen Erfolgen nur noch einen Wunsch hatte, «es solle im Tempel an nichts fehlen». Die Städte des Reiches wurden verpflichtet, Kühe und Büffel zur Herstellung des Fettes für die Tempellampen bereit zu stellen, Kampfer, Kardamomöl und andere Spezereien für das Badewasser der Götter zu gewinnen und Goldschmiede, Schreiber, Wäscher, Tischler, Musikanten, Aufseher und Astronomen zu stellen. Alle Tempel des Imperiums mußten außerdem insgesamt 212 Tempeldiener und ihre schönsten Tempeltänzerinnen abtreten. Für die 400 Tänzerinnen, die in Tanjore eintrafen, wurde ein eigenes Stadtviertel neben dem heiligen Bezirk angelegt.

Madurai

Die Gründung dieser Tempelstadt wird schon in den Puranas (Legenden aus vorhistorischer Zeit) erwähnt: Im Urwald fand ein gewisser Indran einen Shiva-Lingam göttlichen Ursprungs. Er baute eine Cella und einen Turm um den steinernen Phallus. Durch einen Händler namens Dhananjayan erfuhr der südindische König Kulasekhara Pandyan (1600 v. Chr.) davon. Er ließ den Wald roden und baute rings um das Heiligtum die Stadt Madurai. Erst zwischen dem 12. und dem 16. Jahrhundert n. Chr. erhielt die Tempelstadt durch immer neue Erweiterungen ihre heutige Gestalt.

In der Mitte des 20. Jahrhunderts renovierte man die verfallene Anlage. Die Ausgaben beliefen sich auf 2,5 Millionen Rupees (ca. $ 250 000.—). Die Frage, ob man die Gopura (Eingangstürme) in jenen leuchtenden Farben anstreichen solle, von denen in den Inschriften über den ursprünglichen Zustand die Rede ist, wurde durch einen Volksentscheid bejaht.

Die beiden Cellen des inneren Tempelbezirkes sind dem Gott Shiva, unter dem Namen Sundareshvara, und der Göttin Meenakshi, einer Inkarnation von Shivas Gefährtin Paravati, die er in Madurai heiratete, geweiht. Der Hochzeitstag von Sundareshvara und Meenakshi ist noch heute der größte Festtag dieser Tempelstadt.

Der Kailas-Tempel in Ellora: Grundrisse, Schnitt und Ansicht 1:1000

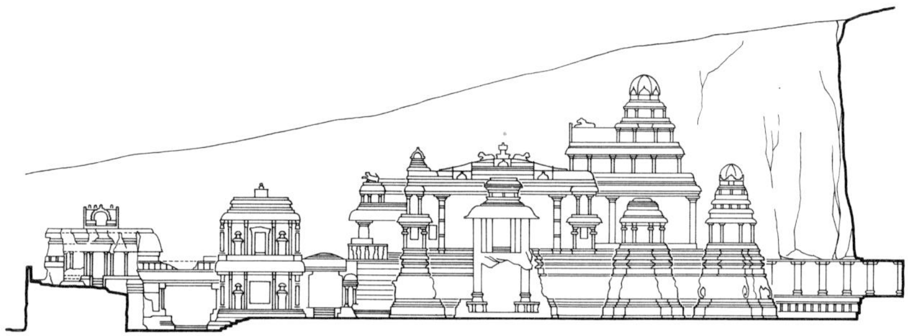

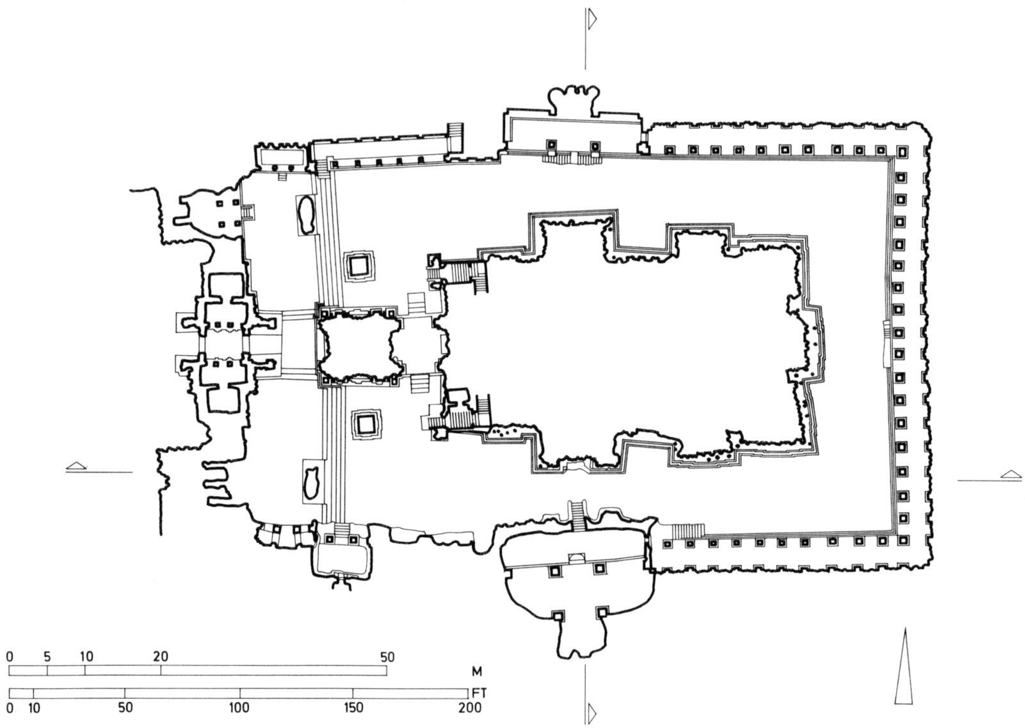

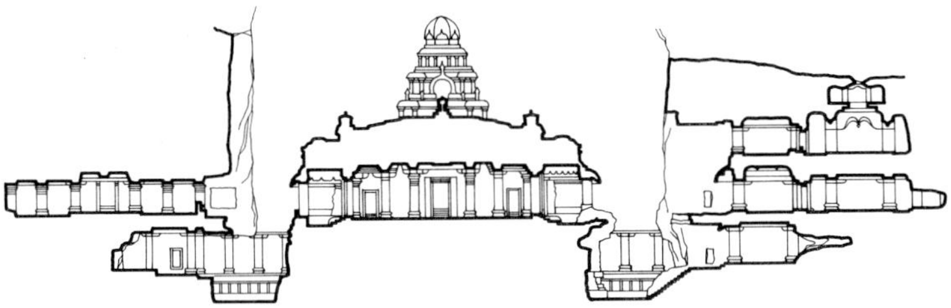

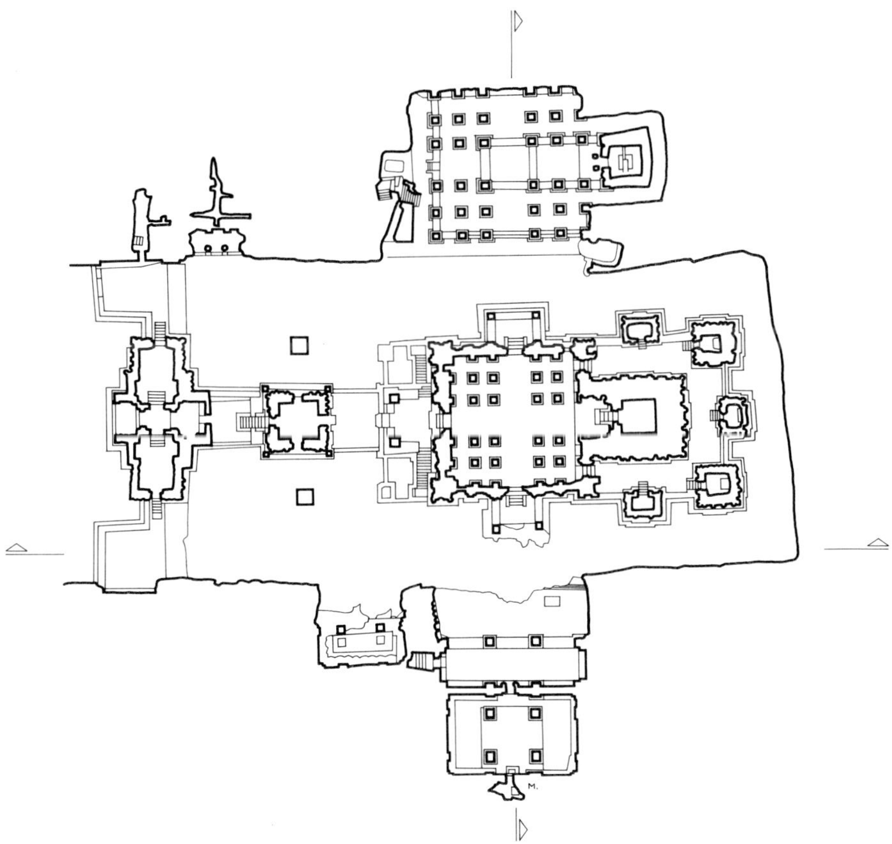

Monolithische Säule im Hof des Tempels 1:100

Legenden

Mahaballipuram

63 Einer der ersten Steintempel im südindischen, sogenannten Dravida-Stil ist der Strandtempel. Er wurde im 7. bis 8. Jahrhundert n. Chr. als Wasser-Heiligtum halb in das Meer und halb auf das Festland gebaut.

64–65 Die sogenannten «Rathas» (himmlische Wagen) sind Vorläufer der südindischen Steintempel. Man schlug sie als monolithische Modelltempel aus einem Granitrücken. Die Mehrzahl von ihnen enthält keine Innenräume; man befaßte sich hier in erster Linie mit der Gestaltung der äußeren Form.

66 Einer der «Rathas», der «Bhima-Ratha», erhielt ein Tonnendach, wie wir es von den Chaitya-Hallen kennen.

67 Die Miniaturarchitekturen in der Dachzone der Rathas sind Abbilder tragbarer Holzschreine.

68 Der «Dharmaraja-Ratha», ein quadratischer Tempel mit Pyramidendach, wurde aus diesem Katalog der möglichen Tempelformen zum Vorbild aller dravidischen Sakralbauten. In drei Schichten bewegt sich die Prozession der von Tieren getragenen Miniaturschreine um das Zentrum des Tempels.

69 Der obere Abschluß des «Dharmaraja-Ratha» hat die Form einer Kuppel über einem Oktogon.

Ellora

70 Das größte monolithische Heiligtum Indiens ist der Kailas-Tempel im dravidischen Stil.

71 Blick von Osten auf den Hauptturm (Vimana) des Kailas-Tempels (im Gegensatz zu anderen Heiligtümern ist der Kailas-Tempel nach Westen ausgerichtet).

72 Ein einziges Mal nur im ganzen Bezirk, nämlich auf dem Dach der Vorhalle, findet sich die geometrische Form des Kreises. Der Kreis symbolisiert in der hinduistischen Metageometrie die Erde in ihrem materiellen Aspekt. Dem quadratischen Vimana, dem Abbild der Himmelswelten, steht die symbolische Darstellung der iridischen Welt gegenüber.

73 Reliefszenen aus den Epen «Ramayana» und «Mahabharata» an den Wänden des Untergeschosses.

Tanjore

74 Blick von Südwesten auf die Eingangstürme des Brihadeshvara-Tempels aus dem 11. Jahrhundert n. Chr.

75 Der Turm über der Cella von Südwesten.

76 Der Subrahmanya-Schrein aus dem 17. Jahrhundert n. Chr. zeigt, wie sich der vom Geiste eines Imperiums getragene monumentale Stil in einer übersteigerten Differenzierung des Formenkanons aufzulösen beginnt.

77 Details vom Subrahmanya-Tempel.

78 Die unteren Geschosse des Tempelturmes von Norden.

79 Innerhalb der Umfassungsmauer, zwischen Wandelhallen und kleinen Bildschreinen, liegt die «Halle der Tausend Lingas».

Madurai

80–81 Über den unzähligen Hallen und Korridoren dieser südindischen Tempelstadt erheben sich um einen sehr kleinen Cella-Turm (Bildmitte) die mit zunehmender Entfernung von der Cella immer größer angelegten Tortürme (Gopura), durch die man die ringförmig geplante Stadt betritt.

82 Im bunten Detail einer Pilasterstellung zeigt sich der Verfall des dravidischen Stils.

83 Ansicht zweier im Norden der Stadt gelegenen Gopura vom Süd-Gopura aus.

84 Nur an wenigen Punkten fällt Tageslicht in die dunklen Vorhallen des Allerheiligsten.

85 Blick in eine Säulenhalle am Teich der heiligen Waschungen.

86 In den hölzernen Geschoß-Decken der Gopura sparte man zur einfacheren Lastenbeförderung quadratische Durchbrüche aus. Die Räume im Gopura dienten zur Lagerung von Vorräten und des Tempelschatzes.

Der Brihadeshvara-Tempel in Tanjore: Grundriß 1:1000 und Aufriß des Cella-Baues (ohne Turm) 1:200

A Sanktuarium Garbha-Griha
B Artha-Mandapa
C Maha-Mandapam
D Nandi-Mandapam
E Gopura
F Subrahmanya-Schrein

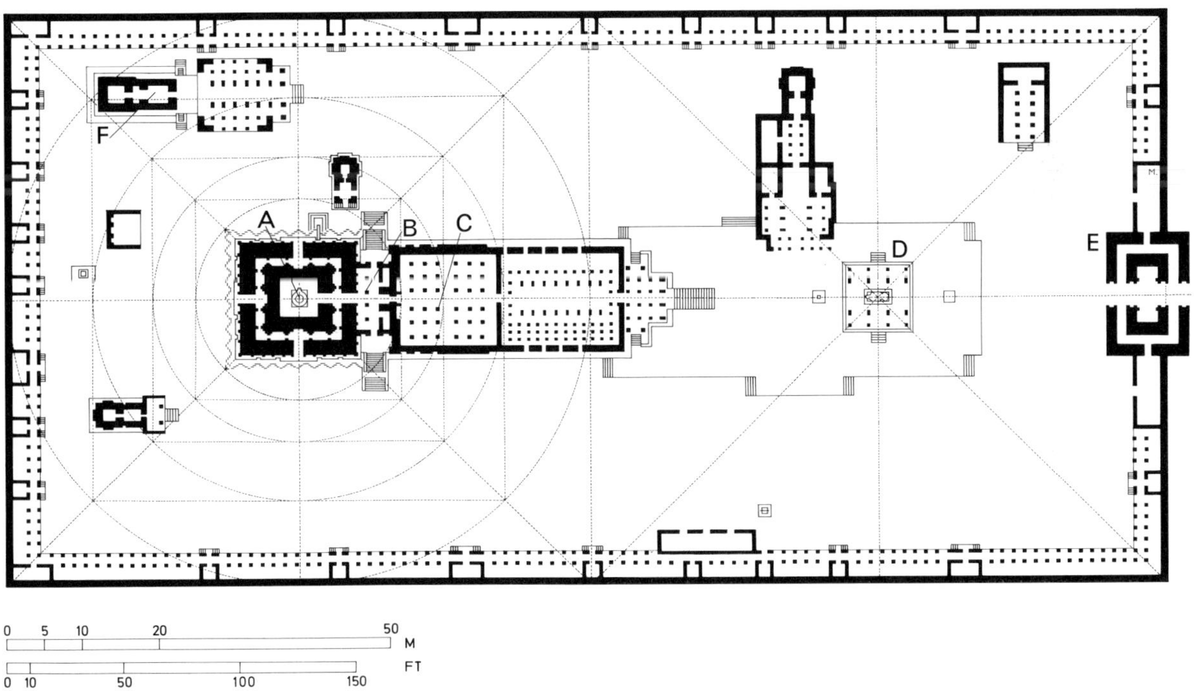

Die Tempelstadt Madurai: Stadtplan 1:3000

Schnitt durch den Süd-Gopura 1:500

A Schrein des Sundareshvara
B Schrein der Meenakshi
C Tempelteich
D Süd-Gopura
E Halle der Tausend Pfeiler

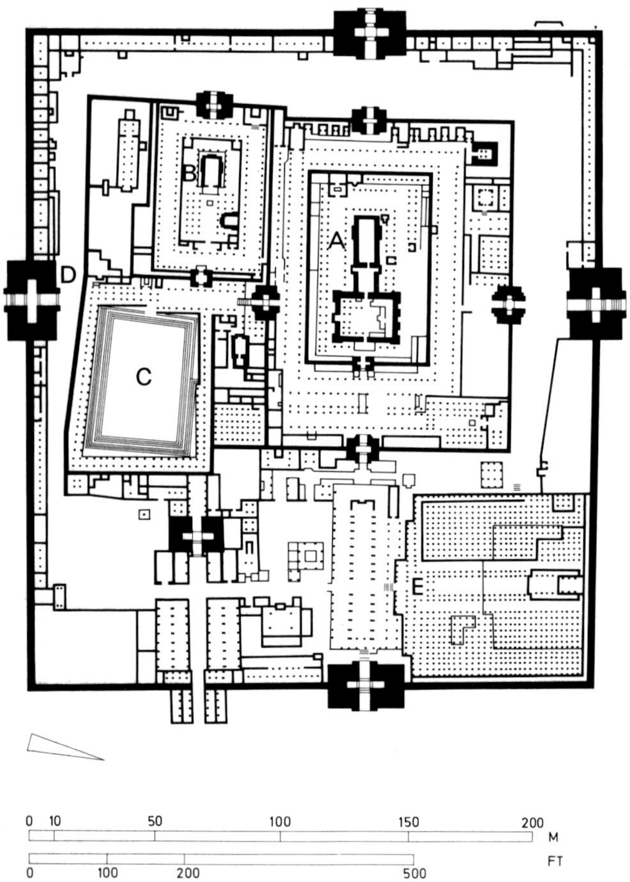

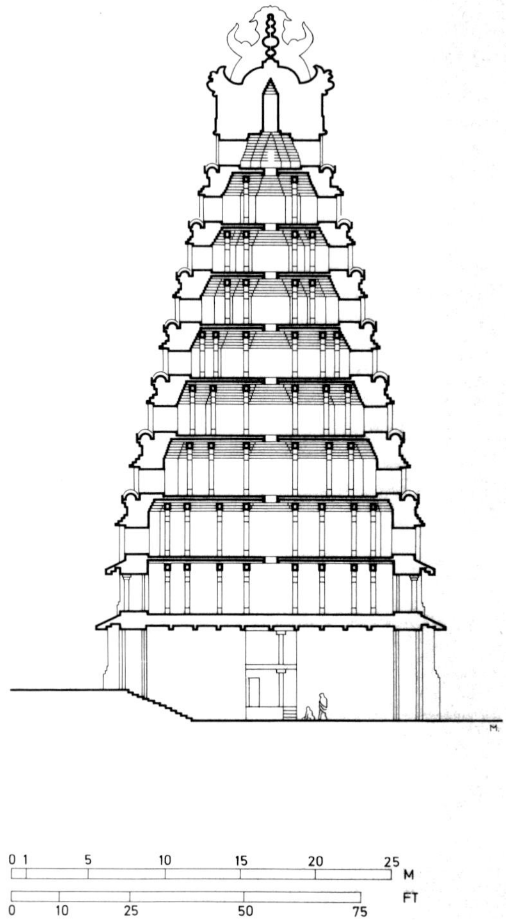

3. Die Bauwerke des Buddhismus Stupen und Chaitya-Hallen

Die Stupen (Grab- und Reliquienhügel)

Bei der Rekonstruktion früherer Bauformen des indischen Subkontinents sind wir in erster Linie auf Rückschlüsse aus späteren Steinarchitekturen angewiesen. Kunstvolle Holzbauwerke entstanden sicherlich schon vor der Mitte des 'ahrtausends v.Chr. in den Städten Nordindiens, archäologische Funde von ihnen besitzen wir aber leider nicht.

Aus der Mitte des 2. Jahrtausends v.Chr. ist uns allerdings eine süd- und mittelindische Megalithkultur bekannt, deren archäologische Spuren wertvolle Hinweise auf eventuelle Parallelentwicklungen im nordindischen Raum geben. Ähnlich wie in den mittelmeerländischen und nordeuropäischen Megalithkulturen des 2. Jahrtausends v.Chr. führte ein hoch entwickelter Totenkult auch in Indien zur Anlage weiter Steinfelder, Steinreihungen und schließlich zur Errichtung von Steinkistengräbern über und unter der Erdoberfläche. Diese Grabform, in erster Linie Stammesführern und Helden vorbehalten, bestand in der Regel aus vier versetzt aufgerichteten Steinplatten, welche die Kammerwände bildeten, einigen Steinplatten gleicher Größe, die als Fundament und Boden dienten und einem großen Deckstein. Gelegentlich hatte der Deckstein eine gewölbte Oberfläche; über dem abgebildeten Grab aus Brahmagiri war es nur eine flache Steinplatte. Rings um die Grabkammer wurden flache Bruchsteine im Kreis aufgeschichtet. Sie bildeten die Grundfläche und die äußere Begrenzung eines Erdhaufens, der die gesamte Konstruktion überdeckte.

Auch in Nordindien war zur Zeit des Buddha eine ähnliche monumentale Grabform üblich. Der Erleuchtete selbst wies seine Jünger an, zum Gedenken an große Könige und Weise sogenannte Stupen, das sind eine Reliquie umschließende Erdhügel, an Wegkreuzungen zu errichten. Wie weit verbreitet und beliebt der Stupa zu dieser Zeit bereits war, ersehen wir aus den buddhistischen Schriften. Es wird erzählt, daß nach dem Tod des Buddha acht der mächtigsten Fürsten um Asche und Knochen seines sterblichen Leibes stritten. Jeder von ihnen wollte über diesen Reliquien einen großen Stupa errichten. Man einigte sich schließlich auf eine Kompromißlösung und teilte die Reliquie in acht gleiche Teile. Da die acht Stupen vermutlich vorwiegend aus ungebranntem Lehm gebaut wurden, sind nicht die geringsten Reste erhalten.

Erst dem Kaiser Ashoka erschien das brüchige Material ungeeignet für einen Memorialbau. Die Überlieferung spricht von 80 000 Stupen, die er aus allen erdenklichen Materialien, häufig aus Ziegel, in seinem Reich errichtet haben soll. Wenn dieser erste große Schutzherr des Buddhismus auch beabsichtigte, durch dauerhafte Monumente wie monolithische Ediktsäulen und in den gewachsenen Fels gehauene Inschriften der Sicherung des neuen Glaubens – und seines Reiches – zu dienen, so kam ihm doch noch nicht der Gedanke, das Material Stein auch beim Bau eines Stupa in größerem Umfang zu verwenden.

Der Stupa hatte im 2. Jahrhundert v. Chr. folgende Gestalt angenommen: ein quadratisches oder auch rundes Sockelgeschoß, Medhi genannt, wurde aus gebrannten Ziegeln, in Lehm verlegt, aufgeführt. Auf dieser Plattform errichtete man Schicht für Schicht das halbkugelförmige Anda (Ei). Die Erdschüttungen über Megalithgräbern hatten einen annähernd hyperbelförmigen Umriß. Es lag nun nahe, dem abstrahierten Reliquienschrein die symbolträchtige Form einer Kugel, beziehungsweise Halbkugel zu geben. Da der Durchmesser des Anda in den meisten Fällen kleiner war als der der Medhi, ergab sich ein erhöhter Umwandlungspfad (Pradakshina-Patha). Die Aufgänge zu

▼ Ein Steinkisten-Grab aus Brahmagiri nimmt bereits wesentliche Elemente des Stupa-Symbolismus vorweg

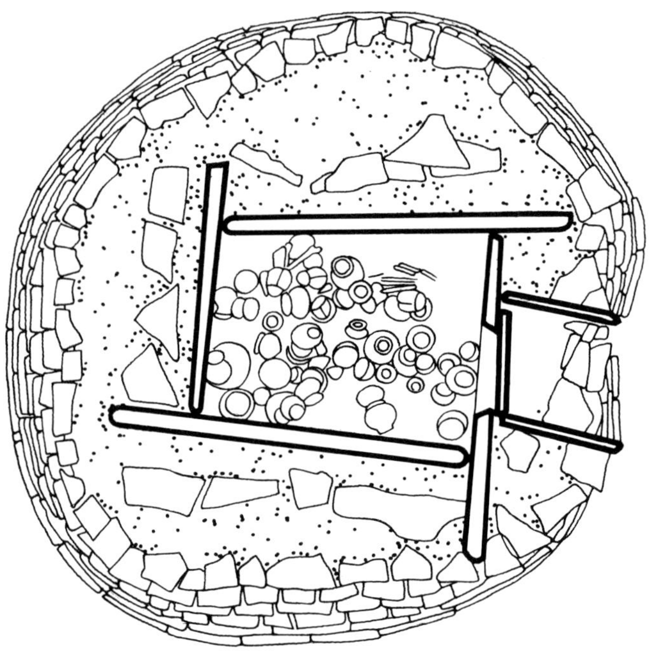

dem Umwandlungspfad und die Terrasse erhielten ein in der Ziegelkonstruktion verankertes Holzgeländer (Vedika). Aus dem Scheitelpunkt des Anda wuchs ein den Stupa oft in seiner ganzen Höhe durchdringender Holzmast. Er trug das altorientalische Herrschersymbol des Schirmes (Chattravali). Mast und Schirm wurden mit einem im Grundriß quadratischen Holzzaun umgeben, der in seiner Konstruktion dem der Plattform glich.

Wo liegt im Stupa das wichtigste Objekt, der Reliquienbehälter? Bei den frühen Stupen sicherlich immer im Kugelmittelpunkt, also auf der Plattform. Dieser Ort ist nicht nur durch die mittige Lage der Grabkammer im Megalithgrab vorgegeben. Die gesamte Form des Stupa verlöre ihre Begründung in einer Funktion, wenn nicht Erdhügel und Ziegelmantel um dieses Zentrum entstanden wären. Ungeachtet solcher Überlegungen plazierte man aber auch oft die Reliquie in einem würfelförmigen Behältnis (Harmika) auf dem Scheitelpunkt des Stupa. Eine solche Verlagerung des rituellen Zentrums wurde erst möglich, nachdem der Stupa zur Zeit Ashokas seine ursprüngliche Bedeutung als Grabhügel verloren hatte und zum unendlich oft wiederholten Symbol für die Lehre des Erleuchteten und der aus ihr resultierenden Kosmologie geworden war. Die kubische Kammer eines Megalithgrabes, die sich übrigens auch als Vorform der hinduistischen Cella deuten läßt, rückt im Stupa als Reliquienbehältnis vom Mittelpunkt des Anda in dessen Scheitel; die Rundung des Anda wird zum Abbild des unendlichen Kosmos. Das arische Sinnbild für die Achse des Universums, der in der Dorfmitte stehende Ratsbaum, erscheint im Stupa als senkrechte hölzerne Achse.

In der Höhenentwicklung dieser Memorialbauten sah man zu allen Zeiten auch eine Entsprechung von Mensch und Kosmos, wie wir sie bereits im Vastu-Purusha-Mandala eines Hindu-Tempels kennengelernt haben. Im Stupa bildet die Medhi den Unterleib, das Anda den Oberkörper und der umzäunte Ehrenschirm oder die Reliquienurne den Kopf. So ist es auch verständlich, daß man auf die Harmika eines im Kern noch aus der Ashokazeit stammenden Stupa in Khatmandu Augen malte.

Sanchi

Bimbisara, der König von Magadha und Zeitgenosse des Buddha, baute nahe seiner Hauptstadt eine kleine Klosteranlage, in der der Erleuchtete und seine Jünger während der Monsunzeit Unterkunft fanden. Bei der Wahl eines

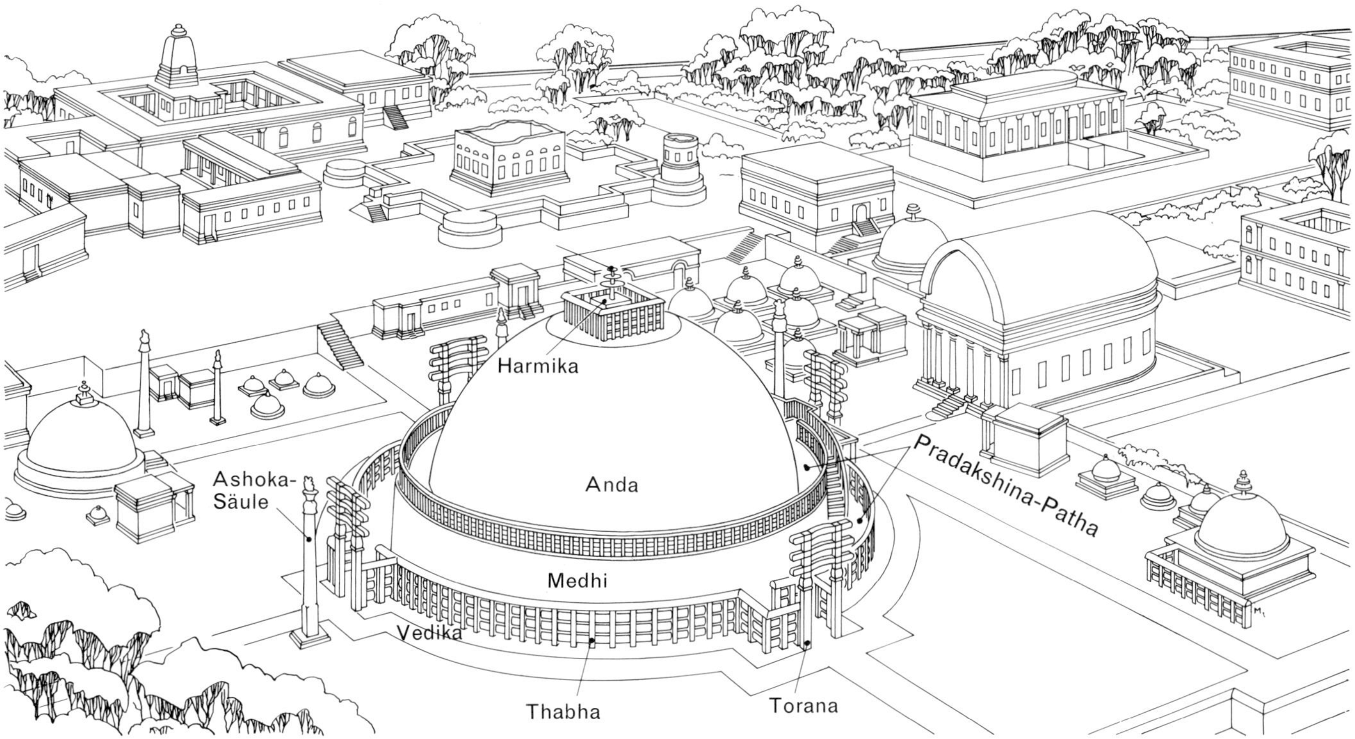

▲ Rekonstruktion des Klosters von Sanchi. Im Vordergrund der « Große Stupa »

geeigneten Ortes ging der König davon aus, daß dieses Kloster « nicht zu weit von der Stadt entfernt, aber auch wieder nicht dicht bei ihr sein müsse, leicht erreichbar für alle Leute und doch bei Tag nicht zu bevölkert und bei Nacht nicht dem Lärm und allerlei Gefahren ausgesetzt, rein vom Geruch des Volkes und letztlich doch versteckt vor den Menschen und gut geeignet für ein zurückgezogenes Leben ».

Die Nähe einer Stadt war für die Klöster des buddhistischen Ordens wichtig, da die Mönche halbtags betteln gingen. Die religiösen Verpflichtungen aber, mit denen die zweite Tageshälfte ausgefüllt war, ließen die Gründung eines Klosters innerhalb des von Lärm erfüllten Stadtgefüges wenig sinnvoll erscheinen. Alle großen buddhistischen Mönchsgemeinschaften suchten deshalb ihren Sitz wenige Kilometer außerhalb einer Großstadt. Aus dieser Tradition ergab sich nicht nur die Lage des Klosters von Sarnath unweit von Kashi (dem heutigen Benares), oder die einer ebenso bekannten Klosteranlage bei Taxila, sondern auch die des Heiligtumes von Sanchi, welches seine Existenz und seinen Reichtum der Handelsstadt Vidisha verdankte. Vidisha lag am Zusammenfluß zweier Ströme und entwickelte sich überdies zu einem bedeutenden Kreuzungspunkt einer nordsüdlich und einer ostwestlich verlaufenden Karawanenstraße.

Das erste kleine, von den Kaufleuten aus Vidisha unterstützte Kloster auf dem Bergrücken von Sanchi wurde einmal von Ashoka besucht, als dieser – noch Kronprinz und Vizekönig – von Pataliputra zu seiner Residenz Ujjain reiste. In Vidisha heiratete er die Tochter eines angesehenen Bankiers.

Nach dem Sturz der Maurya-Dynastie wurde Vidisha als Residenz der Shunga-Dynastie eine der mächtigsten Städte

Zentralindiens. Unter der Herrschaft der Gupta-Dynastie verfiel sie, und damit war auch dem Heiligtum und Kloster in Sanchi die wirtschaftliche Grundlage entzogen. Spätestens im 13. Jahrhundert n. Chr. wurde Sanchi von den letzten Mönchen verlassen. Als die Mohammedaner das Land durchzogen und eine Vielzahl von Tempeln und Klöstern zerstörten, war Sanchi bereits vom dichten Dschungel überwuchert und entging so der Vernichtung.

Erst 1818 entdeckte General Taylor unter dem dichten Rankenwerk des Urwaldes die noch gut erhaltene Klosteranlage. Schnell breitete sich unter den englischen Kunsthistorikern die Nachricht von der Entdeckung einer vorchristlichen buddhistischen Anlage aus, und Amateur-Archäologen und Schatzsucher zerstörten in wenigen Jahren, was der Dschungel durch ein halbes Jahrtausend erhalten hatte. Erst um 1900 begann man, die erhaltenen Bauten planmäßig zu restaurieren.

Ashoka ließ Bildhauer aus Persien kommen, die die Säulen für seine Edikte herstellten. Freistehende Säulen waren in Indien schon bekannt – die Idee einer monumentalen Gedenksäule mag dem Herrscher beim Anblick der vor Hindutempeln stehenden Holzsäulen gekommen sein –, ihre formale Durchbildung weist aber deutlich auf Vorbilder aus Persepolis. Die Art der Bearbeitung war ebenfalls importiert; die Oberfläche des harten Sandsteines aus Chunnar wurde bis zu spiegelnder Glätte poliert. Der Arbeitsvorgang, welcher zu diesem alle Säulen und Höhlen der Maurya-Zeit auszeichnenden Glanz führte, ist unbekannt. Der Granit, aus dem die Lomas-Rishi- und die Sudama-Höhle gemeißelt sind, eignet sich gut zum Polieren, der Sandstein hingegen, aus dem die Säulen gearbeitet wurden, weit weniger.

Im Heiligtum von Sanchi liegen die Reste einer Ashoka-Säule. Das bekräftigt die bisweilen bezweifelte Erzählung, daß Ashoka auf dem Weg nach Ujjain hier verweilte. In der gleichen archäologischen Schicht, in welcher der Fußpunkt der Säule liegt, beginnt auch ein aus Ziegeln errichteter Stupa, der also ebenso von Ashoka gestiftet wurde. Um eine waagerechte Fläche für diesen Bau zu gewinnen, ebnete man den welligen Höhenrücken sorgfältig ein. Das zylindrische Sockelgeschoß und der runde Aufbau wurden in massiver Bauweise, aus gebrannten Ziegeln in Lehm verlegt, ausgeführt; der Durchmesser betrug 20 m. Über dem Scheitelpunkt des Anda erhob sich ein steinerner, mehrstöckiger Ehrenschirm, welcher in der gleichen Weise wie die Säulen in Sandstein gearbeitet und poliert war. Es war der gleiche Stein aus Chunnar, der auch für einen Ehrenschirm des Stupa in Sarnath gewählt wurde. In Sarnath ging man in der Verwendung dieses beliebten Gesteines noch einen Schritt weiter: die Balustrade um den Ehrenschirm ist eine getreue monolithische Kopie der üblichen Holzkonstruktion.

Im Zaun (Vedika), der die Reliquienurne oder den Weltenbaum und Ehrenschirm umschließt, klingt ein altes arisches Motiv wieder an. Die Aryas zäunten heilige Bäume, Opferplätze usw. gern ein, auch wenn es aus praktischen Erwägungen nicht erforderlich gewesen wäre. So wurde schließlich eine Stadt oder ein Dorf nicht nur mit einer Befestigungsmauer umgeben, sondern als Realisation eines Vastu-Purusha-Mandala zusätzlich durch einen Zaun begrenzt. Dieser bestand ursprünglich aus eng gereihten, dicken Pfosten, die durch ein horizontal laufendes Flechtwerk von Bambusruten verbunden waren. Die Konstruktion konnte in beliebiger Höhe ausgeführt werden und bot ausreichenden Schutz gegen die Raubtiere, welche des Nachts durch die offenen Feuerstellen der Hirtenstämme angelockt wurden. Aus dieser ursprünglichen Form des Zaunes entstanden die hohen Palisaden-Konstruktionen, die die Städte des 8.–6. Jahrhunderts v. Chr. schützten. Reste derartiger, in der Überlieferung immer wieder gerühmter Palisaden wurden rings um die Stadt Pataliputra ausgegraben.

Es entwickelten sich aus dem alten vedischen Dorfzaun aber nicht nur die für Wehrzwecke geeigneten Palisaden. Eine leichtere, transparente Abart diente in erster Linie zur Begrenzung eines Tempelbezirkes. Man steckte durch die senkrechten Holzpfosten (Thabha) Bambusstangen oder, bei einer höheren und massiveren Ausführung, abgeflachte Baumstämme mit linsenförmigem Querschnitt waagerecht hindurch. Holzzäune dieser Art sind nicht erhalten, wohl aber deren steinerne Kopien. Sie zeigen im Querschnitt einen Wechsel von Quadrat und Oktogon, zum Beispiel am Fußpunkt quadratisch beginnend, im Mittelteil achteckig und am Schaftende wieder in ein Quadrat übergehend. (In hinduistischen Tempeln wechseln die von den Thabhas abgeleiteten Säulen ihre Querschnittsform mehrere Male vom Vier- zum Acht- und Sechzehneck.) Da die steinernen Thabhas bis in konstruktive Einzelheiten den hölzernen Vorbildern folgen, nehmen wir an, daß der Querschnittswechsel dadurch entstand, daß man die scharfen Kanten des rohen Holzpfostens abfaste, bevor man ihn weiter bearbeitete.

Die ersten Schatzsucher und Privatgelehrten, welche dem sogenannten «großen Stupa von Sanchi» großen Schaden

zufügten, waren enttäuscht, als sie weder im Mittelpunkt der Halbkugel noch in ihrer Basis einen Reliquienschrein fanden. Vermutlich fiel dieser – sei es nun, daß man ihn in das Innere oder auf den Scheitelpunkt gelegt hatte – während der Verfolgung der Buddhisten unter dem ersten Shunga-König, Pushyamitra, in die Hände der zur Zerstörung aller buddhistischen Klöster aufgestachelten Hindubevölkerung.
Die nachfolgenden Shunga-Könige unterstützten den Buddhismus wieder. Unter ihrem Patronat wurde um 150 v. Chr. der stark beschädigte ursprüngliche Ziegel-Stupa auf den doppelten Durchmesser erweitert und mit einem bis auf den heutigen Tag erhaltenen Mantel aus Haustein umgeben. Ring für Ring schichtete man eine neue Halbkugelschale auf und füllte den Zwischenraum mit Bruchsteinen. Statt der alten Holzzäune errichtete man nun um den Scheitelpunkt und um die Terrasse auf der Medhi steinerne Balustraden. Eine monolithische Ausführung, nach dem Vorbild von Sarnath, ließ sich in den neuen Dimensionen nicht bewerkstelligen. Man griff deshalb auf die aus der Holzbearbeitung erwachsenen Techniken zurück. Die Pfosten wurden mitsamt den schmückenden Medaillons und den Zapfen, die die Pfosten mit einem oberen Abschlußbalken zusammenbinden, in Stein nachgehauen. Sie erhielten wie ihre Vorbilder linsenförmige Höhlungen, in welche einzelne, ebenfalls in Stein nachgearbeitete Querbalken eingelassen wurden. Eine derart aufwendige Konstruktion mag uns nicht materialgerecht erscheinen; und dennoch ließe sich im Rahmen des zu dieser Zeit Realisierbaren kaum eine stabilere Konstruktion ähnlichen Aussehens aufweisen. Es besteht keine Diskrepanz zwischen gewählter Technik und Material, sondern zwischen Form und Material. Die Form aber war durch die Tradition geheiligt. Man stand vor der Entscheidung, entweder mit der Wahl des neuen Materials den gesamten traditionsbeladenen Formenkanon aufzugeben, oder aber den Stein seiner erwünschten Qualitäten, zum Beispiel der Haltbarkeit wegen, einfach «wie Holz» zu verwenden. Wir können überdies mit einer Kritik der Materialgerechtheit zurückhaltend sein, da sich die Konstruktion ohne größere Schäden über mehr als 2100 Jahre erhalten, also bewährt hat.

Der neue, auf einen Durchmesser von 36,60 m erweiterte Steinstupa erhielt einen dritten Steinzaun, und zwar auf Geländeniveau, im Abstand von etwa 3 m von der Medhi. Damit erhielt die schon seit geraumer Zeit übliche Umschreitung des Stupa zu ebener Erde eine architektonische Fassung. Aus dem Bedürfnis, den unteren Zaun in einem rechten Verhältnis dem vergrößerten Stupa anzupassen, vergrößerte man die Abmessungen der Pfosten und Querbalken ins Gigantische. Die untere Vedika des «großen Stupa» ist mit einer Höhe von 3,15 m der größte aller bekannten Zäune, jede «Zaunlatte» wiegt mehrere Tonnen. Die Anzahl der Pfosten – es sind genau 120 – läßt darauf schließen, daß nicht nur dem Hindutempel, sondern auch dem buddhistischen Stupa ein alle Bauteile durchdringender Maßkanon zugrunde liegt.

Die Svastika-Enden, die die Zugänge in den unteren Pradakshina-Patha bilden, versinnbildlichen den Lauf der Sonne. Wie sehr die Sitte der Umschreitung mit alten Sonnenkulten verknüpft ist, zeigt die Tatsache, daß die Prozession immer im Osten beginnt und dem Lauf der Sonne über Süden nach Westen folgt. Die Anzahl der Pfosten nimmt vermutlich Bezug auf die Zwölfteilung des Zodiak und die Aufteilung des Sonnenlaufes von Horizont zu Horizont in zwölf Stundenwinkel.

Buddha hatte nach seinen eigenen Worten das «Rad der Lehre» in Bewegung gesetzt. Das Rund des Rades wurde zur grundlegenden Form der buddhistischen Metageometrie. Höchstes Ziel des Buddhisten ist, dem Kreislauf irdischen Leidens zu entrinnen. Alle Wiederkehr spiegelt sich für ihn in der Kreisform. Aus dem Kreis ausscheren, heißt in das formlose Nirvana verwehen.

Der doppelte Aufgang zur Medhi an der Südseite des großen Stupa brachte eine unerwünschte Verengung des Umwandlungspfades in diesem Bereich mit sich. Man wich deshalb mit der unteren Vedika so weit von der Kreisform ab, bis ein ausreichend dimensionierter Durchgang geschaffen war. Diesem Kompromiß sollte ein zweiter folgen: Die Ashoka-Säule stand in einem wohlproportionierten Abstand vor dem alten Ziegelstupa. Durch die Erweiterung rückte sie nun dicht an das neue Sockelgeschoß. Der alte Stupa war genau nach den Himmelsrichtungen orientiert, und die Säule stand exakt in seiner Nord-Süd-Achse. Hätte man nun die neue Vedika auf ebener Erde samt den Zugängen in gleicher Weise orientiert, dann stände die Ashoka-Säule etwa 2 m vor dem Eingang. Wollte man zudem eine Svastika-Form für die Vedika-Enden wählen, dann stände sie sogar in der Mitte der Eingangssituation. Eine saubere Lösung des Problems schien unmöglich. Man entschloß sich deshalb, den ganzen Stupa mitsamt seinen Aufgängen und den unteren Zugängen um einen gewissen Betrag im Uhrzeigersinn zu verdrehen. Die Erhaltung der Säule schien es wert, einen Orientierungsfehler in Kauf zu nehmen. Man hätte natürlich auch lediglich einen der Zugänge, nämlich den südlichen, verschieben können. Diese Lösung aber schien den Baumeistern offensichtlich eine Verletzung des in sich fest gefügten kosmischen Bildes und wurde verworfen. Man zog es vor, die Anlage um genau 15° zu drehen. Dadurch erhebt sich der Säulenschaft in tragbarer Entfernung vom südlichen Eingang.

Beachten wir, daß die Eingänge ursprünglich ohne die prächtigen Tore (Toranas) und ohne den mit (a) bezeichneten Zaunabschnitt geplant und ausgeführt wurden! Das verkröpfte Svastika-Ende zur Linken des Zuganges bewirkte, daß der Prozessionszug nicht axial auf den Stupa zuschreiten konnte, sondern tangential und im Uhrzeigersinn in den Pradakshina-Patha eingeführt wurde. Will man den Umwandlungspfad verlassen, dann erweisen sich die Zugänge allerdings als weit weniger von der Funktion her sinnvoll gestaltet, da alle vier Zaun-Verkröpfungen nur « hineinführen », und keiner « herausführt ». Wir müssen deshalb ihre Gestaltung nicht nur unter funktionellen Gesichtspunkten deuten, sondern in ihr primär die den Zaunkreis in Bewegung versetzenden Elemente aus der Sonnensymbolik sehen. Der Stupa-Grundriß scheint durch sie zu rotieren, sei es nun als Rad der Lehre, Sonnenlauf, unendlicher Kosmos oder Umkreisung der Reliquie. Wir werden an die Megalith-Gräber erinnert, die in ähnlicher Weise, durch eine versetzte, flügelartige Anordnung der Steinplatten, eine die Bewegung symbolisierende Form erhielten.

▼ Der Zugang zum Umwandlungspfad des « Großen Stupa » von Sanchi in zwei Ausbaustufen

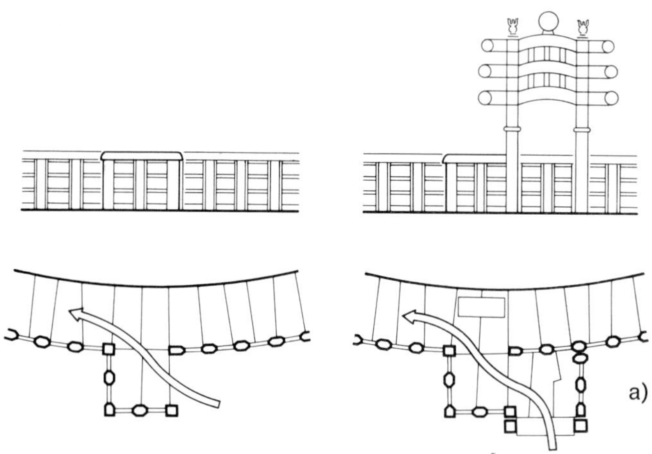

Zur Zeit der die Shungas ablösenden Andhras wurden die Eingänge zu dem unteren Umwandlungspfad umgestaltet. Zu dem ursprünglichen Zaundurchlaß trat versetzt ein zweiter, als man an das Svastika-Ende ein prächtiges Tor, Torana, anschloß und gleichzeitig durch ein neues Zaunstück (a) eine eindeutige und abgeschlossene Eingangssituation schuf. Das Prinzip der tangentialen Einführung in den Pradakshina-Patha wurde damit aufgegeben.

Die Eingangstore stehen in einem eigenartigen Kontrast zum Stupakörper. Seine Halbkugel setzt sich aus nur roh behauenen Steinschichten zusammen, die Tore aber sind mit Reliefs überzogen und fein bearbeitet. In der Konstruktion der Toranas hielt man sich wieder genau an hölzerne Vorbilder, wie sie in den Reliefszenen als Stadttore dargestellt sind. Jedes Tor erhebt sich, von Elefanten getragen, über zwei rechteckigen Pfeilern. Gekrönt wird die aus drei Architraven und trennenden Zwischenteilen bestehende Konstruktion von der plastischen Darstellung des Dharmachakra, dem « Rad des Gesetzes ». Die senkrechten Pfosten enden im Triratna-Symbol (drei Juwelen), welches die Fundamente der Lehre versinnbildlicht, nämlich den Buddha, das Gesetz und den Orden.

Als man in Sanchi den Versuch unternahm, die Form des hölzernen Stadttors in monumentalem Maßstab in das Material Stein zu übertragen, tauchten eine Reihe formaler Probleme auf. Da die Menge der Gläubigen des Lesens unkundig war, übertrug man die Jataka-Legenden – Erzählungen aus den früheren Leben des Buddha als Bodhisattva – in eine Abfolge von Reliefszenen. Tier- und Menschenfiguren, die die Räume zwischen den Architraven füllen, erhielten zum Beispiel gelegentlich Gesichter nach beiden Seiten, da man sich nicht einig werden konnte, ob die Plastiken sich dem Prozessionspfad, beziehungsweise der Reliquie, oder aber dem außerhalb stehenden Beschauer zuwenden sollten. In vielen Erzählungen spielt die städtische Umgebung eine große Rolle. Es galt also auch architektonische Räume darzustellen. Den in jeder Hinsicht flächig behandelten Reliefs versuchte man eine räumliche Tiefe zu geben, indem man Architektur-Schichten staffelte, das heißt mehrere, hintereinander liegende Bauten ineinander überschneidenden Ansichten darstellte, ohne aber eine echte Perspektive zu konstruieren. Aus einer Inschrift geht hervor, daß das Süd-Tor von den Elfenbeinschnitzern aus Vidisha gestiftet und gearbeitet wurde. Den Beruf des Steinmetzen gab es noch nicht, die meisten Künstler – es sollen Holzschnitzer und Kupferschmiede gewesen sein – arbeiteten zum ersten Mal in Stein. Diesem Umstand mag es zu verdanken sein, daß die teils naiven Darstellungen von natürlicher Frische und ungekünstelter Kraft sind, der wir nichts Ebenbürtiges aus späterer Zeit gegenüberstellen können.

Die Vermutung, daß der Stupa selbst nicht nur eine ungeordnete Steinschichtung sein könne, sondern entsprechend der äußeren Gestaltung ein symbolträchtiges Inneres berge, liegt nahe. Die Stupen aus der Zeit Ashokas enttäuschen in dieser Hinsicht. Sie sind noch so sehr dem Grabhügelmotiv verbunden, daß kosmologische Vorstellungen ihre Konstruktion nicht beeinflußten. Anders verhält es sich mit den unzähligen Stupen, die im 2. und 3. Jahrhundert n. Chr. in Nagarjunikonda, einem Zentrum der buddhistischen Lehre in Südindien, gebaut wurden. Buddhistische Mönche verwandelten hier am Ufer des Flusses Krishna mehrere Quadratkilometer flachen Landes in eine weiß schimmernde Stupenlandschaft. Vier der Stupen – es sind nur noch die unteren Schichten erhalten – umschließen einen in die Haupthimmelsrichtungen gemauerten Svastika. Alle anderen Stupen von Nagarjunikonda zeigen im Grundriß ein Rad mit Speichen.

Für die Konstruktion dieser vielen Votivstupen war es von Bedeutung, daß sie, aus Mangel an leicht herbeizuschaffenden Steinen, nur aus Ziegeln und Erde errichtet werden konnten. Die steinernen Stupen von Nordindien verdanken ihre Stabilität einer Füllung kantig gebrochener Steine, die sich nicht in sich verschieben oder Setzungen verursachen kann. Einen Stupa massiv aus Ziegeln auszuführen, verbot sich bei der Größe und Anzahl der Stupen von Nagarjunikonda aus wirtschaftlichen Gründen. Man ging deshalb dazu über, das Innere der Halbkugel durch vertikale, radial angeordnete Mauerscheiben in kleine Kammern zu unterteilen und diese mit losem Erdreich und Geröll zu füllen. Trotz des geringen Materialaufwands erzielte man so eine große Stabilität der Konstruktion.

Der oben erwähnte Svastika im Grundriß einiger Stupen wurde in Mauerscheiben bis unter die Kugeloberfläche geführt. Gleiches gilt für die Rad-Grundrisse.

Der «große Stupa» von Nagarjunikonda ist für unsere Betrachtung von besonderem Interesse: Der Pfeiler in der Mitte ist auffallend kräftig; drei Mauerringe legen sich konzentrisch um ihn, wobei der äußere sich als Kugelschale über die gesamte Konstruktion wölbt. Den Schotten der inneren Zone entspricht eine doppelte Anzahl in der äußeren, die Kammern der mittleren Zone liegen zu den Kammern

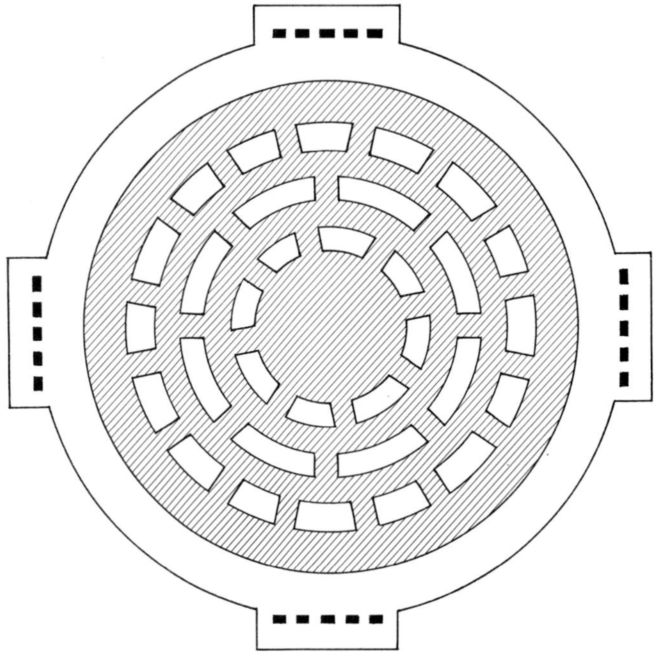

▲ Grundriß des «Großen Stupa» von Nagarjunikonda

der inneren versetzt. Das verwundert auf den ersten Blick, da innere und mittlere Zone gleich viele Kammern enthalten, sich also die radiale Fortsetzung der inneren Schotten in der mittleren Zone, und schließlich deren Verdoppelung in der äußeren Zone, zwanglos ergeben hätte. Es wurde aber folgender geometrischer Bezug vorgezogen: Von den sechzehn äußeren Kammern weisen vier in die Kardinalpunkte; im mittleren Bereich sind es nicht die Kammern, die in die Himmelsrichtungen weisen, sondern vier der acht Kammertrennwände. Im inneren Bereich wird dann jeweils – vom Mittelpunkt aus gesehen – die zur Linken liegende Trennwand der acht in den Haupt- und Nebenhimmelsrichtungen liegenden Kammern fortgesetzt.

Betonte Mitte und dreifach gestaffelte Ringzone – erinnern sie uns nicht an südindische Mandalas, die wir im zweiten Kapitel besprachen? Sollte sich im Süden des Subkontinentes, weit ab von den geistigen Zentren des nordindischen Buddhismus, die alte dravidische Vorstellung von der ringförmigen Welt im Stupa niedergeschlagen haben? Die Ähnlichkeit ist verblüffend, wenn man davon absieht, daß sich die buddhistische Metageometrie immer am Kreis orientiert, die hinduistische hingegen in erster Linie am Quadrat. Man wird bei der Betrachtung dieses Grundrisses allerdings nicht nur dazu verführt, in ihm die um das Brahman gestaffelt folgenden Götter-, Menschen- und Geisterwelten zu sehen: auch der nordindischen runden Sonderform des Vastu-Purusha-Mandala steht dieser Grundriß nahe. In Nagarjunikonda sind es sechzehn äußere Felder, im nordindischen Mandala residieren grundsätzlich zweiunddreißig Götter in den äußeren Padas. Hier wie dort orientieren sich die Planfelder beziehungsweise Kammern in den Himmelsrichtungen.

Die neuesten Untersuchungen zur geometrischen Gestalt der Stupen gipfeln in dem Nachweis, daß die Anzahl der Speichen lediglich durch den Umfang des Stupa bestimmt werde. Dennoch führten sicherlich nicht nur technische Erfordernisse, sondern auch theologische Gesichtspunkte zur Ausbildung des Grundrisses als Rad oder Svastika. Die meisten Stupen haben vier oder acht Speichen, wenige sechs oder zehn, und drei der größten in verschiedenen Zonen acht, zwölf oder sechzehn.

Die Chaitya-Hallen (Gebetshallen)

«Chaitya» leitet sich von dem Sanskritwort «chita» ab. Chita war der Aschenhügel, der bei der Verbrennung eines Leichnams entstand. Schließlich bezeichnete man auch den über der Asche eines Heiligen oder einer Reliquie aufgeschütteten Erdhügel als Chaitya. So nannten auch die Buddhisten ihre Stupen gelegentlich Chaityas. Stupa (Hügel, Kopf) ist lediglich der architektonische terminus technicus für das Reliquiar.

Als Chaitya-Hallen bezeichnen wir diejenigen buddhistischen Bauten, die einen Stupa umschließen. Zu welchem

▼ Grund- und Aufriß der Stupa-Höhle von Guntupalle

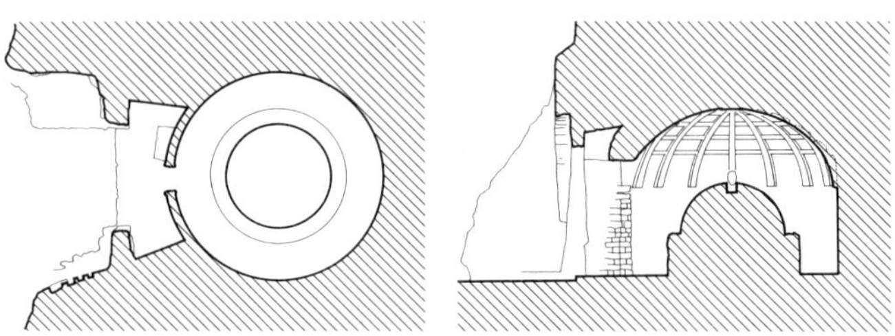

Zeitpunkt man in Indien damit begann, ein schützendes Bauwerk um den Stupa zu errichten, wissen wir nicht, da die ersten Chaitya-Räume sicherlich in der unbeständigen Bambusbauweise entstanden.

Bei den Überlegungen, in welcher Weise ein Stupa sinnvoll überdeckt werden könnte, verfiel man auf die bereits vorgegebene Form der runden Lehm- oder Bambushütten. Diese Bauform erwies sich als dem Zweck besonders entsprechend, da zwischen der Medhi und der Hauswand ein runder Pradakshina-Patha frei blieb. Das Kuppeldach wiederholte die verehrte Form des Anda, als sei es eine zweite Schale desselben. Man mochte sich von den Rundbauten auch dann nicht trennen, als die sich ausbreitende Holzbautechnik den Bau rechteckiger Häuser mit flacher Balkendeckung begünstigte.

In Guntupalle (Madras-State) entdeckten Archäologen einen runden Kuppelraum, der in Nachahmung eines hölzernen Rundbaues aus dem gewachsenen Fels gearbeitet wurde. Er enthält einen im gleichen Arbeitsvorgang ausgehauenen Stupa. Die Kuppel über dem Stupa ist von einem korbförmigen Holztragwerk kopiert. Es gibt zu diesem Raumtyp eine Reihe von Vorläufern, auch wenn diese nicht als direkte Vorbilder angeführt werden können, da sie mehrere tausend Kilometer voneinander entfernt, auf dem ganzen Subkontinent verstreut, anzutreffen sind.

Aus vorbuddhistischer Zeit stammt nach Meinung von Jouveau-Dubreuil eine Höhle bei Tellichery (Kerala-State), die in verblüffender Ähnlichkeit zur buddhistischen Symbolsprache aus einem halbkugelförmigen Hohlraum besteht, in dessen Mitte man einen Pfeiler vom Fußboden bis zum Scheitelpunkt monolithisch stehen ließ. Ist dies lediglich eine traditionsverbundene Übersetzung früher Hüttenformen? (Den heiligen Schriften nach bildete man die ersten menschlichen Behausungen in Nachahmung eines Baumes aus einem zentralen Schaft, von dessen Spitze ein Blätterdach nach allen Seiten bis auf den Boden hing.) Oder handelt es sich hier um eine erste Darstellung der Weltenachse und des Kosmos als Kugel, um die Vorwegnahme eines Weltbildes, welchem wir eigentlich erst im Buddhismus begegnen?

Außer dem «Negativ-Stupa» von Tellichery und der Stupahöhle von Guntupalle wollen wir noch einen dritten Raumtyp in unsere Betrachtung der Vorformen von Chaitya-Hallen einbeziehen.

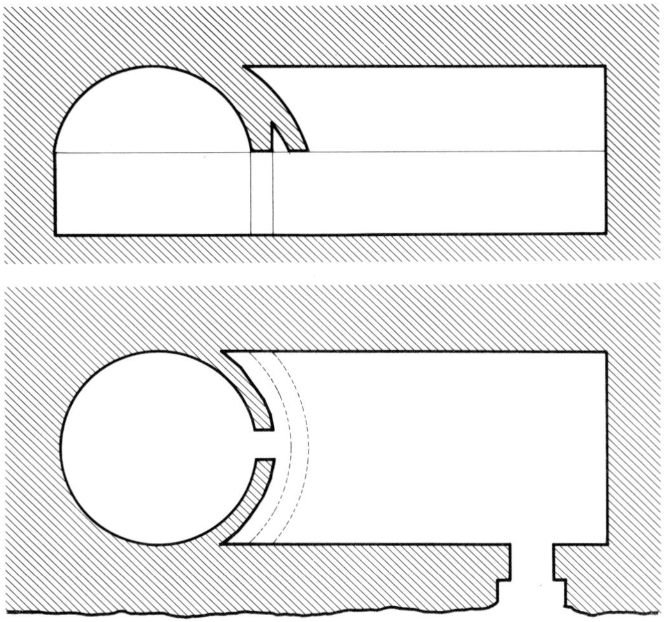

▲ Grundriß und Schnitt der Sudama-Höhle in den Barabar-Bergen aus dem 3. Jh. v. Chr.

In den Barabar-Bergen (Bihar-State) liegen zwei einander sehr ähnliche künstliche Höhlen, die Sudama- und die Lomas-Rishi-Höhle. Inschriften besagen, daß der Kaiser Ashoka diese Räume für eine Gruppe von Ajivikas aus dem Granit des kleinen Bergrückens meißeln ließ. (Die Sekte der Ajivikas spaltete sich von den Jains ab.) Man betritt die im Grundriß rechteckigen Höhlen an ihrer Längsseite. Die Decke ist als Tonne ausgebildet. Am einen Ende des tunnelartigen Inneren steht die fein gearbeitete Kopie eines runden Hauses mit strohgedecktem Kuppeldach. Die Nachbildung des Rundbaues geht bis in Details wie zum Beispiel eine überhängende Dachdeckung (siehe Schnitt) oder die Auflösung des runden Grundrisses in ein Polygon, welches sich aus der Verkleidung eines Lehmhauses mit dicht gereihten Holzplanken ergab. Der eingefügte Kuppelraum wie auch der Rechteckraum ist eine Kopie zeitgenössischer Wohnhütten. Noch heute leben die Todas, ein Stamm in Südindien, in ähnlichen gewölbten Bambushütten.
Der Eingang zur Lomas-Rishi-Höhle zeigt die in Holzformen übertragene Bambuskonstruktion eines Tonnendaches als Relief. Die Türöffnung selbst wurde von nach innen geneigten Holzplanken gefaßt; die das Dach tragenden Stützen sind ebenfalls schräg gestellt, da sie im hölzernen Vorbild den Horizontalschub eines Tonnendaches aufnehmen mußten.

Verschiedene Historiker haben sich gefragt, warum wohl die Zugänge zu beiden Höhlen (in der Sudama-Höhle ist es nur eine schlichte, trapezförmige Öffnung, in der Lomas-Rishi-Höhle kommt das Fassaden-Relief hinzu) nicht an deren Stirnseite, sondern an einer beliebigen Stelle der Längswand geplant wurden. Scheint es nicht paradox, durch eine Giebeldarstellung den Raum an seiner Längsseite zu betreten? Neuere Untersuchungen brachten Klärung: das Giebelrelief muß eine spätere Ergänzung sein. Es bedurfte eingehender stilistischer Untersuchungen, bis man zu dem Ergebnis kam, daß das Relief nicht aus der Regierungszeit Ashokas, sondern der eines späteren Maurya-Kaisers stammt. Die neue Türrahmung wurde in der alten Technik bis zu spiegelnder Glätte poliert, und die alte Trapeztür bildet mit der neuen Fassade eine sinnvolle, konstruktive und formale Einheit. Sehen wir von dieser Fassade ab, dann ist schon eher verständlich, daß man eine Tür in die Längswand legte. Die in der Literatur immer wieder auftauchende Theorie, man habe den Raum nicht senkrecht zum Fels stellen können, da der Bergrücken für eine solche Anordnung zu schmal sei, hat verschiedene Schwächen: erstens ist der Felsrücken nicht schmal und zweitens, wenn er es wäre, dann hätte man einen anderen Felsen der umliegenden Berge wählen oder die Höhle den Dimensionen dieses Felsens anpassen können. Ausschlaggebend für die Art der Ausführung scheint also gewesen zu sein, daß ein seitlicher Eingang in ein schlichtes Wohnhaus durchaus üblich war.

Obgleich die beiden Höhlen nicht von oder für Buddhisten aus dem Fels gehauen wurden, ist gerade die in ihnen vollzogene Verbindung von Rechteckraum und Rundraum wegweisend für die buddhistische Architektur. Die Ajivika-Mönche wollten vermutlich den Kultraum vom allgemeinen Wohnraum trennen; die Buddhisten bedienten sich der gleichen Raumfolge, da sie außer dem Stuparaum einen Versammlungsraum für die gemeinsame, offene Beichte und andere Anlässe benötigten.

Sie fassen allerdings beide Raumformen zu einem Raum zusammen, dessen eine Seite rechteckig und dessen andere rund abschließt. Über dem Rechteck wölbt sich die ursprünglich in Bambus, dann in Holz und schließlich monolithisch in Stein gearbeitete Tonne, über dem Rund der Apsis eine Viertel-Kugel. Das hohe Tonnengewölbe bedarf, ähnlich wie das Mittelschiff einer christlichen Basilika, einer seitlichen Abstützung. Man fügt also niedrige Seitenschiffe an und führt diese auch um die Apsis. Säulenstellung und Tonnendach des Mittelschiffes sind in der Regel durch einen Obergaden voneinander getrennt; über die Konstruktion des Obergadens wissen wir wenig.

Im 2. Jahrhundert v. Chr., zu jener Zeit, da man in Zentralindien den Ashoka-Stupa von Sanchi mit einem Steinmantel umgab und eine Reihe neuer Stupen erstmalig aus Stein errichtete, begannen einige Mönchsgemeinschaften an der Westküste des Subkontinentes ihre Klöster und Gebets- beziehungsweise Chaitya-Hallen nicht nur aus Bambus, Holz und Ziegeln zu bauen, sondern sie auch als Felsarchitekturen aus den steilen Gebirgsstufen der West-Ghats zu hauen.

▼ Aufrisse der aus Ziegeln gebauten Chaitya-Halle von Chezarla (falsches Gewölbe)

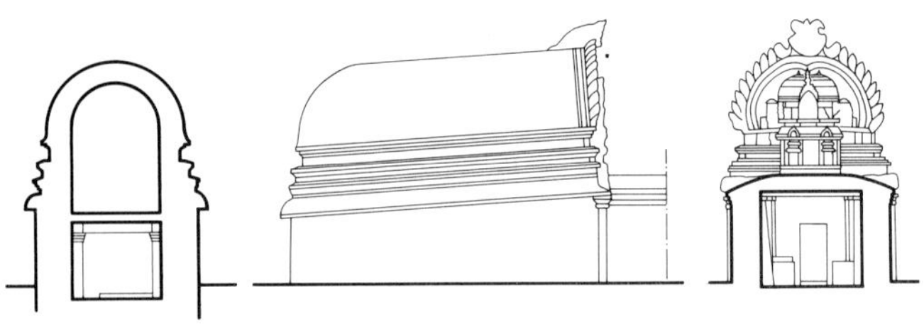

▼ Grundriß des buddhistischen Tempels Nr. 18 in Sanchi

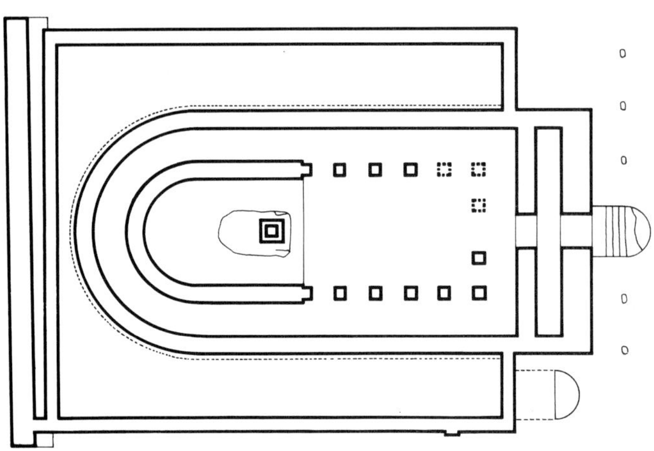

Die Verschmelzung von Kuppel und Tonne fand bereits in den Holzarchitekturen des 3. Jahrhunderts v. Chr., also zu Lebzeiten des Ashoka, statt. Außer in Holz baute man die freistehenden Chaitya-Hallen später auch aus Ziegeln. Das älteste der erhaltenen Beispiele ist der Kapoteshvara-Tempel in Chezarla, eine buddhistische Ziegelkonstruktion aus dem 4. Jahrhundert n. Chr., die in den folgenden Jahrhunderten in einen Hindutempel umgewandelt wurde. Ebenso aus der Gupta-Zeit stammen ähnliche Raumlösungen in Aiholi (Durga-Tempel, hinduistisch) und Sanchi (Tempel Nr. 18, buddhistisch). In beiden Fällen zeigt sich im Grundriß eine unterschiedliche Behandlung von Rechteckraum und Apsis. Die Säulenstellung des Versammlungsraumes wurde nicht um die Rundung fortgesetzt, sondern in diesem Bereich durch eine massive Mauer ersetzt. Dieser Wechsel der Baustruktur bewirkte, daß der Gläubige, welcher sich (unserem mangelhaften Wissen nach) in dem linken Seitenschiff dem Stupa näherte und durch das rechte Seitenschiff zum Ausgang zurückkehrte, den Stupa gerade während des bedeutsamsten Abschnittes des Umschreitens nicht sehen konnte. Entweder ist also unsere Rekonstruktion des Umschreitungsritus in einer Chaitya-Halle fehlerhaft – aber welche Alternative bietet sich in Anbetracht der Fortführung des Seitenschiffes um die Apsis? – oder es war aus technischen Gründen unerläßlich, die Apsis massiv auszuführen. Die frühen Chaitya-Hallen aus Holz bedurften irgendeiner Windaussteifung, und keine Konstruktion hätte diesen Zweck besser erfüllt als eine hufeisenförmige Mauerschale.

Wie bildete man die Apsis der in den Fels gehauenen Chaitya-Hallen der West-Ghats aus? Das früheste Beispiel – die in den ersten Jahrzehnten des 2. Jahrhunderts v. Chr. entstandene Höhle von Bhaja – zeigt noch deutlich die Entwicklung aus der Holzarchitektur durch die einwärts geneigte Stellung der achteckigen Säulen. Sie sind die treuen Kopien achteckig zugehauener Baumstämme, welche man in schräger Lage tief in das Erdreich rammte. Sie wirkten wie eingespannte Stützen; ihre Neigung verringerte die Gefahr, daß die nach außen drückende Last der Tonne das Bauwerk zum Einsturz bringen könnte. Eine massive Ausführung der Apsis war im Holzmodell nicht erforderlich, da alle eingespannten Stützen gemeinsam eine Verformung des Baues verhinderten. Deshalb setzt sich auch in Bhaja die Säulenstellung ohne Unterbrechung in der Apsis fort.

Auch die Außenwände der Seitenschiffe sind einwärts geneigt, da sie außer dem Schub der Vierteltonnen der Schiffe auch noch den Obergaden stützten. Ein Architrav,

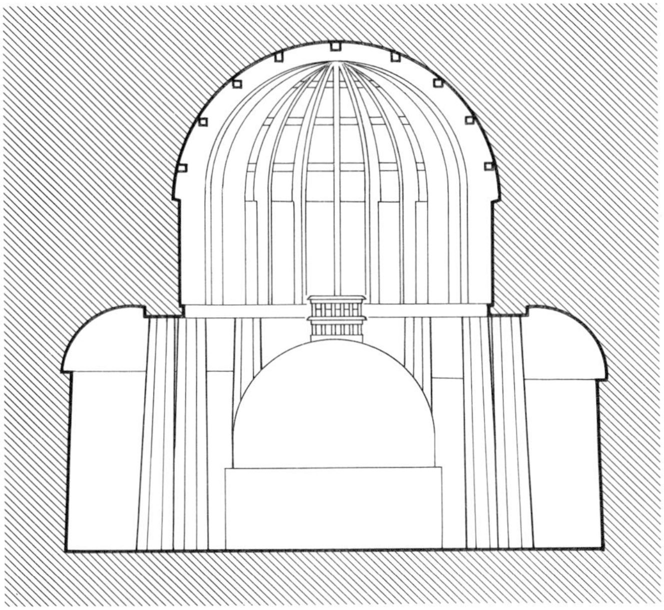

▲ Querschnitt durch die monolithische Chaitya-Halle von Bhaja aus dem 2. Jh. v. Chr.

wie er zur gleichmäßigen Verteilung der Last des Obergadens über der engen Säulenstellung des Mittelschiffes zu erwarten wäre, fehlt. Vermutlich wirkte im hölzernen Vorbild der gesamte Obergaden als ein aus horizontal laufenden Holzbalken zusammengefügtes Tragwerk. Die Spanten beziehungsweise Holzbögen sind mit einem Versatz auf dem Obergaden aufgelagert. Ihre vertikale Verlängerung im Bereich des Obergadens ermöglichte es, daß der Bogen zweimal verdübelt werden konnte und dadurch ein Kippen der Spanten, besonders während der Bauzeit, unmöglich wurde. Die Art der Dachdeckung geht aus der Fassade hervor. Die horizontalen Sparrenpfetten trugen eine dicke Lage Stroh.

Nur zögernd wagten es die buddhistischen Architekten, das neue Material Stein zu verwenden. Für alle Chaitya-Hallen des Hinayana – sie unterscheiden sich von denen des Mahayana stilistisch durch eine Ablehnung jeder anthropomorphen Darstellung des Buddha – ist die Ergänzung der Felsarchitektur durch hölzerne Bauteile kennzeichnend. Die Gewölbestruktur ist oft als nicht tragendes Holzwerk in die Felsentonne eingelassen, die Füllung des Hufeisenfensters (Kudu) ist immer aus Holz gearbeitet.

Als man begann, Chaitya-Hallen in die vertikal abbrechenden Stirnflächen der horizontalen Trapp-Schichtungen an der Westküste zu schlagen, hatte der Stupa seine ursprüngliche Bedeutung bereits verloren und war zur reinen Symbolform erstarrt. Das Anda wurde mehr und mehr zur sichtbaren Kugel. In Bhaja erzielte man diese Wirkung, indem man nicht nur eine Halbkugel, sondern auch den Ansatz einer unteren Kugelhälfte zeigte. Die Medhi schrumpfte zusammen, und der obere Prozessionspfad fiel schließlich ganz weg. Der Reliquienschrein wuchs mit seiner Umzäunung zusammen und übernahm als quasi-Altar Formenelemente aus der vedischen Tradition.

Die Vorzüge einer in den Fels gehauenen Chaitya-Halle lagen nicht nur auf dem Gebiet der Dauerhaftigkeit. Auch aus esoterischen Gründen bevorzugte man Felsen-Architekturen, in denen das Kultobjekt in seiner Bedeutung als Welt-Ei in der dunklen Tiefe eines unterirdischen Raumes direkt aus dem «Urmaterial Stein» geformt werden konnte, ohne daß die Substanz des Anda von Menschenhand transportiert oder umstrukturiert werden mußte.

Vermutlich vernachlässigte man schon seit dem 2. Jahrhundert v. Chr. herkömmliche Bauweisen zugunsten der felsgehauenen Architektur. Es sind nämlich keine Chaitya-Hallen bekannt, die eine mögliche späte Phase der echten Holzarchitektur nachahmen. Die stilistischen Entwicklungen zu einer immer reicheren Formenfülle vollziehen sich ausschließlich im Stein, auch wenn man bis zu den Spätwerken der Hinayana-Phase sich nicht von der Verwendung des Holzes in der Tonne und im Hufeisenfenster trennen konnte.

Auch die Chaitya-Halle von Kondane besaß eine gezimmerte Giebelfassade. In Stein hingegen erscheint hier eine besonders detaillierte Darstellung derjenigen städtischen Fassaden, welche sich in den hölzernen Vorbildern zu beiden Seiten der Halle erstreckten. Alle Einzelheiten der Konstruktion bis zu den Verdübelungen wurden ganz so dargestellt, als wolle man den Stand der technischen Entwicklung für alle Zeiten festhalten. In der Mehrzahl der frühen Hallen konzentrierten sich die Architekten auf die Ausbildung des Innenraumes, nur in Andeutungen erläuterte man den Übergang von der inneren zu der äußeren Form des Bauwerkes. Eine der Ausnahmen, in denen man der Fassadenfolge ebensoviel Bedeutung beimaß wie dem Innenraum, ist Kondane. Aus der Rekonstruktionszeichnung ist ersichtlich, daß in erster Linie Holz, und nicht Ziegel oder gar Stein, als Baumaterial der Vorbilder dieses Felsbaues in Frage kommen. Weit vorspringende Obergeschosse,

▲ Rekonstruktionsversuch einer hölzernen Chaitya-Halle nach der monolithischen Fassade von Kondane

überhängende Gesimse und mehrstöckige Galerien sind nur in einer leichten Holzbauweise realisierbar.

Die Enttäuschung der Archäologen darüber, daß nicht die geringsten Spuren einer solchen hölzernen Basilika auf dem indischen Subkontinent zu finden waren, führte in den letzten Jahren zu der Theorie, die Vorbilder seien außerhalb Indiens zu suchen. Es ist in der Tat ungewöhnlich, daß sich die Teakholz-Einbauten der monolithischen Hallen bis in unsere Zeit hielten, und die genau untersuchten archäologischen Schichten der alten indischen Großstädte nicht ein Fragment auch nur eines Tonnen-Spanten enthalten. Überdies geht aus den zeitgenössischen Inschriften von Karla und Nasik hervor, daß Yavannas, also Griechen, an den Grotten mitarbeiteten. Vermutlich gab es dank der regen Handelsbeziehungen zwischen der indischen Westküste und den Mittelmeerländern sogar eine griechische Kolonie in der Umgebung von Karla. Fünf Stifter einzelner «Bauteile» bezeichnen sich ausdrücklich als Yavannas. In Griechenland und Palästina waren zwar zu dieser Zeit Rechteckräume mit einer Apsis bekannt, so lange aber die gesuchten Prototypen nicht in den Nachbarländern Indiens nachgewiesen werden können, wollen wir in Anbetracht der unendlich vielen Reliefabbildungen tonnengedeckter Häuser bei der Annahme bleiben, daß die Chaitya-Hallen auf indischem Boden entstanden und auch verrotteten.

Wenige Jahre nach der Gründung des Klosters Bhaja begann man, 400 km vom heutigen Bombay entfernt, in der Schlucht des Waghora-Baches, mit den Arbeiten für die Mönchsiedlung Ajanta. Sie sollte durch viele Jahrhunderte immer wieder erweitert werden. Heute genießt die Höhlensiedlung in erster Linie wegen ihrer Wandmalereien aus dem 5. Jahrhundert n. Chr. Weltruhm. An einer Stelle, wo der Waghora über einen hohen Wasserfall in ein tief eingeschnittenes Flußbett stürzt und dann einen weiten Bogen beschreibt, reihen sich große, schlichte Felshallen und kleine, reich verzierte Kapellen, mehrstöckige prunkvolle Felsenklöster und unscheinbare Behausungen einzelner Asketen. Sie alle sind in die senkrecht abfallende Felswand geschlagen, die die konvexe Begrenzung des Talrundes bildet. Von jeder Gebetshalle und jeder Veranda eines Klosters überblickt man in diesem Rundraum die Abfolge der auf verschiedenen Höhen angelegten Gemeinschaftsbauten. Man ist versucht, eine Gesamtplanung in dem harmonischen Bild dieses Freilicht-Museums zu sehen. Tatsache aber ist, daß in der Zeit vom 2. Jahrhundert v. Chr. bis zum 2. Jahrhundert n. Chr. hier nur wenige Hinayana-Klöster (Vihara) und zwei Chaitya-Hallen entstanden und die restlichen Anlagen erst nach 400jähriger Baupause im Stil des Mahayana eingefügt wurden.

Durch Erdrutsche wurden alle Zugänge zu den Höhlen verschüttet. 1817 stieß eine Kompanie englischer Soldaten während eines Manövers auf einige in den Geröllhalden erkennbare Tore, und man begann mit der Freilegung weiterer Eingänge. Bis heute hat man 30 Höhlen entdeckt. Jede von ihnen war durch eine enge, im Fels geführte Treppe vom Talgrund aus erreichbar. In der Regenzeit, für die die Klöster in erster Linie geplant waren, schwoll der kleine Bach an, und man mußte Boote benutzen, um von

▼ Die Höhlenkirchen und Klöster von Ajanta; Lageplan

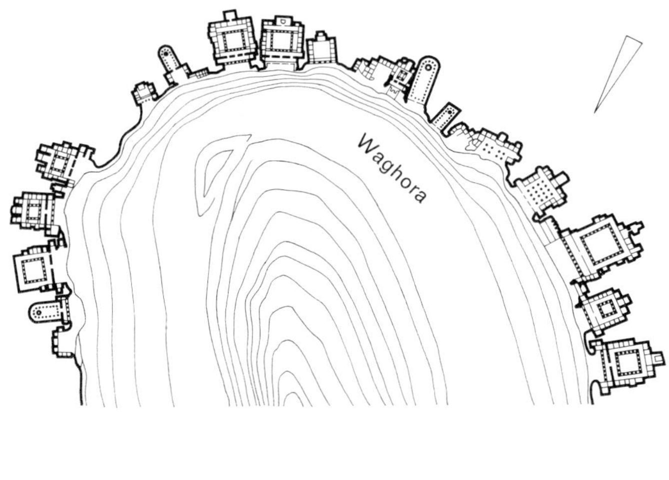

einer Treppe zur anderen zu gelangen. Nur wenige Chaitya-Hallen und Viharas standen in direkter Verbindung miteinander. Der Weg, der heute am Fels entlang führt und die meisten Grotten zugänglich macht, wurde erst im letzten Jahrhundert angelegt.

Die beiden Hinayana-Gebetshallen von Ajanta ähneln der von Bhaja. Neuartig war nur in einer der beiden, daß man die ganze Fassade in Stein stehen ließ, viele ihrer Details im anstehenden Fels realisierte, und sie nur hier und da durch hölzerne Fenstergitter ergänzte, daß die Säulen im Inneren weniger schief stehen und daß das Anda sich bereits der Ei-Form nähert.

Als Höhepunkt und Schlußpunkt der Entwicklung der Hinayana-Architektur betrachten wir Karla (siehe graue Plantafel). Einer Inschrift nach stiftete ein gewisser «Seth Bhutapala aus der Stadt Vaijayanti dieses außergewöhnlichste Felsgebäude Indiens». Unterstützt wurde er von einem Drogisten, der die Kosten für die Türen trug, dem Prediger Satimita, der eine Säule bezahlte und in diese einen Reliquienschrein einarbeiten ließ, zwei Bettelmönchen, welche das Geld für zwei weitere Säulen aufbrachten, und einem Asketen, der in seiner Inschrift darauf hinweist, daß eine solche Schenkung «außerordentlich verdienstvoll» sei. Nicht zu vergessen die Griechen, welche einige Säulen bezahlten und ein anderer Laie, der für die Löwensäule seitlich des Haupteinganges aufkam. Die Stifter übertrieben nicht, als sie von dem «außergewöhnlichsten Gebäude Indiens» sprachen. Die Höhle von Karla ist bei weitem die größte der Hinayana-Serie; selbst in der von einem monumentalen Stil und von Prachtentfaltung gekennzeichneten Mahayana-Periode scheute man sich vor der Wiederholung eines so gigantischen Unternehmens.

Den Baumeistern – oder sollte man besser sagen Bildhauern – der vorausgegangenen Chaitya-Hallen könnte man vorwerfen, daß sie sich allzu sklavisch von hölzernen Vorbildern leiten ließen. Abgeschüttelt sind diese Fesseln in Karla. Es entstand ein Raum der weder in Holz denkbar, noch in gebrochenem Stein realisierbar wäre; die Felsarchitektur hat einen eigenen, spezifisch monolithischen Raum geschaffen; Holz wurde nur dort verwendet, wo dies den Arbeitsvorgang wesentlich vereinfachte und aus wirtschaftlichen oder formalen Gründen ratsam schien.

Das Mittelschiff ist gestreckter als in anderen Höhlen (Verhältnis der Breite zur Länge: Bhaja 1 : 2,5; Ajanta 1 : 2,7; Karla 1 : 3,0). Das Seitenschiff führt nicht nur um die Apsis, sondern bildet auch an der Eingangsseite einen vom Hauptschiff getrennten Gang mit eigener Säulenstellung. Damit wurde ein Schritt getan, der wenige Jahrhunderte später auf europäischem Boden zum Grundriß der Basilika S. Sebastiano in Rom führte. Lassen nicht die beiden großen Erlöserreligionen der Welt ähnliche Riten und ähnliche Raumlösungen erwarten? Christen wie Buddhisten kennen den Begriff einer Gemeinde von Gläubigen, die gemeinsam durch Gebet und Prozessionen um das Allerheiligste einen Gott beziehungsweise ein höchstes Gesetz verehrt. Zwischen dem höchsten Prinzip, sei dies nun sichtbar in der bildlichen Darstellung des Gottes oder dem antikonischen Sinnbild des Stupa, besteht ein in anderen Religionen kaum bekanntes intimes Verhältnis.

Wir haben in den aus Ziegeln oder Stein gebauten Chaitya-Hallen die unterschiedliche Konstruktion der Begrenzungen des Mittelschiffes und der Apsis – hier Säulenstellung und da Mauerwerk – auf statische Erfordernisse zurückgeführt und auch eine Erklärung dafür gefunden, daß die ersten in den Fels geschlagenen Hallen eine einheitliche Säulenstellung um das Mittelschiff und die Apsis zeigen. Die letzten Hinayana-Hallen (Nasik, Junnar und Karla) überraschen nun durch eine unterschiedliche Gestaltung der Säulen in Rund- und Rechteckraum. Die um den Stupa stehenden Säulen haben die alte, schlichte Form schmuckloser Holzpfosten. Das Mittelschiff aber wird durch Nachbildungen jener Stambhas begrenzt, die schon zur Zeit Ashokas vor den Toren eines Stupa oder eines Hindutempels errichtet wurden.

Es entsprach der indischen (hinduistischen wie buddhistischen) Kosmos-Symbolik, die zwei das Gebälk stützenden Tierplastiken des persepolitanischen Kapitells durch die vier Wächter der Himmelsgegenden zu ersetzen. Sobald die Säule aber im Innenraum vervielfältigt wurde, mußte dieser Symbolgehalt wieder aufgegeben werden. Der Architekt von Karla ersetzte das Tierquartett der Ashoka-Säulen durch reitende Liebespaare. Er mochte wohl das Tiermotiv noch nicht ganz aufgeben, übertönt es aber durch die Darstellung weltlicher Szenen. Nun wird klar, warum Mittelschiff und Apsis verschiedenartig gestaltet werden mußten. Der Rechteckraum war der Versammlungsort der Menschen. Formenreichtum und irdische Freude können sich hier frei entfalten. Das Rund der Apsis hingegen konzentriert sich allein um die heilige Form des Anda, sein transzendentaler Bezug ließ keine Schmuckformen zu.

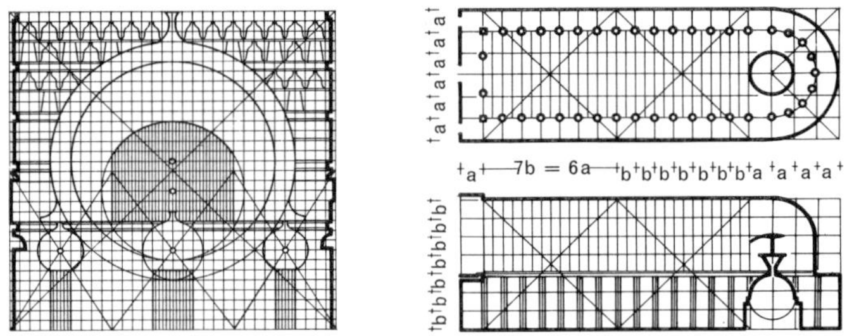

▲ Links: Proportionskanon der Fassade von Karla über einem Raster von 32×32 Feldern
Rechts: Grund- und Aufriß der Chaitya-Halle von Karla; die Proportionen

Aus der runden Form des Grabhügels und dem von Buddha oft zitierten Rad des Gesetzes entwickelte sich im Buddhismus eine Symbol-Geometrie, welcher die des Hinduismus teilweise entgegensteht. Aus vedischer Zeit stammt das hinduistische Bild der Welt als ursprünglich kreisförmige nicht ausgerichtete Manifestation, die durch Brahma dem kosmischen Ordnungsprinzip unterworfen wird, indem er eine Quadratur des Kreises vollzieht. In der buddhistischen Architektur symbolisiert nur der Kreis die höchste Ordnung. Selten begegnen wir dem Quadrat. Es bestimmt in Nagarjunikonda den Umriß der Medhi und in Karla die Rasterteilung der Fassade.

Außenform und Innenraum stehen in Karla nur noch in einer lockeren thematischen Verbindung. Weder die Darstellung einer hölzernen Stützkonstruktion innerhalb des Hufeisenfensters noch die außen sichtbare Dachlattung findet in den Formen der Tonnendecke eine sinnvolle Fortsetzung. Die Teakholz-Bögen der Deckenkonstruktion setzen schon wenige Zentimeter über der Säulenstellung an, die Darstellung eines Obergadens wird vermieden, um den Fluß der Bogenform nicht zu unterbrechen. Allen hölzernen Vorbildern zum Hohn scheinen die Fußpunkte der 80 cm tiefen und 25 cm breiten Holzrippen über den Köpfen der Liebespaare zu schweben. Der irreale Eindruck wurde durch einen kleinen Kunstgriff noch gesteigert: Die Bögen setzen mit einer leichten Auswärtsbewegung an. Dadurch vermied man den schweren archaischen Eindruck vorangegangener Hallen.

Die dichte Reihung der Rippen verdeckt die darüberliegende glatte Felswand. Dies bewirkt, unterstützt durch die außerordentliche Höhe des Raumes und den Materialwechsel zwischen Säulenstellung und Gewölbe, daß der Eintretende nicht in einer Felshöhle zu stehen vermeint, sondern eher unter freiem Himmel in einem von Kolonnaden gesäumten Hof, welcher sich zum Stupa hin öffnet. Der enge Säulenabstand und die dichte Reihung der Bögen steigern die Tiefenwirkung. Nur der Reliquienschrein mit dem Ehrenschirm erhebt sich über die Kolonnaden. Deutlicher als alle anderen Bauglieder zeichnet er sich vor der ruhigen Struktur des imaginären Himmels ab.

Alle Raumelemente und jedes Detail wurden vom Baumeister einer einheitlichen Raumvision untergeordnet. Es ist kaum denkbar, daß dies ohne eine genaue Planung in drei Rissen möglich gewesen sein könnte. In diesem klassischen Stadium der Fels-Architektur ist auch zu erwarten, daß sich die klare architektonische Konzeption des Baues durch ebenso klare geometrische Bezüge in Grund- und Aufriß widerspiegelt. Unsere Erwartungen werden nicht enttäuscht: Der Stupa gibt das Grundmaß. Verdoppelt man seinen Radius, dann erhält man die Achse der Säulenstellung, verdreifacht man ihn, dann erhält man die Breite der Seitenschiffe, beziehungsweise die lichte Weite des ganzen Baues und auch dessen Höhe. Der Grundriß setzt sich also aus sechs Längsstreifen zusammen:
Mittelschiff : Seitenschiff = 4 : 1.
Die Länge des Mittelschiffes, von der Rundung des Stupa bis zur Säulenreihe des Vorraumes, ergibt sich als Verdoppelung der Raumhöhe. Man erwartet nun, daß die beiden Quadrate des Rechteckraumes auch in ihrer Querrichtung in jeweils sechs Einheiten geteilt würden, wodurch sich 2×6 Säulenjoche ergäben. Der Architekt aber wählte in der Querrichtung eine Teilung in sieben Einheiten, also 2×7 Säulenachsmaße. Diese neue Teilung wurde auch in den Aufriß übernommen:
Höhe des Mittelschiffes : Höhe des Seitenschiffes = 7 : 3.
Zwei Einheiten bestimmen die Oberkante der Glockenkapitelle, die Höhe der gesamten Säule (ausschließlich Reiterplastiken) entspricht dem Stupa-Durchmesser.

Die Fassade des Rundgiebels folgt einem Raster von 32×32 Quadratfeldern, deren Abmessungen sich aber nicht aus den Maßen des Innenraumes ableiten lassen. Das Quadrat der Fassade wird durch ein kräftiges Gesims in einen unteren, zwei Stockwerke umfassenden Teil und einen oberen mit Miniaturarchitekturen geteilt. Der Mittelpunkt des Hufeisenfensters liegt nicht im Quadrat-Mittelpunkt, sondern eine Planeinheit über der waagerechten Achse.

Vor den Sakralraum schaltete man in der Blütezeit der Hinayana-Architektur gelegentlich ein Vestibül, damit der Eintretende nicht direkt aus dem grellen Sonnenlicht in das Dämmerlicht der Halle tritt. Eine zweigeschossige Säulenstellung schließt in Karla das Vestibül nach außen ab. Der axiale Zugang zum Vestibül und zum Hauptraum war den Priestern und Mönchen vorbehalten. Das Laienvolk durfte die Chaitya-Halle nur durch die Türen der Seitenschiffe betreten. Den Haupteingang erreichte man über einen monolithischen Steg, zu dessen beiden Seiten flache Wasserbecken das Vestibül füllten. Dadurch waren die Laien gezwungen, sich vor dem Eintritt einer rituellen Fußwaschung zu unterziehen; sie mußten auf dem Weg zur Tür eines Seitenschiffes die Wasserbecken durchwaten.

Eine letzte Wandlung erfährt die Form der Gebetshallen während der Zeit der Gupta-Kaiser, unter deren Patronat viele Klöster des Buddhismus einer neuen Blüte entgegengingen. Die Viharas von Ajanta konnten die rasch anwachsende Zahl der Mönche nicht mehr fassen. Man baute deshalb in erster Linie großzügige Wohnanlagen. Doch auch der Platz in den alten Chaitya-Hallen reichte für gemeinsame Gebete und Beichten nicht mehr aus. So schlug man zwischen 550 und 600 n.Chr. zwei kleine Hallen aus dem Felshang, die von der theistischen Form des Buddhismus, dem Mahayana, geprägt sind.

Im Inneren dieser Höhlen tritt aus dem überhöhten Sockelgeschoß des Stupa die Gestalt des Gott-Buddha. Sein Bild wird in verschiedenen Mudras (Haltungen des Gebets) in allen Größen an der Fassade, in und über den Kapitellen und Friesen wiederholt. Medhi und Anda sinken zum reich ornamentierten Rahmen für das Bildnis des Erleuchteten herab, Harmika und Chattravali lassen ihre formalen Ursprünge kaum mehr erkennen. Die von klösterlicher Strenge geprägte Architektur des Hinayana geriet unter dem Einfluß der höfischen Kunst und der erneut einsetzenden Expansion hinduistischer Bilderkulte in ein Stadium voll weltlichen Prunks, in welchem die künstlerische Form den religiösen Inhalt übertönte.

Die Viharas (Klosteranlagen)

Bevor man daran ging, eine Gebetshalle in den Berg zu meißeln, richtete man nahe der zukünftigen Baustelle eine kleine Wohnhöhle für diejenigen Priesterarchitekten her, die den Verlauf der Arbeiten zu überwachen hatten. Ein solches Baubüro bestand nur aus wenigen Schlafzellen, die sich um einen kleinen Korridor gruppierten. Der Korridor, welcher nur durch den Eingang Tageslicht erhielt, wurde gelegentlich zu einem Arbeitsraum erweitert. Die Schlafzellen wurden künstlich beleuchtet. Jede Zelle hatte eine Bodenfläche von maximal 2 m und enthielt zusätzlich eine ebenso große Schlafbank, die man bei der Herstellung des Raumes im gewachsenen Fels stehen ließ.

Waren die Arbeiten für eine Gebetshalle beendet, dann begann man, weiträumige Wohnanlagen für die Mönche aus dem Fels zu höhlen. Dabei dienten wiederum hölzerne, strukturelle Klöster als Vorbilder. Ein Hinayana-Kloster besteht in der Regel aus einem großen Rechteckraum, um den sich die Schlafzellen an drei Seiten gruppieren. Im Gegensatz zu späteren Mahayana-Klöstern fehlen Säulenstellungen in der Fassade und im Hauptraum. Das strukturelle Vorbild war ein eingeschossiges Atriumhaus, dessen Räume sich direkt auf den Hof, beziehungsweise Klostergarten öffneten.

Eine Weiterentwicklung des Klostergrundrisses zeigen die Mahayana-Klöster von Ajanta. In der Nachbarschaft der Chaitya-Hallen schlug man mehrere exakte Kopien «struktiver» Viharas aus dem Fels. Die Vorbilder unterschieden sich von denen der Hinayana-Viharas dadurch, daß die Schlafzellen nicht direkt an dem zentralen Klosterhof lagen, sondern sich auf einen dazwischengeschalteten, gedeckten Umgang öffneten. Klosterhof, Umgang und Zellenkranz erinnern uns an europäische Klosteranlagen; gleiche Funktionen ließen gleiche räumliche Ordnungen entstehen.

Bei der Übertragung des strukturellen Vorbilds in eine unterirdische Felsarchitektur mußte auf einen Klostergarten verzichtet werden. Es ergab sich stattdessen ein weiträumiger, rechteckiger Versammlungsraum. Im Bereich des Kreuzganges wurden alle Bauglieder wie Säulen, druckverteilende Auflager, Pfetten und Sparren getreu nachgebildet. Die Decke des Versammlungsraumes hingegen, des ursprünglich offenen Hofes, ist glatt. Man betritt den Kreuzgang von außen über eine Eingangsveranda; sie ist vom Kreuzgang durch eine Fensterwand getrennt. Nach außen wird die Veranda in der Ebene der Felswand durch eine Säulenstellung begrenzt. Im Inneren sind die der Eingangsseite gegenüber liegenden Mönchszellen in Bilderschreine umgewandelt. In der mittleren Zelle befindet sich immer eine überlebensgroße Buddha-Statue.
Leider wissen wir außerordentlich wenig von den Riten der Mönchsgemeinschaften. Aus der Tatsache, daß monu-

mentale Buddha-Bildnisse innerhalb der Wohnhöhlen geplant wurden, können wir auf eine Verlagerung des rituellen Zentrums von der Chaitya-Halle in das Klostergebäude schließen. Die kleinen Dimensionen der Chaitya-Hallen der Mahayana-Periode werden dann auch verständlich. Die geheiligte Form des Stupa, in diesen Chaitya-Hallen schon kaum mehr erkennbar, fehlt in den Viharas vollkommen. Selbst der alte Pradakshina-Ritus läßt sich in den Viharas nicht mehr um das neue Kultobjekt, das Buddhabild, vollziehen, bestenfalls noch im Kreuzgang.

Vergleichen wir Grund- und Aufrisse von Chaitya-Halle und Vihara, dann scheint sich die schlichte Form des

▼ Grundriß und Schnitt des buddhistischen Höhlenklosters Nr. 2 in Ajanta

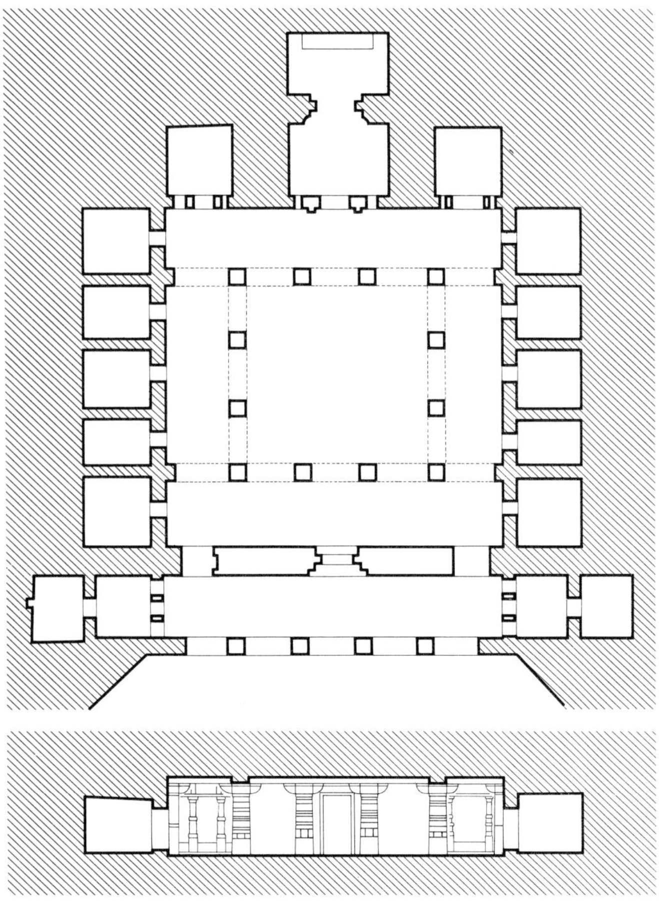

Klosters nicht mit der räumlichen Konzeption der Gebetshalle messen zu können. Und doch sind beide Raumschöpfungen einander in der Abfolge von Veranda, Umgang und einem von Säulen umringten Hauptraum verwandt. Dort, wo die Tonne im Chaitya-Raum die Architekturglieder des Untergeschosses auflöst und den Raum gleichsam nach oben öffnet (wir erinnern uns an Karla, wo der Stupa in einem Freihof zu stehen scheint), ist die flache Decke des Vihara von geometrischen und figürlichen Ornamenten überzogen. Diese nehmen nicht Bezug auf angrenzende Architekturteile. Sie sollten vielmehr dem Versammlungsraum jene Luftigkeit verleihen, die den blühenden Klostergarten in ein spannungsvolles Verhältnis zu der Enge einer dunklen Mönchszelle setzte.

Dort, wo die Seitenschiffe der Chaitya-Halle entlang der Apsis und entlang der Eingangsseite geführt werden, liegen auch die Funktionszentren des Vihara-Umganges. Diese sind der Standpunkt des Eintretenden und der Standpunkt des vor dem Buddhabild in Verehrung versunkenen Gläubigen. Sein Blick ist aber nicht mehr raumeinwärts auf einen Stupa gerichtet, der durch seine zentrale Lage die kosmische Gesetzmäßigkeit versinnbildlicht. Er wendet sich vielmehr einer der Mönchszellen zu. In dieser steht das Bild eines Erlösers, welcher gleich dem Christus aus Matthäus 28,20 «unter ihnen ist».

Den Seitenschiffen entspricht der Umgang, dem Vorraum der Chaitya-Halle die Veranda des Klosters. Es soll nun nicht behauptet werden, daß beide Raumkonzeptionen einen bestimmten, gemeinsamen Ursprung haben. Wichtig ist nur, daß in beiden Raumlösungen, wie verschieden ihre Funktionen auch sein mögen, das Motiv des Freiraumes, der umliegenden Galerien und eines vorgelagerten Vestibüls aufgenommen wurde. Das ist eine grundsätzliche indische Raumkonzeption, welche sich im Catusala-Wohnhaus, in den Siedlungshäusern von Mohenjo Daro, im Kloster, in der Stupa-Halle und nicht zuletzt auch in den Großstadt-Hotels des 19. Jahrhunderts niederschlug.

Der Buddhismus verdankte seine Beliebtheit in den niedrigen Bevölkerungsschichten unter anderem der Ablehnung des Kastenwesens und anderer arischer Traditionen. Im Mahayana verwischten die Unterschiede zwischen Hinduismus und Buddhismus immer mehr, bis schließlich der Buddhismus vom Hinduismus wieder aufgesogen wurde. Damit klang auch die buddhistische Bautradition auf indischem Boden aus.

Anmerkungen

Somnathpur

Der Gedanke einer Trinität des höchsten Prinzips, Brahman genannt, schlägt sich in den drei höchsten göttlichen Manifestationen des hinduistischen Pantheons nieder. Gelegentlich wird diese Dreiteilung noch einmal auf einen dieser Götter angewandt. In den Höhlen von Elephanta bei Bombay befindet sich zum Beispiel die dreigesichtige Darstellung Shivas als Schöpfer, Erhalter und Zerstörer. Auch das Heiligtum von Somnathpur ist drei Inkarnationen eines Gottes aus der fundamentalen Trinität geweiht. Vishnu erscheint als Janardana, Krishna und – im mittleren Schrein – als Keshava.

Eine Inschrift auf einer Steinplatte in der Eingangshalle besagt, daß das Dorf Somnathpur und das Heiligtum von einem General der Hoysala-Könige namens Somanatha gegründet und Somanathapura (Stadt des Somanatha) genannt wurde. Der Tempel wurde aus dem hellen Steatit (Speckstein) errichtet, der in der näheren Umgebung gebrochen wird. Dieses weiche Material läßt sich im frisch gewonnenen Zustand leicht schneiden und auch drechseln, erhärtet aber an der Luft, wobei seine Oberfläche einen speckigen, schwarzen Glanz erhält. Der Entwicklung des regional begrenzten Chalukya-Stiles wurde durch die zu Beginn des 14. Jahrhunderts n. Chr. einfallenden Mohammedaner ein Ende gesetzt.

Mount Abu

Auch in den Tempelstädten der Landschaft Gujarat – Girnar, Palitana und Abu – folgen die Jain-Tempel in der Regel dem Form- und Proportionskanon des hinduistischen Nagara-Stiles. Im Unterschied zu den Hindutempeln sind sie aber meist aus Marmor gebaut; die reichen Kaufleute aus Gujarat konnten sich ein teures Material und den kostspieligen Transport leisten. Sie ernannten auch schon bei der Tempelgründung ein Komitee zur Pflege des Tempels. Die meisten Jain-Heiligtümer sind deshalb weit besser erhalten als die der Hindus (ausgenommen Madurai, welches dank großzügiger Spenden vor einem Jahrzehnt renoviert wurde). Auch heute noch sorgt die Jain-Gemeinde in Abu für die regelmäßige Reinigung der weiß schimmernden Marmorbauten. Die Plastiken und Reliefs sind zum Teil starre Wiederholungen weniger Grundformen. Als Einzelstücke betrachtet sind sie oft von geringem künstlerischen Wert, wurden aber mit außerordentlichem Geschick in den architektonischen Rahmen eingebunden, sodaß dieser Mangel nicht ins Auge fällt. Noch heute werden in den Steinmetzwerkstätten von Abu mit Meißel und Feile die gleichen Figuren hergestellt, die man im 11. und 12. Jahrhundert für die Tempel arbeitete. Eine Datierung bestimmter Plastiken ist deshalb kaum möglich.

Khajuraho

Das Interesse, welches man der Tempel- und Residenzstadt Khajuraho entgegenbringt, resultiert in erster Linie aus der schockierenden Wirkung der Maithuna-Darstellungen an den Tempelwänden. Die Darstellung von Liebespaaren ist aber nur ein Aspekt der im Hinduismus tief verwurzelten vorarischen Fruchtbarkeitskulte: Tempelturm und Versammlungsraum werden in den alten Texten oft als Braut und Bräutigam bezeichnet; aus der hinduistischen Trinität Brahma, Vishnu und Shiva wird in erster Linie Shiva verehrt, und zwar im Symbol des Phallus, Ligam genannt.

Das Vastu-Purusha-Mandala, eine quadratische Darstellung der Welt und der Göttersitze bestimmte nicht nur den Tempelgrundriß und die Anordnung der Miniatur-Shikharas um den Hauptturm, sondern auch die Form des «Keimes» eines Tempels. Dieser «Keim» war eine quadratische Schatulle aus Gold, deren Größe durch die Abmessungen des Sanktuariums festgelegt wurde.
In das Kästchen zeichnete man das Mandala des Tempels und fügte goldene Stege als Pada-Trennlinien ein, sodaß sich verschieden große Fächer ergaben. In das Brahma-Sthana legte man Edelsteine und die Attribute des Gottes, in die angrenzenden Padas vier verschiedene Lotosblüten, Korn, Farbstoffe und bestimmte Metalle. Während der Bauzeit mauerte der Priester in einer «makellosen Nacht» diesen «Keim» im «Ritus der Befruchtung» in die Mauer der Garbha-Griha ein. Verbindungen zwischen religiösen Riten und alten Fruchtbarkeitskulten ließen sich noch viele aufzeigen. Nur unter solchen Gesichtspunkten betrachtet, kann man den Plastiken von Khajuraho gerecht werden. In ihnen lediglich Entartungen einer zweifellos dekadenten Epoche zu sehen, ist schon in Anbetracht der künstlerischen und handwerklichen Qualitäten nicht möglich.

Der Kandaryo-Mahadeo-Tempel in Khajuraho: Grundriß und Ansichten 1:250

1 Garbha-Griha
2 innerer Pradakshina-Patha
3 Mandapa
4 Artha-Mandapa

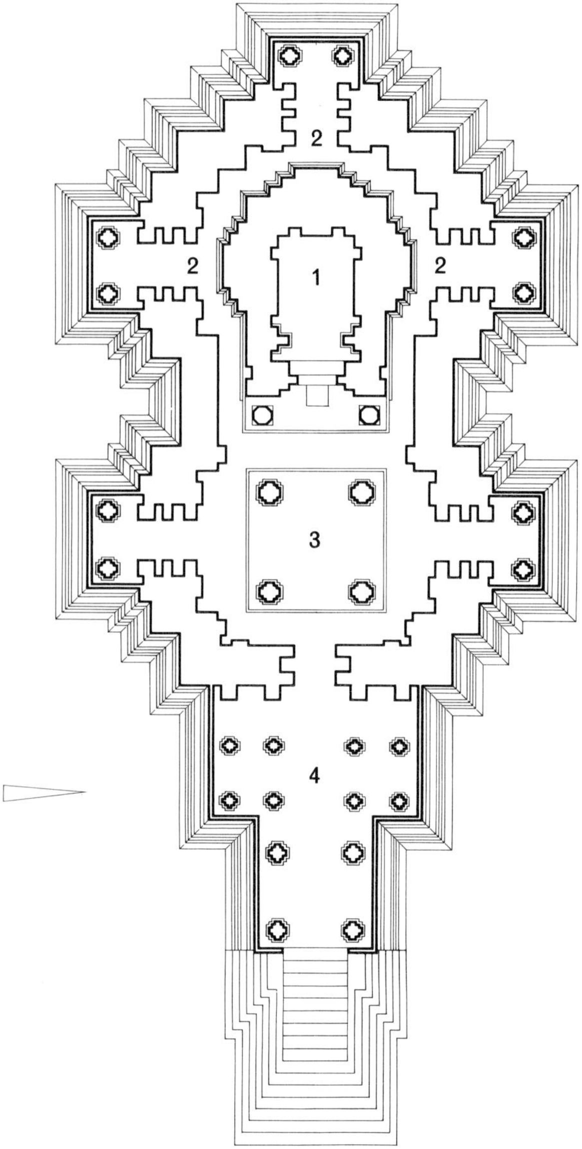

Legenden

Somnathpur

109 Blick vom Eingang des Tempelbezirkes auf den Keshava-Tempel aus dem 3. Jahrhundert n.Chr.

110 Die Sockelzone der Cellamauer wird von einer Abflußrinne durchstoßen. Das mit wohlriechenden Essenzen versetzte Wasser, mit welchem das Kultbild täglich gewaschen wird, fließt über diese Rinne in ein Becken. Von hier aus wird es durch einen unterirdischen Kanal aus dem Tempelbezirk geleitet.

111 Diagonalansicht von Südwesten auf den Hauptschrein im Osten (links), das Mandapa (Mitte) und den südlichen Schrein (rechts).

112 Der sternförmige Grundriß der Cellen kehrt in jedem Höhenschnitt wieder.

113 Bis in die Turmspitzen über den Cellen ist der Stern des Grundrisses klar ablesbar.

114 Die verkleinerte Wiederholung architektonischer Formen ist eines der beliebtesten Motive der Tempelreliefs.

115 Detail eines aus weichem Speckstein geschnittenen Fensters.

116 Blick aus der Vorhalle auf die Cella mit dem Bild Gottes Keshava.

117 Einige Säulen in der Vorhalle wurden aus weichem Gestein gedrechselt, andere erhielten in Anlehnung an den Grundriß einen sternförmigen Querschnitt.

Mount Abu

118 Blick auf die Jain-Tempel.

119 Dachbekrönungen als Variationen über das Thema der Stockwerkspyramide.

120 Blick vom Tanzpavillon des Tejapala-Tempels nach Westen, zum Eingang.

121 Die flache Kuppel über dem Tanzpavillon besteht aus mehreren immer weiter auskragenden, horizontal verlegten Marmorschichten. Alle sichtbaren Flächen sind in ein räumliches Filigranwerk aufgelöst.

122 Blick in den Hof des Tejapala-Tempels.

123 Dem Cellenkranz ist eine schmale Wandelhalle vorgelagert. Jeder Architrav und jedes Kapitell ist in gleicher Weise mit der Feile statt dem Meißel bearbeitet.

124 Teile des Tempelhofes wurden überdeckt, als man ein Jahrhundert nach der Fertigstellung der Cella den Tanzpavillon errichtete.

125 Die Säulen, die das Dach des Tanzpavillons tragen, sind mit Darstellungen der Tempeltänzerinnen geschmückt.

Khajuraho

126 West-Ansicht des Kandaryo-Mahadeo-Tempels aus dem 11. Jahrhundert n.Chr.

127 Blick auf den Kandaryo-Mahadeo-Tempel (links) und den Kali-Devi-Jagadamba-Tempel (rechts) von Nordosten. Wo sich einst die Königspaläste des Chandella-Reiches erhoben, stehen heute nur noch die wenigen Lehmhütten des Dorfes Khajuraho.

128 Um die Rathas des Hauptturmes (Shikhara) zieht sich ein Band figürlicher Reliefs. Himmlische Nymphen, legendäre Heilige und Götter versammeln sich hier zum Umwandlungsritus um das Allerheiligste.

129 Ansicht des Shikhara von Süden. Die Grundform eines Tempelturmes mit parabelförmigem Umriß kehrt in den Miniatur-Shikharas wieder.

130 Das Maha-Mandapa (rechts) und der Umgang um die Cella (links) werden über hochliegende Veranden belichtet. In der Zwischenzone (Mitte) Maithuna-Darstellungen.

131 Detail an der Südwestecke des Tempels.

132 Eine der mehr als tausend unterlebensgroßen Darstellungen himmlischer Nymphen.

132

Der Keshava-Tempel in Somnathpur: Grund- und Aufriß 1:500

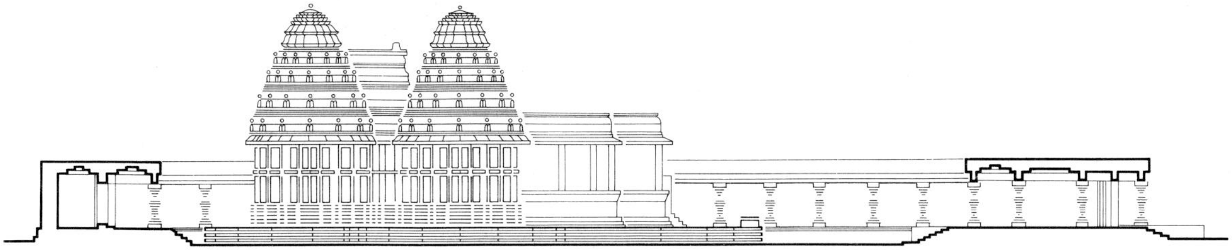

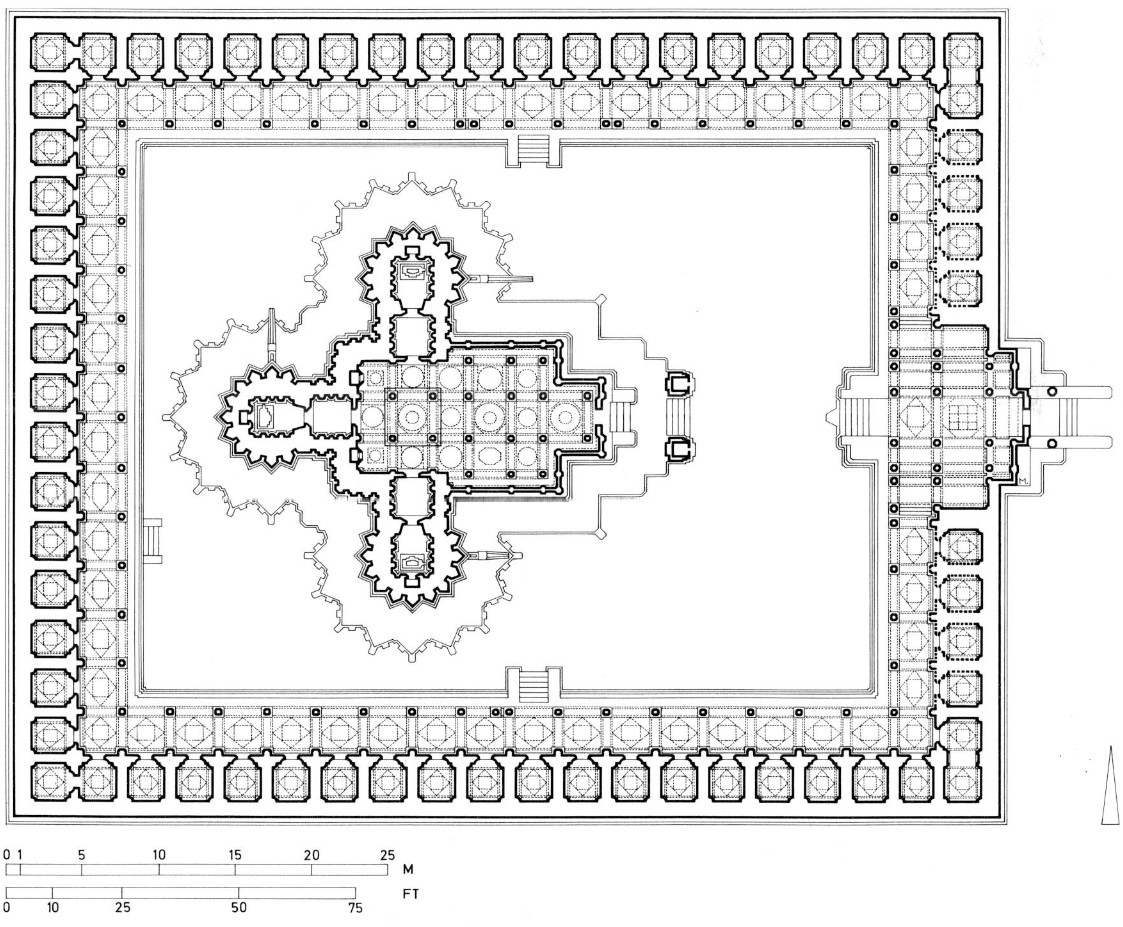

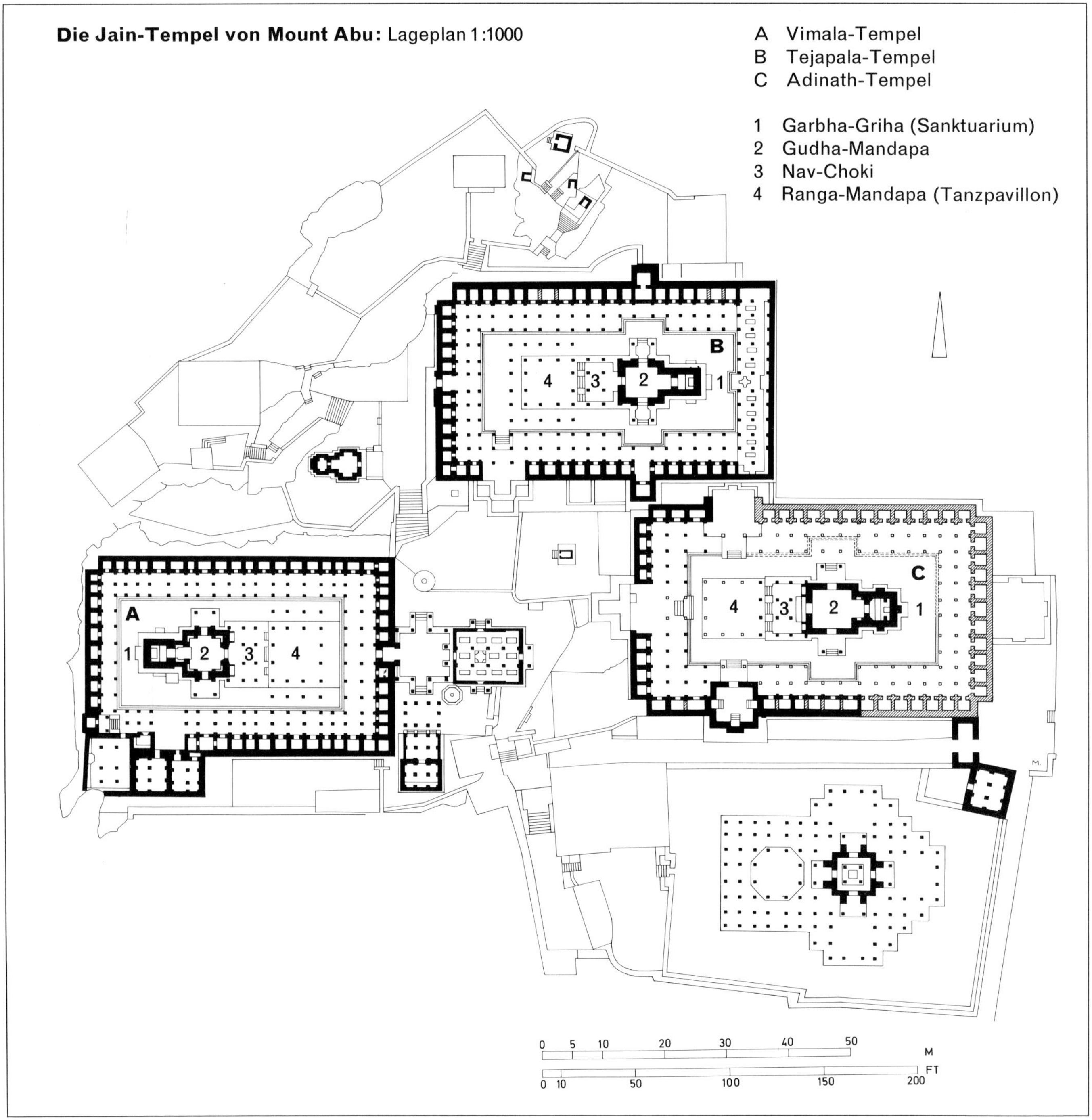
Die Jain-Tempel von Mount Abu: Lageplan 1:1000
A Vimala-Tempel
B Tejapala-Tempel
C Adinath-Tempel
1 Garbha-Griha (Sanktuarium)
2 Gudha-Mandapa
3 Nav-Choki
4 Ranga-Mandapa (Tanzpavillon)
0 5 10 20 30 40 50 M
0 10 50 100 150 200 FT

4. Die Heiligtümer der Hindus und Jains

Die ältesten der erhaltenen Hindutempel wurden während der Gupta-Zeit, also zwischen 350 n.Chr. und 650 n.Chr., in Aiholi von den Chalukyas gebaut. Der Ladh-Khan-Tempel und der Durga-Tempel – wir wollen nur zwei besonders typische Beispiele herausgreifen – sind Kopien vorausgegangener Gemeinschaftsbauten. Grund- und Aufriß des Ladh-Khan-Tempels verraten das Vorbild der zeitgenössischen dörflichen Ratshalle; die Form des Durga-Tempels ist von den bereits besprochenen buddhistischen Chaitya-Hallen übernommen. In beiden Fällen führte das Bedürfnis, den Tempel aus seiner alltäglichen Umgebung herauszuheben, zur Errichtung eines kleinen Turmes über dem Mittelpunkt des Bauwerkes (siehe Ladh-Khan-Tempel) oder über der Cella (siehe Durga-Tempel).

Im frühen Hinduismus war jedes gemeinschaftliche Handeln einer Gemeinde, etwa ein gemeinsamer Gottesdienst, unbekannt. Nicht nur die Aufsplitterung der Gesellschaft in unzählige Kasten machte Gemeinschaftsveranstaltungen unmöglich, sondern auch die Vorstellung, daß der Gläubige allein durch persönliche Bemühungen und genaue Beachtung der lediglich für ihn und seine Sippe geltenden Vorschriften das Wesen des höchsten Seins erkennen und sich dadurch mit ihm identifizieren könne. Religiöse Übungen waren deshalb an den in jedem Haus anzutreffenden kleinen Altar gebunden. Selbst Mönchsgemeinschaften unterschieden sich von christlichen oder buddhistischen Orden dadurch, daß jeder einzelne seinen individuellen Weg zum Brahman ohne Hilfe seiner Ordensbrüder suchen mußte. Im Kloster versammelten sich zwar Gleichgesinnte, man führte lebhafte theologische Dispute, gemeinschaftliche Lobpreisungen des Gottes wurden aber nicht als nützlich erachtet. Versenkung und Meditation waren nur in der Abgeschlossenheit möglich.

Aus diesen Gründen erwiesen sich die frühen Tempeltypen als ungeeignet für eine Weiterentwicklung. Der Bevölkerung genügte der private Altarraum im Wohnhaus; der Anstoß zur monumentalen Gestaltung eines Bildschreines konnte nur aus der Aristokratie kommen.

Vom 7. Jahrhundert n.Chr. an zeichneten sich in der höfischen Tempel-Architektur zwei Stilrichtungen ab, die bis in unsere Zeit unabhängig voneinander durch die indische Baugeschichte verfolgt werden können. In Nordindien baute man vornehmlich Tempel im indo-arischen, sogenannten Nagara-Stil, in Südindien treffen wir nur auf Tempel im Dravida-Stil. Der Formenkanon beider Richtungen läßt sich aus den Tempeln um Aiholi ableiten, auch

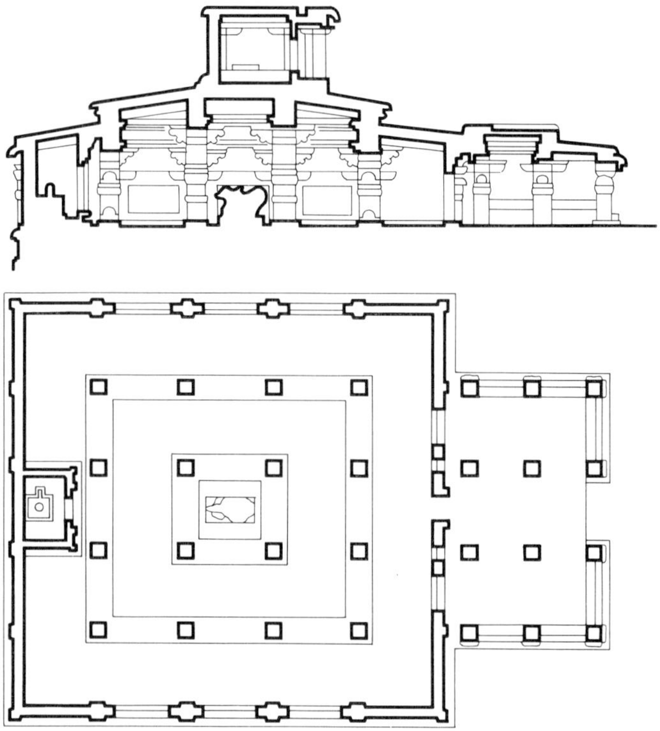

a)

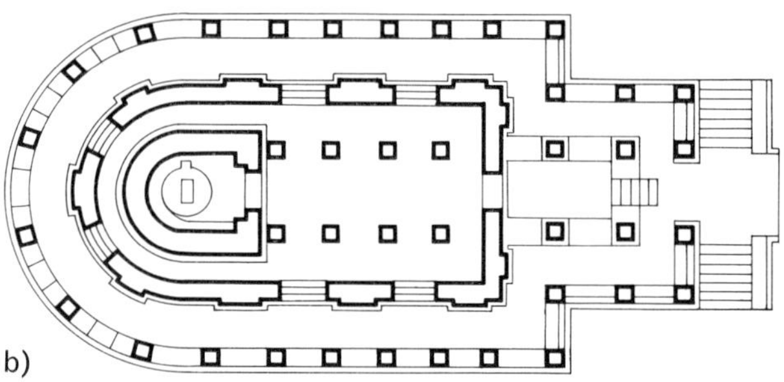

b)

▲ Frühe Formen des Hindutempels
a) Grund- und Aufriß des Ladh-Khan-Tempels (450 v. Chr.)
b) Grundriß des Durga-Tempels (550 v. Chr.)

wenn wir diese noch keiner Richtung eindeutig zuordnen können. Die Dynastie der Chalukyas, die abwechselnd von den Städten Aiholi, Badami und Pattadkal aus regierte, ging unter, und die Weiterentwicklung des steinernen Tempels fand Tausende von Kilometern südlich und nördlich in den Residenzstädten schwarzer Draviden-Könige und hellhäutiger Arya-Könige statt.

Die frühe Phase des Dravida-Stils

Wandert man durch die südindische Landschaft Vijayanagar, so drängt sich einem die Vermutung auf, daß die Form eines südindischen Tempels von natürlichen Vorbildern beeinflußt wurde. Hier, wo sich im 14. Jahrhundert ein starkes Hindu-Königreich gründete, scheint die Landschaft aus überdimensionalen Kieseln zu bestehen. Gerundete Felsbrocken türmen sich zu hohen Geröllhalden. Oft liegen auch mehrere dieser Rundlinge, wie von Geisterhand aufgeschichtet, übereinander. Solche natürlichen Türme beginnen am Fußpunkt mit einem «Kiesel» von mehreren Metern Durchmesser, nach oben hin werden die Steine immer kleiner. Noch heute betrachten die Inder die Spitzen solcher wunderlichen Bauwerke der Natur als Göttersitze. Wenn die Dimensionen der Berg- oder Turmspitzen es erlaubten, dann errichtete die Bevölkerung hier einen kleinen Tempel. So bewegt man sich in der Landschaft von Vijayanagar in einer sich über viele Kilometer erstreckenden Kulisse von Tempeltürmen, deren weiß und rot gestrichene Kuppen von Horizont zu Horizont leuchten.
In der Schichtung der runden Gesteinsblöcke erblickten die Einheimischen ein Abbild der gestaffelten Himmelswelten. Es ist nicht verwunderlich, daß sich die südindischen Baumeister in der Tempelarchitektur des gleichen Sinnbildes bedienten. Sie legten Schichten von Miniaturarchitekturen übereinander, wobei die folgende Schicht immer in Länge, Breite und Höhe reduziert wurde. So ergab sich ein pyramidenförmiger Umriß des Daches.
Im Chalukya-Reich behielt man den aus Versammlungsräumen entwickelten Tempeltyp bis ins 9. Jahrhundert n. Chr. bei. Cella und Vorhalle bilden eine architektonische Einheit. In allen anderen Teilen Indiens bevorzugte man aber während dieser frühen Phase der Tempel-Baukunst den freistehenden Cellabau ohne Verbindung zu einem Versammlungsraum. Im Pallava-Reich, auf der Südspitze der Halbinsel, begann im 7. Jahrhundert der König Mahendravarman I. damit, im Tempelbauwerk steinerne Säulen zu verwenden. Mahendravarmans Sohn, Narasimhavarman I., lernte dann anläßlich einer Eroberung der Chalukya-Städte die steinernen Tempel von Aiholi, Badami und Pattadkal kennen. Nach Kanchipuram, seiner Residenz, zurückgekehrt, beschloß er, den aus groben Steinen auf-

geschichteten und anschließend fein bearbeiteten Chalukya-Tempeln ebenbürtige Architekturen entgegenzustellen.

Die Rathas von Mahaballipuram

Als Bauplatz wählte er Mahaballipuram. Diese am Meeresufer gelegene Stadt war von Granitfelsen umringt und durchsetzt. Es schien dem König ein unnötiger Aufwand, die Steine nach Chalukya-Art erst zu brechen und unter erheblichen Schwierigkeiten zu transportieren, um sie anschließend doch wieder zusammenzusetzen. Er wählte deshalb einen günstig gelegenen Granitrücken aus und ließ seine Architekten im Wettbewerb mit aus dem unterworfenen Chalukya-Reich herbeigerufenen Handwerkern an Ort und Stelle die verschiedenen Möglichkeiten der formalen Ausbildung eines Cella-Baues durchexerzieren. Vorbilder waren schilfgedeckte Wohnhäuser, tragbare Holzschreine, buddhistische Chaitya-Hallen und mehrstöckige buddhistische Klosteranlagen.
Da es sich offensichtlich um ein Experiment handelte, paßte man sich im Maßstab den Gegebenheiten der Felsformation an. Auch schien es nicht wichtig, die geometrische Form des Bauwerkes auf das genaueste zu realisieren. Wenn ein Rücksprung in der Felsfläche es erforderte, wurde der Grundriß ohne Bedenken einer solchen Unregelmäßigkeit angeglichen.
Ob diese Modelltempel nach der (nie erfolgten) Fertigstellung geweiht und benützt werden sollten, ist ungewiß. Die krönenden Schlußsteine, welche erst bei der Weihung eines Hinduschreines im Scheitelpunkt versetzt werden, stehen noch immer fix und fertig bearbeitet neben den Schreinen.

In Mahaballipuram fiel die Entscheidung darüber, welche Gestalt der monumentale südindische Tempel in den folgenden Jahrhunderten annehmen würde. Man brach die Bearbeitung der monolithischen Rathas ab, als die äußere Erscheinung der verschiedenen Bauformen bis in die Details klar ablesbar geworden war. Die Gestaltung des Innenraumes war bei der Entscheidung des Königs für beziehungsweise gegen diesen oder jenen Typ unwesentlich, da eine Abweichung von der Tradition eines schmucklosen kubischen Cella-Raumes ein Sakrileg gewesen wäre.
Die Architekten deuteten zwar eine sinnvolle Ergänzung der äußeren Struktur durch eine entsprechende Gestaltung des Innenraumes an, machten aber in den meisten Modellen nicht den Versuch, die Würfelform einer Cella in einen formalen oder funktionellen Zusammenhang mit der vorgeschlagenen Außenform zu bringen.

1. Draupadi Ratha

Es lag nahe, die schlichte Form des tragbaren Holzschreines mit Grasdeckung beizubehalten, da sich bei dessen Vergrößerung auch zwanglos ein der Umwandlung des Kultgegenstandes entsprechender begehbarer Innenraum ergab. Seine Vorbilder verleugnet dieser monolithische Schrein nicht. Die Lasttiere, die ihn einst trugen, sind als Sockelzone vorgeschlagen. Das gekurvte Strohdach wirkte bei einem kleinen Holztempel trotz seines Volumens materialgerecht – die Übertragung in Stein läßt es aber unerträglich plump erscheinen. Da es sich um eine maßstäblich gebundene und in sich geschlossene Bauform handelt, schien es unmöglich, diese für größere steinerne Tempel zu verwenden oder sie gar durch Addition gleicher Bauelemente zu erweitern. Es mag den Baumeistern auch bereits der Gedanke gekommen sein, daß sich die weit ausladende und überhängende Dachform in einem aus Steinblöcken errichteten Tempel – wir wollen solche Bauten im Gegensatz zu den monolithischen «struktiv» nennen – nur unter großen technischen Schwierigkeiten ausführen ließe.

2. Sahadeva Ratha

Eine Alternative zur Form der Strohhütte bot sich durch das Tonnendach der buddhistischen Chaitya-Halle an. Zum erstenmal versuchen die Architekten, eine Vor

▼ a) Der Draupadi-Ratha von Mahaballipuram ist einem kleinen Holzschrein nachgebildet
b) Der Sahadeva-Ratha zeigt eine Verbindung von Stockswerkspyramide, Tonnendach und runder Apsis

a)

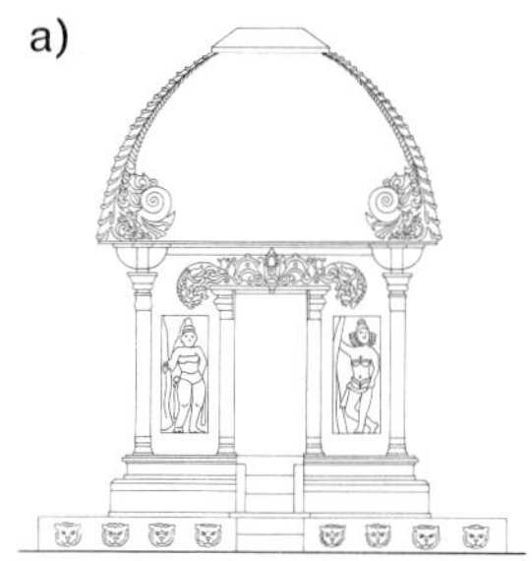

b)

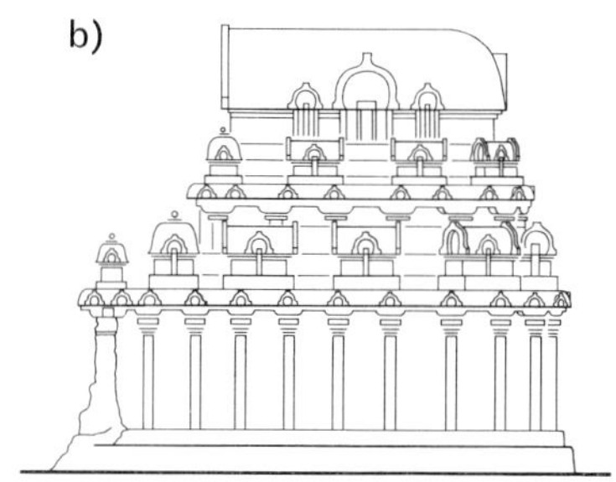

schmelzung des vorgegebenen apsidial abgeschlossenen Tonnendaches mit der theologisch begründeten Form der Stockwerkspyramide zu realisieren. Die Tonnendecke bedingt allerdings einen langgestreckten Baukörper. In Anlehnung an buddhistische Vorbilder legte man den Eingang in die der Apside gegenüberliegende Stirnwand.
Diese Betonung des handelnden Menschen ist typisch für die buddhistische Architektur; dem hinduistischen Stapathi aber, für den der Tempel eine Manifestation des höchsten Ordnungsprinzips ist, muß eine solche Rücksicht untragbar erscheinen. So wie das Brahman durch eine menschliche Zunge nicht formuliert, geschweige denn definiert oder gar beschmutzt werden kann, kann auch der Körper Gottes – allen Weltrichtungen zugewandt – in seiner Gestalt nicht von den Bedürfnissen der ihn verehrenden Menschen bestimmt werden.

3. Bhima Ratha

Auch hier wurde der Versuch gemacht, die traditionsreiche Form des Tonnendaches beizubehalten. Der Verzicht auf die einseitige Apsis und der Vorschlag eines Säulenumganges ließen diesen Gebäudetyp bereits geeigneter für einen monumentalen Hindutempel erscheinen.
Als Mangel stellte sich aber heraus, daß es kaum möglich sein würde, ein großes Tonnendach auf die vorgesehenen schlanken Säulen zu stellen (im Modell trägt der aus gutem Grund nicht herausgeschlagene Kern des Monolithes die oberen Stockwerke). Überdies ließ sich auch in diesem Rechteck-Grundriß kein eindeutig definierter Platz für das Kultbild finden.

▼ Der monolithische Bhima-Ratha von Mahaballipuram hat ein Tonnendach

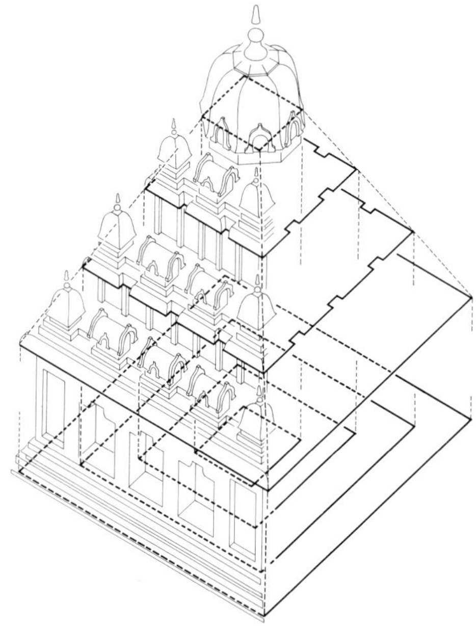

▲ Das räumliche Mandala im Dharmaraja-Ratha

4. Dharmaraja-Ratha

Dieses Modell ist der glücklichste Versuch, allen konstruktiven, formalen, kosmologischen und rituellen Forderungen gerecht zu werden. Die Größe eines solchen Tempels ließ sich variieren, da er in jeder Richtung aus beliebig vielen gleichen Teilen im Baukastensystem zusammengesetzt werden konnte. Der Mangel aller buddhistischen Tempel (in den Augen der Hinduarchitekten), nämlich die gerichtete Abfolge aller Bauglieder, zum Stupa hinführend und nicht von ihm allseitig ausstrahlend, wurde durch die richtungslose Form des quadratischen Grundrisses vermieden. Es besteht keine Diskrepanz zwischen Außenform und Innenraum.

Die pyramidenförmige Anordnung von Miniaturtempeln entspricht dem alten Mythos vom Weltberg Meru. Könnten wir das Bauwerk von oben betrachten, dann würden wir sehen, mit welcher Perfektion man bereits im 7. Jahrhundert n. Chr. die Lehre vom Mandala, dem magischen Diagramm, in architektonische Formen zu übersetzen verstand. Unsichtbar für den nicht Eingeweihten, ablesbar für uns erst durch die Rekonstruktion einer Aufsicht, birgt das Bauwerk das wichtigste aller südindischen Rasterdiagramme: Die äußeren Begrenzungen der Stockwerksdächer und der achteckigen Kuppel zeigen ein zentrales Brahma-Sthana, einen Ring der Götterwelten, dann den der Menschen und den der Kobolde und Dämonen – ein vollständiges Diagramm, in räumliche Dimensionen übertragen.

Die klassische Phase des Dravida-Stils

Erst Rajasimha (690–715 n.Chr.) fand nach allerlei Kriegswirren die Muße, aus den Experimenten der monolithischen Tempelserie die Konsequenzen zu ziehen. In Anlehnung an die Form und Struktur des Dharmaraja-Ratha ließ er eine Reihe von struktiven Tempeln in seiner Residenz Kanchipuram und der Hafenstadt Mahaballipuram errichten. Die drei wichtigsten sind der Kailasanatha-Tempel und der Vaikuntaperumalai-Tempel in Kanchipuram sowie der Strandtempel in Mahaballipuram. Die beiden erstgenannten Schreine sind dem monolithischen Vorbild besonders verwandt, obgleich sie später begonnen wurden als der Strandtempel.

Die Bedingungen, unter welchen der Strandtempel errichtet wurde, machten gewisse Abweichungen von dem Standardgrundriß und -aufriß notwendig: Der Hauptschrein ist nach Osten geöffnet. Das entspricht der Regel, nach welcher das Sanktuarium sich der aufgehenden Sonne zuwenden soll. Gleichzeitig ermöglicht diese Orientierung zur Wasserseite (Mahaballipuram liegt an der Ostküste Indiens) eine wechselseitige Beziehung zwischen dem Heiligtum und den Schiffen, die auf den Hafen zusteuern. Man sparte nämlich in der Umfassungsmauer des Tempels eine vom Ufer her nicht zugängliche Öffnung aus, die es ermöglichte, vom Wasser aus direkt bis in die Cella zu sehen. Die Cella enthält ein Lingam, ist also dem Shiva geweiht. Westlich des Hauptturmes liegt ein kleiner Schrein, in dessen Cella wir ein Vishnubild finden. Wir erinnern uns an die Vorschriften der alten Lehrbücher. Sie fordern, daß ein Tempel der Stadt zugewandt sein soll, beziehungsweise daß man zumindest ein Götterbild zur Stadt orientieren muß, wenn kosmische Gesetzmäßigkeiten eine der Stadt abgewandte Orientierung des Tempels erfordern. Vermutlich stellte man solche Überlegungen schon im 7. Jahrhundert in Mahaballipuram an und fügte deshalb dem der Stadt abgewandten Tempel einen kleinen, ihr zugewandten an.
Eine andere Eigentümlichkeit dieses Tempels ist, daß seine Höfe teilweise unter Wasser gesetzt werden konnten. Man fand Reste von Kanälen, die Süßwasser zum Tempel führten. Das Wasser wurde dann über ein Rohrsystem in flache Becken geleitet, welche die Kulträume umgaben. Überflüssiges Wasser leitete man an der Ostseite des Heiligtums ins Meer. Der Grund für die Anlage eines komplizierten Bewässerungssystems ist noch unbekannt; alte Schlangen- und Wasserkulte könnten die Gestaltung des Heiligtums beeinflußt haben. Außer in Karla und in Mahaballipuram sind uns keine indischen Sakralbauten bekannt, in denen das Wasser als gestalterisches Element auftritt. Eine Verbindung zu den Badeteichen, die der rituellen Reinigung dienen, konnte nicht nachgewiesen werden. Die hinduistischen Badeteiche lagen zudem ursprünglich außerhalb des Tempelbezirkes und gerieten in Südindien erst durch Tempelerweiterungen in den Ring der Umfassungsmauern.

Das auffälligste Merkmal des Strandtempels ist sein ungewöhnlich gestreckter Turm. Die starke Überhöhung der einzelnen Geschoßzonen könnte in einer Laune des Architekten oder des königlichen Mäzen begründet sein; wahrscheinlicher ist aber, daß man einerseits aus esoterischen Gründen an eine gewisse Geschoßzahl gebunden war (die Handbücher besagen, daß die Zahl nicht willkürlich festgelegt werden kann), andererseits den Tempel zum weit sichtbaren Wahrzeichen strecken wollte.

Des Nachts, wenn der Tempel den Schiffern nicht sichtbar war, entzündete man auf einem hohen Steinpfeiler östlich vom Tempel ein Licht. Schiffe, die sich der Küste näherten, konnten dann aus der Position der Tempellampe und der des Leuchtfeuers auf einem landeinwärts gelegenen Felsrücken ihren Kurs korrigieren.

Unter den Einheimischen geht die Sage, daß einst mehrere gleichartige Tempel das Ufer von Mahaballipuram säumten. Bei Ebbe lassen sich tatsächlich einige regelmäßige Steinhäufungen unter Wasser erkennen. Welchen Umständen es zu verdanken ist, daß nur ein Tempel dieser Reihe mehr als zwölf Jahrhunderte überdauerte, wissen wir nicht. Die zerstörende Kraft der Meerluft, der 1200 Monsune, 1200 Zwischenmonsune sowie der wandernden Sanddünen haben zwar alle Konturen des Bauwerkes verschliffen, sein statisches Gefüge jedoch nicht zerrüttet. Die Erbauer hatten noch wenig Erfahrung im Errichten steinerner Tempel. Das grundsätzliche Konstruktionsprinzip hinduistischer Architekturen, die nicht in statischen Spekulationen, sondern in theologischen Erwägungen wurzelnde horizontale Stein-Schichtung, hat sich auf das beste bewährt. Alle Bauteile – von wenigen Unterzügen abgesehen – werden nur auf Druck beansprucht. Damit ist die beste Eigenschaft des Steines, seine Druckfestigkeit, sinnvoll genutzt.

Die Zwergarchitekturen der Pyramidengeschosse führten die Baugeschichtler zu der Theorie, daß die dravidischen Pyramidendächer lediglich Verkleinerungen von mehrstöckigen Bauwerken seien. In diesem Sinne rekonstruiert P. K. Acharya in seiner Ausgabe des «Manasara»-Lehrbuches mehrstöckige Klosterpyramiden bis zu einer Höhe von zwölf Stockwerken. Die Vorstellung eines Bauwerkes, das aus übereinander geschichteten, immer kleiner werdenden Pfeilerhallen besteht, ist jedoch aus konstruktiven wie auch funktionellen Gründen abwegig. Dem «Manasara» nach kann man einen von Säulen getragenen Bau beliebig vergrößern, indem man ihn wieder auf eine Säulenhalle stellt. Der Autor des alten Lehrbuches hat vermutlich die Erfahrung, daß man Steinschichten bis zu einer beliebigen Höhe als Pyramide aufschichten kann, auf architektonische Formen übertragen. Da er offensichtlich über keinerlei empirische Kenntnisse auf dem Gebiet der Statik eines mehrstöckigen Klosterbaues verfügte, scheint es unwahrscheinlich, daß jemals die liebevoll beschriebenen Pyramiden gebaut wurden. Es handelt sich bei der Beschreibung mehrstöckiger Anlagen entweder um Wunschbilder oder um die allegorische Deutung himmlischer Architekturen – einer Interpretation des Weltberges Meru. In der buddhistischen Architektur entspricht diesem Bild der vielstöckige Ehrenschirm über dem Stupa. Die Tradition, den Götterberg oder die hierarchische Ordnung der Welt darzustellen, konnte also zu hölzernen und steinernen Zwergarchitekturen führen, ohne daß jemals ähnliche Gebilde als Nutzbauten existierten.

Im Norden grenzte das Pallava-Reich an das der Chalukyas. Ihre Dynastie wurde in der Mitte des 8. Jahrhunderts n. Chr. von den Rashtrakutas abgelöst. Die Macht der Pallavas hatte ebenfalls ihren Zenith überschritten. Es gelang dem bislang unbedeutenden Geschlecht der Cholas um 900 n. Chr. das Pallava-Reich zu zerstören und bis zur Jahrtausendwende alle Gebiete südlich des Krishna-Flusses unter ihre Herrschaft zu bringen. Rashtrakutas und Cholas stiften beide, jeweils auf dem Höhepunkt ihrer Macht, ein Heiligtum im dravidischen Stil: die Rashtrakutas am Ende des 8. Jahrhunderts n. Chr. den Kailas-Tempel zu Ellora, die Cholas um das Jahr 1000 den Brihadeshvara-Tempel in Tanjore.

Ellora

In Mahaballipuram hatten die Pallavas die äußere Form eines Tempelmodells aus dem Granit geschlagen. Zur gleichen Zeit hatten sie nach dem Vorbild der Buddhisten Innenräume in senkrecht abfallende Felswände getrieben. Nie aber schienen sie das Bedürfnis zu haben, ein vollständiges Bauwerk monolithisch zu realisieren. Es mag uns schwer fallen, diese Trennung der Innenraumgestaltung von der der Außenform zu verstehen. Gerade heute, wo in der Architektur zumindest theoretisch Wert auf eine sinnvolle Ergänzung oder gar eine unbedingte Abhängigkeit beider Komponenten gelegt wird, müssen wir uns klarmachen, daß die indischen Sakralarchitekturen der klassischen Zeit primär Gleichnisse sein sollten. Der Berg Kailas ist der Sitz Shivas. Er soll in geometrische, plastisch-architektonische Formen umgesetzt werden. In einer solchen Konzeption ist wenig Raum für Erwägungen über die materialgerechte Form oder die gegenseitige Beeinflussung von Innenraum und Außenform. Das Zentrum eines Tempels ist immer die kleine kubische Cella. Ihre steinerne Hülle nimmt im Lauf der Jahrhunderte und in verschiedenen Gegenden unterschiedliche Formen an, ohne die Gestalt des Innenraumes zu beeinflussen.

Das Felsenheiligtum von Ellora war der erste Versuch, einen kompletten Tempel mit all seinen äußeren und inneren Formen in den Fels zu übertragen. Als Vorbild diente der Virupaksha-Tempel in Pattadkal, der sich wiederum auf die Pallava-Tempel zurückführen läßt. Wir entsinnen uns, daß man im Chalukya-Reich, im Gegensatz zu nord- und südindischen Entwicklungen, den Cellabau direkt an das Mandapa anschloß. Diese Verbindung taucht in Ellora wieder auf (siehe graue Plantafel). Die Erbauer suchten sich in dem alten buddhistischen, hinduistischen und jainistischen Wallfahrtsort einen schrägen Felshang aus, dessen Neigung der Höhenstaffelung der Baukörper entsprach, die mit einem niedrigen Eingangstor beginnt und im Hauptturm über der Cella gipfelt. Die Verwirklichung stellte die Architekten, Vermesser und Bildhauer vor vollkommen neue Probleme. Es galt, ein kompliziertes räumliches Gefüge mit ein- und mehrstöckigen Trakten, Brücken und Treppenhäusern, mit Säulen in Innenräumen und im Hof freistehenden Säulen zu realisieren. Voraussetzung war eine präzise Planung, durch welche die Lage eines jeden Bauteils festgelegt werden mußte. Ziel war die Transformation des Felsens in ein für die Ewigkeit bestimmtes Abbild der Residenz Shivas. Man vergegenwärtige sich, daß hier kein Architrav trägt, daß es keine Fuge in dem weitläufigen Bau gibt. Keiner der Innenräume entstand, indem man Wände aufschichtete. Der «Bauvorgang» könnte im Gegensatz zur additiven Bauweise «struktiver» Tempel als «reduktives» Gestalten bezeichnet werden. Nichts illustriert unsere Ratlosigkeit vor dem Phänomen dieser anti-tektonischen Architektur besser als der Mangel eines treffenden Vokabulars.

Als wir die Chaitya-Hallen und Klöster von Ajanta oder Karla betrachteten, bot sich die Möglichkeit, Höhlen zu assoziieren. Die monolithischen Rathas von Mahaballipuram konnten als Plastiken zu einem architektonischen Thema gedacht werden. Beide Möglichkeiten aber, ungewohnte Phänomene gewohnten Gedankenbildern hilfsweise zuzuordnen, lassen sich auf Ellora nicht anwenden. Wenn wir zu einem Verständnis des Kailas gelangen wollen, müssen wir versuchen, den Gedanken der Erbauer nachzugehen. Zur Zeit des Stifters, Krishna I., war es bereits allgemein üblich, die Tempel in Stein, Holz und Stuck auszuführen. Der Kampf mit dem Material und mit der Unbeständigkeit der Konstruktion mußte den Priesterarchitekten bei der Realisierung eines Projektes von bislang ungekannten räumlichen Dimensionen und religiösen Ambitionen unwürdig erscheinen. Unangemessen war auch die Zertrümmerung des Steines bis zu den der menschlichen Kraft angemessenen Dimensionen, da man gerade ein jenseits menschlicher Maßstäbe liegendes Bild Gottes schaffen wollte. Geeigneter schien den Priesterarchitekten die aus der Bildhauerei übernommene, reduktive Methode. Nur das für die Form Unwesentliche wird weggeschlagen, die eigentliche Substanz des Tempels aber von Menschenhand nicht angegriffen.

Der Grundriß zeigt die für Südindien typische Folge der Baukörper, wie sie in den kommenden Jahrhunderten unverändert übernommen werden sollte. Auf das Eingangstor (Gopura) folgt ein kleiner Pavillon für das Bild des heiligen Reittiers Shivas (Nandi-Mandapa). Eine weiträumige Stützenhalle (Mandapa) bereitet durch ihr Dämmerlicht den Gläubigen auf die in Dunkelheit gehüllte Cella (Garbha-Griha) vor, in deren Mitte sich die phallische Darstellung Shivas (Lingam) befindet. Zu beiden Seiten des Hauptturmes (Vimana) führen Türen aus dem Mandapa in den Umwandlungspfad (Pradakshina-Patha). Das Motiv der Miniatur-Architekturen wird durch Nebenschreine wieder aufgenommen, die den Umwandlungspfad begrenzen.

Eigenartigerweise ist die beschriebene Raumfolge in das Obergeschoß verlegt; ein Untergeschoß bildet der massive Sockel, auf dem der Tempel steht. Diese Differenzierung steigert die erhabene Wirkung der gesamten Anlage, hat aber auch zur Folge, daß der im Untergeschoß Eintretende nicht am Nandi-Mandapa vorbei axial auf den Tempel zuschreiten kann, sondern nur über enge Treppen zu beiden Seiten des Mandapa auf die Ebene der eigentlichen Tempelräume gelangt. Man hielt auch hier an einer traditionellen Struktur fest, obgleich diese nicht mehr im Einklang mit neuen Funktionen stand. Eine Erklärung für die Verlagerung des tatsächlichen Einganges in eine Ebene, die keinen rechten Bezug zur Raumfolge hat, ließe sich damit geben, daß man dem Laienvolk den Hof um das Sockelgeschoß zuwies, während sich in der oberen Etage nur die Priester und der König aufhielten.

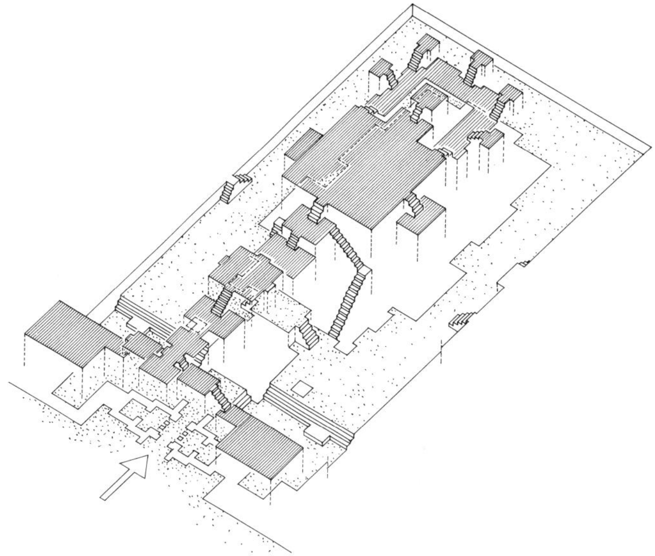

▲ Der Kailas-Tempel in Ellora. Anlage in 2 Ebenen. Die obere Ebene war vermutlich für die Priester und Könige reserviert

Die senkrechten Felswände, die den Hof in einem geringen Abstand vom Tempel umfassen, beeinträchtigen die Wirkung des Tempels insofern, als man ihn von keinem Punkt des Hofes aus überblicken kann. Unsicherheit überkam den Gläubigen, wenn er während des Pradakshina-Ritus auf der unteren Ebene bei aufwärtsgerichtetem Blick zur Linken wie zur Rechten hohe Steinwände sah. Diese erdrückende Enge wurde zum Teil durch eine umlaufende

Galerie gemildert, die man auf der unteren Ebene in die äußeren Felswände schlug.

Tanjore

Eine letzte Steigerung erfährt die Form des südindischen Tempelturmes ungefähr 1000 km südlich von Ellora in Tanjore. Wir haben im zweiten Kapitel bereits einen Blick auf den Grundriß dieses Heiligtums geworfen. Wenden wir uns nun seinem Aufriß zu. Jeder dravidische Tempelturm besteht aus einem unteren Teil mit senkrechten Wänden und einem oberen, pyramidenförmigen Teil. Das gilt nicht nur für die Rathas, den Strandtempel oder den Kailas, sondern auch für den zu Beginn des 11. Jahrhunderts gebauten Brihadeshvara-Tempel von Tanjore. Warum aber ist der untere Teil, der rechteckige Kubus, mit einer zweigeschossigen Fassade umgeben? Eine Erklärung bieten die Tempel der Nachbarlandschaft Andhra. In ihrer Entwicklung läßt sich verfolgen, daß das Lingam in der Garbha-Griha immer größer dargestellt wurde. Die heiligen Waschungen, in deren Verlauf das Zeichen Shivas mit Buttermilch und Butter übergossen und mit Blumen reich geschmückt wurde, ließen sich nur durchführen, wenn man den Scheitelpunkt erreichen konnte. Man begann deshalb, innerhalb der Cella um die raumhohen Lingas hölzerne Galerien zu errichten. Schließlich ging man dazu über, den ganzen Baukörper zweigeschossig auszuführen. Der untere Raum diente weiterhin dem Pradakshina-Ritus, der obere den Waschungen. Diese funktionsbedingte Zweigeschossigkeit übernahmen die Architekten der Chola-Tempel. Die Galerie diente allerdings nicht mehr den Waschungen des Lingam. Sie ist für die Andacht frommer Pilger reserviert, die an der Pradakshina in der Garbha-Griha nicht teilnehmen. Der Zugang zu dem oberen Geschoß liegt deshalb auch nicht in der Cella selbst, sondern im Artha-Mandapa. In Tanjore läuft die Cella in voller Größe durch beide Geschosse, die Galerie liegt über einem zweiten inneren Pradakshina-Patha. Durch Fenster schaut man von oben in die Garbha-Griha. Die zwei Geschosse im Inneren des Tempels ergaben eine entsprechende Aufgliederung der Fassade.

Im zweiten Kapitel sahen wir, daß dem Grundriß vermutlich das 16 mal 16 Padas umfassende Padmagarbha-Mandala zugrunde liegt. Die Fassaden folgen einem andern Maß-Kanon. Er ist in der untersten Architekturschicht des Pyramidenturmes ablesbar. Die Miniaturschreine zeigen hier eine sechsachsige Gliederung der Ansicht. Die beiden mittleren Achsen sind in einem langgestreckten Tonnendach durch hervortretende Erker in Hufeisenform angedeutet, die restlichen vier Achsen sind die Symmetrieachsen der seitlichen Zwergarchitekturen. In den senkrechten Fassaden des Tempelturmes wird diese Teilung fortgeführt. Die sechs Achsen der Miniaturarchitekturen sind hier Symmetrieachsen der sechs Bildnischen. Die Bildnischen wurden so bemessen, daß die sie flankierenden Pilaster in gleicher Entfernung voneinander stehen, das heißt der Zwischenraum zwischen zwei Nischen entspricht der Breite einer Nische. Nur das äußerste Pilasterjoch ist wesentlich breiter. Das hat einen einfachen Grund: Die Pilasterarchitektur springt weit vor die Ebene der Miniaturarchitekturen. Dieser Vorsprung ist durch die Neigung des Pyramidendaches formal bedingt. Ist nun die Entfernung der Bildnische von ihrem Achspunkt A größer als ihre Breite b, dann ist ein Konflikt in der Eckausbildung unvermeidlich. Die Nische muß genau um den Betrag c, um den sie zu weit von ihrem Achspunkt entfernt liegt, verbreitert werden.

▼ Der « Eckkonflikt » am Tempel von Tanjore
oben: Fassade, unten: Teilgrundriß
A = Achspunkt; b = Achsweite der Bildnischen
c = erforderliche Verbreiterung der Ecknischen

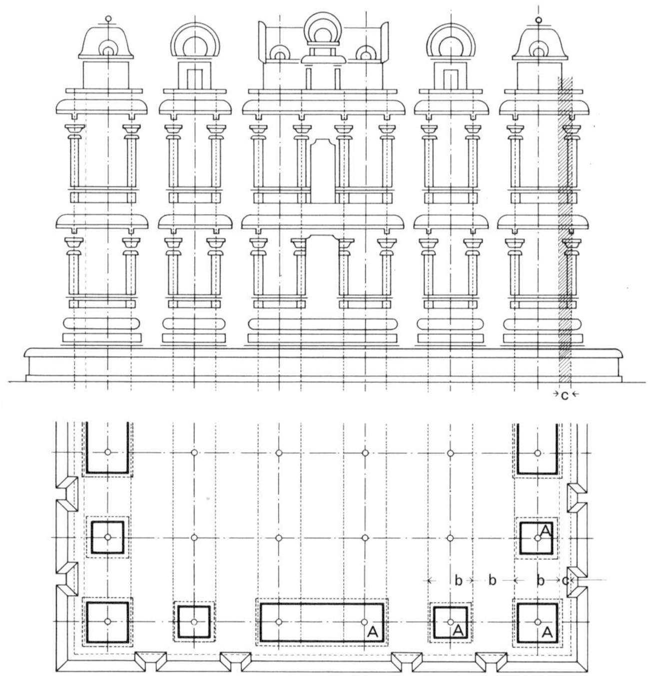

Die Lösung des Eckkonfliktes beschäftigte nicht allein den indischen Baumeister des 11. Jahrhunderts. Schon im 6. Jahrhundert v. Chr. mußten sich die Griechen mit dem gleichen Problem befassen. Aus optischen Gründen legten sie einen besonders breit bemessenen Architrav auf eine dorische Säulenordnung. Dadurch rückte aber der Triglyphenfries des Gebälkes so weit von der Achse der Säulen ab, daß man gezwungen war, die Eckmetope zu verbreitern. Als Beispiel sei die Basilika in Paestum erwähnt.

Überall dort, wo man in der Architektur mit Achssystemen oder Raster arbeitete, stoßen wir auf das gleiche Problem. Auch in der Rasterarchitektur des 20. Jahrhunderts begegnen wir ihm. Rückt zum Beispiel in einem Skelettbau die Vorhang-Fassade von der Stützenstellung um einen gewissen Betrag ab, dann muß das Eck-Panel um genau diesen verbreitert werden.

Vor dem Vimana stehen, ebenfalls zweigeschossig, kurze Mauerscheiben, die den Ansatz zu einem Mandapa bilden könnten. Das ausgeführte Mandapa gehört aber nicht zur ursprünglichen Anlage. Aussparungen, in regelmäßigem Abstand in den Maueransätzen vorgesehen, lassen uns vermuten, daß eine Holzkonstruktion dem steinernen Tempelturm vorgelagert war.

Das Nandi-Mandapa wurde in seiner jetzigen Form erst im 17. Jahrhundert errichtet. Es liegt erstaunlicherweise über dem Schnittpunkt der Diagonalen eines Quadrates, welches zusammen mit dem bereits erwähnten Quadrat um den Vimana, die äußere Begrenzung des Heiligtums festlegt. Die wahllose Verteilung der Nebenschreine zeigt, daß das Planschema der Anlage bereits wenige Jahrhunderte nach der Erbauung des Haupttempels vergessen war. Wir vermuten daher zu recht, daß schon zur Zeit der Chola-Herrscher über dem Mittelpunkt des Quadrates ein Nandi-Bulle lag.

Der Tempelturm ist dank seiner Höhe von 70 m ein weithin sichtbares Zeichen über den Dächern der Stadt Tanjore. Im heiligen Bezirk selbst wirken alle vorgelagerten Säulenhallen und die Nebenschreine unscheinbar neben dem erdrückenden Hauptturm. Seine Innenräume enttäuschen den Eintretenden, da sie nicht im entferntesten der monumentalen Gestaltung der äußeren Form entsprechen. Es drängt sich die Frage auf: Wozu ein Turm von schwindelerregender Höhe, wenn die Cella lediglich die Höhe der beiden Untergeschosse hat? Wie sieht das Innere des Turmes aus?

Die Miniaturarchitekturen der untersten Pyramidengeschosse haben die Größe eines normalen indischen Wohnhauses. Man könnte sie durch die Türen in den Fassadenachsen betreten, gäbe es eine Treppe bis zu dieser Höhe. Selbst die obersten Geschosse sind noch so hoch, daß man darin kriechen könnte. Nach den Aussagen eines ansässigen Brahmanen setzt sich die zweischalige Konstruktion des Cella-Baues im Turm nicht fort. Kraggewölbe schließen die obere Galerie ab, und nur der Cella-Raum wiederholt sich, immer enger werdend, in allen Dachgeschossen. Hier wurden früher die Schätze des Tempels verwahrt. Die außergewöhnliche Höhe des Tempelturmes läßt sich aber nicht durch den Platzbedarf der Schatzkammern rechtfertigen. Der selbstbewußte König Raja-Raja I. ließ ihn vermutlich so hoch bauen, wie es die technischen Mittel erlaubten. Superlative kennzeichnen nicht nur die Dimensionen des Turmes. Das Lingam im Sanktuarium ist das weitaus größte Indiens, und auch der Deckstein, der die Terrassen-Pyramide abdeckt, ist mit seinem Gewicht von 80 t der größte Steinblock, der jemals in der struktiven Architektur des Subkontinentes verwendet wurde.

Die späte Phase des Dravida-Stils

Während der ersten Jahrhunderte des zweiten Jahrtausends vollzog sich in Südindien eine eigenartige und heute noch unverständliche Wandlung im Tempelbau. Die Vimanas, deren stetiges Wachstum wir von Mahaballipuram bis Tanjore durch die Jahrhunderte verfolgen konnten, schrumpften bis zur Unkenntlichkeit, und gleichzeitig gewannen die Eingangstore des Tempelbezirkes (Gopura) mehr und mehr Bedeutung. Man versucht diesen Wandel damit zu erklären, daß um einen alten kleinen Schrein jahresringartig immer neue Institutionen, Priesterwohnungen, Nebenschreine und Prozessionsstraßen entstanden. Da eine Erweiterung des Kernes unmöglich war, stifteten die Herrscher in den neuen Bauabschnitten prächtige Tortüme. Das trifft für einige Tempelstädte, zum Beispiel Madurai, zu. Es fehlt aber auch nicht an Gegenbeispielen, wo eine ganze Stadt samt winziger Cella und riesigen Gopuras in einem Zuge geplant und gebaut wurde.

Im Shivaismus Südindiens entwickelten sich besonders vielfältige Riten zur Verehrung einer unübersehbaren Zahl göttlicher Aspekte des Shiva. Verehrung, wie sie die Bhakti-Schule als Weg zu Gott lehrt, stand im Mittelpunkt des religiösen Denkens. Man ersann neue Wege, um den Gläubigen in jene Verfassung zu versetzen, die als Voraussetzung für die Erkenntnis des höchsten Prinzips erachtet wurde. In der Architektur schlug sich der Wandel in einer Raumkonzeption nieder, die nichts mehr gemein hatte mit der anfänglich nur auf das Kultobjekt bezogenen Ordnung. Der neue Tempeltyp läßt sich mit ägyptischen Tempeln vergleichen. Man betritt den weiten Tempelbezirk durch Ehrfurcht gebietende Tortürme, denen die Pylone Ägyptens entsprechen. Hier wie dort wandert man dann durch endlos scheinende Säulenhallen. Je tiefer man in das Heiligtum eindringt, desto spärlicher wird die Beleuchtung. Das Allerheiligste liegt schließlich ganz im Dunkel.

Beobachteten wir in den vorausgegangenen Tempeln Südindiens schon eine Vernachlässigung der Innenraumgestaltung, so verwundert uns erst recht, daß es in den inneren Ringen der Tempelstadt außer der Cella kaum einen allseitig umschlossenen Raum gibt. Korridor folgt auf Korridor, man gelangt über Höfe und sogenannte Tausend-Pfeiler-Hallen in neue Umgänge und Marktstraßen. Sichtbare Fixpunkte sind in dieser fließenden Architektur nur die Gopuras. Durch sie allein gelangt man zum Zielpunkt; je kleiner das Tor, welches man durchschreitet, desto näher ist man der Cella.

Von Sonnenaufgang bis Sonnenuntergang erfüllt dumpfes Trommeln und der schrille Klang von Trompeten die Hallen; ohne Unterbrechnung bewegt sich der Pilgerstrom um das Allerheiligste. Der Geruch von Räucherwerk mischt sich mit dem geopferter Blumen. Die Blumenbinder erdenken immer neue Variationen, die Blüten zu einem bunten Rankenwerk zu verknüpfen. In einigen Hallen türmen sich Blumenberge mannshoch. Seit Jahrhunderten liegen die Pilger am gleichen Ort im Staub vor dem Götterbild, seit Jahrhunderten hat sich der Ritus der Waschungen am Tempelteich nicht verändert. Die Invasion der Mohammedaner hat keine Spuren hinterlassen, noch weniger die der Europäer.

Die frühe Phase des Nagara-Stils

Der nordindische Tempeltyp entwickelte sich vermutlich aus einer alten Bambus-Bauweise. Das Feueropfer der vedischen Zeit fand unter freiem Himmel statt. Die Überlagerung des vedischen Gedankengutes durch dravidische Traditionen spiegelte sich in der Vernachlässigung des Feueropfers; die Bildverehrung rückte in den Vordergrund. Um die teils in Lehm geformten, teils aus Holz geschnitzten Götterbilder vor der Witterung zu schützen, umbaute man

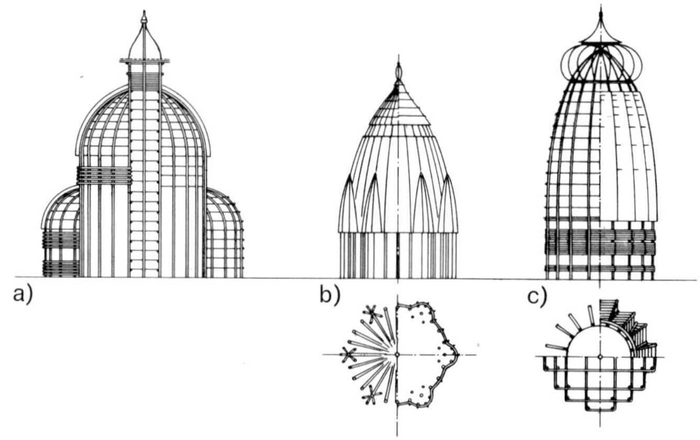

▲ Rekonstruktionsversuch früher Bambusbauweisen
a) buddhistische Chaitya-Halle
b) und c) Bambustempel im Nagara-Stil

sie mit kleinen Bambuszelten. In Anlehnung an Bambuskonstruktionen aus dem Wohnhausbau steckte man vier Bambusstäbe in den Boden und bog sie in einem Scheitelpunkt zusammen. Der schwierige Knotenpunkt wurde dadurch gemeistert, daß man die überragenden weichen Spitzen der Bambusrohre nach unten bog und im Inneren des Gerüstes zusammenband. Senkrechtes Flechtwerk zwischen dem Gerippe schloß den Gottesraum optisch gegen die Umwelt ab. Immer höher baute man diese Bambusschreine. Es mußten horizontale Bambusroste eingezogen werden, um dem Bauwerk die erforderliche Windsteifigkeit zu geben, und schließlich setzte man auch Bambusruten paarweise axial vor die Fassaden und verband sie mit dem Knoten im Scheitelpunkt. Dadurch erhielt der Schrein eine zusätzliche Aussteifung und gleichzeitig konnten Nischen in den Gebäudeachsen zur Aufnahme von Götterbildern vorgesehen werden. Reich verzierte Bambustempel dieser Art schmückten in Nordindien jede Stadt und jedes Dorf. Um die Lebensdauer eines Tempels zu verlängern, ging man auch dazu über, Holz anstelle des schnell verrottenden Bambus zu verwenden.

Im 7. Jahrhundert n. Chr. begann man Holz wiederum durch Stein zu ersetzen, behielt aber die alten Bauformen bei. Man baute in Stein, dachte aber noch nicht in Stein.

Der Turm über der Garbha-Griha, Shikhara genannt, wurde aus statischen Gründen nur selten massiv ausgeführt. Der Cella-Raum setzt sich vielmehr im Shikhara-Aufbau fort. Oberhalb einer dünnen Steindeckung, welche die Garbha-Griha optisch abschließt, verengt sich der Raum, da jede Steinschicht ein wenig auskragt. In der Turmspitze schließt sich dieses falsche Gewölbe. Kubisches Sanktuarium, umgeben von starken Mauern, darüber ein hoher Turm mit annähernd parabelförmigem Umriß und symmetrisch vorspringende Rathas, kennzeichnen die frühe Form des Nagara-Tempels.

Die klassische Phase des Nagara-Stils

Bhubaneswar in Orissa und Khajuraho in Zentralindien sind die beiden Stätten der Tempelbaukunst, an denen sich die Entwicklung des nordindischen Types am besten studieren läßt. Die Blütezeit von Khajuraho beginnt gegen 950 n.Chr. und dauert nur ein Jahrhundert. Frühere Beispiele des gekurvten Tempelturmes finden wir in Bhubaneswar, wo mehr als 30 Heiligtümer jeden Schritt einer stetigen formalen Verfeinerung und Differenzierung illustrieren.

Ihren Ausgang nahm diese Entwicklung im Chalukya-Reich um Aiholi. Die steinernen Nachahmungen von Bambusschreinen, die man dort übernommenen Bauformen aufpfropfte, hatten die Phantasie der Baumeister von Orissa beflügelt. – Sie begannen in der Mitte des 8. Jahrhunderts n.Chr. solche «Shikhara» genannte Türme als eigenständige, struktive Bauten zu errichten. Erst nachdem man die im Umriß annähernd parabelförmigen Steintürme durch mehrere Generationen ohne weitere Anbauten errichtet hatte, trat Anfang des 10. Jahrhunderts n.Chr. zu dem quadratischen Turm ein zweiter Baukörper, das Jagamohan. Ihm entspricht in Südindien das Mandapa. Wir entsinnen uns, daß auch der dravidische Tempel anfangs ohne jeden Anbau frei im Zentrum des Heiligtums stand. Hier wie dort verband man erst in einer zweiten Entwicklungsstufe den Götterberg mit einem Versammlungsraum für die Gläubigen. Die ursprüngliche Trennung beider Räume beeinflußte das formale Bild aller nordindischen Tempel, da bei der Verklammerung allerlei formale Kompromisse in der Zwischenzone erforderlich wurden.

Der quadratische Shikhara, «Rekha-Deul» genannt, besteht ähnlich wie der dravidische Vimana aus einem kubischen Sockelgeschoß (Bada) und dem eigentlichen Turm (Chapra). Die Versammlungshalle (Jagamohan) hat wie der Shikhara einen quadratischen Grundriß. Ihr Sockelgeschoß

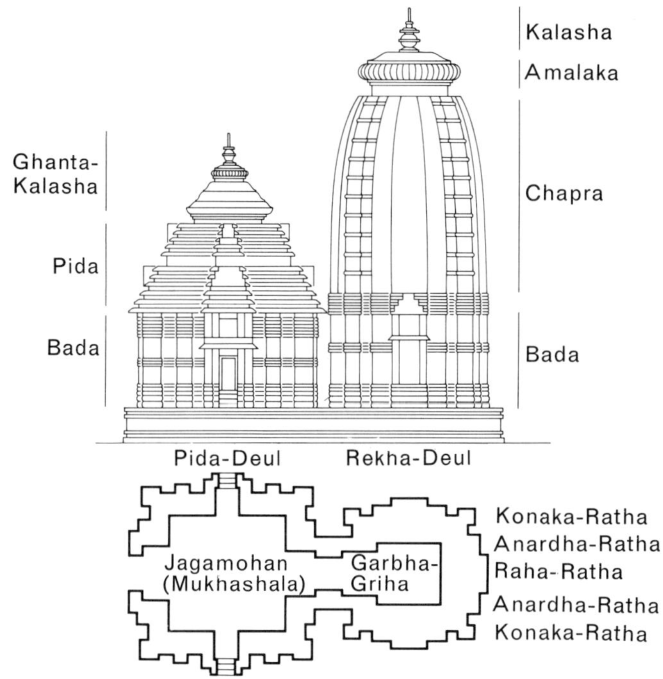

▲ Systematische Darstellung eines Nagara-Tempels

heißt ebenfalls Bada, das darüberliegende, aus der Konstruktion eines «falschen Gewölbes» entstandene Terrassendach wird Pida genannt. Auf einer runden Abschlußplatte des Turmes liegt der Amalaka, eine an Früchte erinnernde Zierform, deren Bedeutung unklar ist. Den Abschluß des Rekha Deul bildet die Kalasa, die Nachbildung eines Kelches, in dem sich das Regenwasser sammeln sollte. In verkleinerter Form wiederholt sich diese Anordnung auf dem Dach des Jagamohan; zwischen Pida und der als «Nacken» bezeichneten runden Abschlußplatte ist aber zusätzlich eine mächtige Steinglocke eingeschaltet. Die Aufzählung der Namen aller Bauglieder und Ornamente ließe sich endlos fortsetzen. Die Architekten von Orissa schrieben viele Bände über Richtlinien, nach welchen bestimmte Details nur an bestimmten Stellen des Tempels auftauchen dürfen. Jedes Blatt- oder Rankenwerk und jedes Profil erhielt dabei seinen eigenen Namen. Unterhielten sich zwei Priesterarchitekten, dann waren sie sicher, daß kein Uneingeweihter sie schon wegen ihrer aus dem Gebiet der Mythologie, Religion und Mathematik entlehnten Fachsprache verstehen konnte. Als Erinnerungsstützen legten sie lange Listen von Spezialausdrücken an. Da meist keine Erläuterung hinzugefügt wurde, sind uns ihre Bedeutungen oft unbekannt.

Seit dem 11. Jahrhundert n. Chr. fügte man gelegentlich den beiden klassischen Baukörpern – Cella und Versammlungsraum – weitere zwei in der Längsachse des Tempels an. Vor dem Jagamohan liegt dann das Nat-Mandir, die Tanzhalle. Vor ihr ein dritter Raum, das Bhog-Mandir, die Opferhalle. Alle Innenräume verblüffen durch ihre schmucklose Gestaltung, Figuren und Ornamente konzentrieren sich auf die Außenseite der Baukörper.

Wir unterscheiden zwei verschiedene Kompositionsprinzipien, durch die eine Bereicherung des einfachen, sich verjüngenden Skikhara möglich wurde. Die Mehrzahl der Tempel von Bhubaneswar sind «einteilig». Das heißt, die Grundform wird unabhängig von der Größe des Schreines beibehalten. Kleine Amalakas teilen den Turm in mehrere Geschoßzonen, unterbrechen aber den aufwärtsstrebenden Verlauf der Parabelkurve nicht. Stark gegliedert wird der Bau nur durch die Rathas. Um diese Mauervorsprünge besonders zu akzentuieren, begann man in der klassischen Phase des Nagara-Stiles den Vorsprung meist durch einen kleinen Rücksprung einzuleiten. Dadurch ergeben sich tiefe Schattenlinien und die Rathas treten optisch stärker hervor als es in Wirklichkeit der Fall ist. Die gesamte Außenseite ist überzogen mit einem Netz horizontaler Geschoßteilungen und vertikaler Ratha-Trennlinien.

Neben «einteiligen» baute man auch «mehrteilige» Shikharas. Das Leitmotiv einer solchen Komposition ist nicht die netzartige Rhythmisierung in der soeben beschriebenen Weise, sondern die Addition mehrerer kleiner Shikharas um einen Hauptturm, eine räumliche Übersetzung des flächigen Vastu-Purusha-Mandala. Um den Hauptturm, das Brahma-Sthana, gruppieren sich erst größere halbe Shikharas zum Ring der inneren Gottheiten und dann kleinere zu den Ringen der äußeren Götter. Die Entwicklung des «mehrteiligen» Shikhara nahm ihren Anfang, als man die axialen Bildnischen nicht mehr als «Raha-Ratha» bis in den Scheitelpunkt der Parabelkurve fortsetzte, sondern sie vielmehr durch einen halbierten Miniatur-Shikhara auf halber Höhe abschloß. Die «Konaka-Ratha» wurde dann ebenso mit einem 3/4–Shikhara umgeben und schließlich verbinden sich in mehreren Geschossen angeordnete ¼-, ½- und ¾-Shikharas zu einer stark gegliederten Zone von Miniaturarchitekturen, die von den Fundamenten bis hinauf zum Hauptturm den ursprünglich einfachen, quadratischen Grundriß verdecken. Dieser Effekt wird am Rajarani-Tempel besonders deutlich. Wenn man ihn umschreitet, bedarf es der Konzentration, um aus den Ansichten, die sich von jedem Standpunkt aus als eine andersartige undurchschaubare Staffelung von Rathas und Shikharas bieten, die geometrische Form des Baukörpers zu rekonstruieren. Man erwartet von einem quadratischen Grundriß, daß seine in den Diagonalen liegenden Ecken klar hervortreten. Im Fall des Rajarani-Tempels scheinen sich aber gerade dort eher Einbuchtungen zu ergeben, da die mittleren Rathas besonders weit vorspringen. Es findet sich deshalb in der Literatur immer wieder die Behauptung, man habe hier einen normalen Tempelturm einfach diagonal dem Jagamohan zugeordnet. Dieses Mißverständnis beruht nicht zuletzt auch darauf, daß der Architekt des Rajarani-Tempels die gestaffelten Vorsprünge der Fassade auch im Inneren als gestaffelte Rücksprünge wiederholte. Dadurch scheint der Grundriß auf den ersten Blick in die Diagonale verdreht. Durch die Wiederholung des Ratha-Motives in der Garbha-Griha ist der Rajarani-Tempel einer der wenigen hinduistischen Schreine, die der Vorwurf einer – beabsichtigten – Diskrepanz zwischen äußerer und innerer Form nicht trifft.

Die Architekturen des Abendlandes, von der griechischen Klassik bis zum Klassizismus, eignen sich durchweg gut für eine graphische Darstellung ihrer Fassaden. Ein indischer Sthapati würde geradezu von einer «Fassadenarchitektur Europas» sprechen. Die große Bedeutung der äußeren vertikalen Ansichten entspringt dem Bedürfnis der Architekten, das Bauwerk dem Beschauer erklärend

▼ Grundriß des Rajarani-Tempels von Bhubaneswar

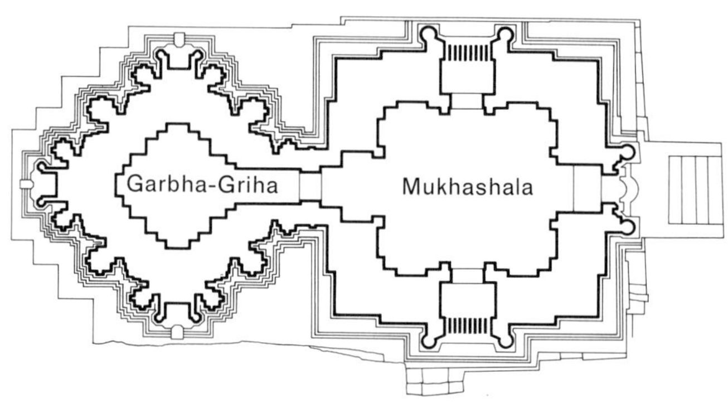

darzubieten. Das gilt nicht nur für die äußere Form, sondern auch für den Innenraum. Man überlegte sich immer, wie diese oder jene Proportion oder eine bestimmte räumliche Disposition auf den Eintretenden wirken würde. Selbst das Gotteshaus war immer auf den Blick der Menschen zugeschnitten. Bauglieder wie Kuppeln, Tonnengewölbe oder Säulenreihen beziehen sich in ihrer Gestaltung oder der auf sie abgestimmten Lichtführung nur auf ihn. Uns ist das so selbstverständlich, daß wir es als Axiom der Architektur zu betrachten geneigt sind (so wie wir zum Beispiel auch gelegentlich bezweifeln, daß ein monolithischer Felsentempel Architektur sei, da er doch nicht «gebaut» ist).

Die hinduistische Architektur lehrt uns, einige Axiome nur bedingt anzuerkennen. Die Tempel von Orissa zum Beispiel haben effektiv keine Fassaden. Ohne Trennung fließen die Aufrisse mit der wichtigsten aller Ansichten, der Aufsicht, zusammen. Es gilt auch hier, was wir schon vom Dharmaraja-Ratha sagten: die architektonische Ordnung eines Tempels ist am besten von einem unerreichbaren Standpunkt aus, nämlich aus der Luft, erkennbar. Der Shikhara verjüngt sich nach oben, Unterschneidungen oder Rücksprünge gibt es auch im unteren Teil nicht. Kein Blickpunkt wäre also geeigneter für eine möglichst umfassende Erkenntnis des Baues als der über dem Tempel, genau in seiner vertikalen Achse. All die Ornamente, die dem Betrachter üppig wuchernd in immer neuen formalen Steigerungen zu schwelgen scheinen, ordnen sich aus dieser Perspektive einem geometrischen Ordnungswillen unter, der sich in den Grundrissen dieser Bauten nur unvollkommen widerspiegelt, da ein Grundriß nur ein willkürlich gelegter horizontaler Schnitt ist. Der nordindische Tempelturm ist als Bild einer kosmischen Ordnung allseitig dem Raum zugewandt.

Die Weltenachse erscheint im Lingam und ist außen sichtbar in dem runden «Nackenstein» und schließlich noch einmal in der Kalasha, in der sich die manifestierte und die nicht manifestierte Welt treffen. Absolute Symmetrie und Axialität sind theologische Bedingungen des Bauwerkes und nicht ästhetische Forderungen des Zeitgeschmackes.

Wie wenig gerade der nordindische Tempel auf eine bestimmte Raumwirkung hin gestaltet wurde, beweist das durchweg enttäuschende Raumerlebnis in einem Jagamohan oder einer Garbha-Griha. Die Proportionen sind durch eine geometrisch-symbolische Ordnung festgelegt. Der Architekt hatte keine Möglichkeit, jenseits dieser Proportionen liegende Raumvorstellungen zu realisieren. Die Frage nach der Raumwirkung ist irrelevant, da das Bauwerk nicht auf den Menschen bezogen geplant wurde, sondern mystische Einsichten der Priester in die möglichen formalen Manifestationen Gottes in Stein festhält. Interessante Gruppierungen von Bauten, wie sie in Europa zum Beispiel aus der Verbindung von Kloster und Kirche oder in Kleinasien durch die Verbindung einer Moschee mit sozialen Einrichtungen folgen, sind deshalb in der Hindu-Architektur nicht möglich. Alle Bemühungen sind einzig darauf gerichtet, den Schöpfungsprozeß nachzuvollziehen, die ungeformte Materie einer transzendentalen Ordnung zu unterwerfen. Es ist das alte Bemühen der Arya-Stämme, die runde Erde (den runden Altar) in die Gesetzmäßigkeit des Quadrates (des quadratischen Altars) zu zwingen, die Quadratur des Kreises zu vollziehen.

Konarak

In der Mitte des 13. Jahrhunderts n. Chr. begann man nahe der heiligen Stadt Bhubaneswar mit den Bauarbeiten für einen letzten gigantischen Tempel im Nagara-Stil. Zu Ehren des Sonnengottes Surya sollte ein ungefähr 75 m hoher Shikhara zusammen mit dem vorgelagerten Jagamohan den Himmelswagen darstellen, in welchem der Gott seinen täglichen Weg am Himmelsgewölbe zurücklegt. Zwölf riesenhafte Steinräder zieren das Sockelgeschoß und zwei mal sieben Pferde ziehen das Bauwerk (eigenartigerweise nach Osten). Die Verwirklichung dieses großen Tempels lag aber jenseits der technischen Möglichkeiten jener Zeit. Noch bevor der Turm fertiggestellt werden konnte, sanken die Fundamente im losen Sand der Dünen ein. Der Shikhara stürzte ein und nur das Jagamohan blieb intakt. Im 19. Jahrhundert drohten aber auch seine Mauern nachzugeben, da die Konstruktion der Kraggewölbe in diesen monumentalen Dimensionen nicht mehr sicher ist. Die englische Verwaltung mußte deshalb den Innenraum mit Stützkonstruktionen ausfüllen lassen und die Zugänge vermauern. Wir haben also keine Möglichkeit mehr, den größten Innenraum der Hindu-Architektur zu erleben. Er unterschied sich insofern von den Versammlungsräumen in Bhubaneswar, als man vier kräftige Pfeiler in den Raum stellte, deren Architrave das Kraggewölbe unterstützen (siehe graue Plantafel).

Vor dem Jagamohan stand das Nat-Mandir, der Tanzpavillon. Sein Pyramidendach wurde zerstört, die schönsten Bauteile aber, die mit Reliefdarstellungen überzogenen Pfeiler und eine nicht weniger reich gestaltete Sockelzone sind ausgezeichnet erhalten. Neben geometrischen Ornamenten und Miniaturarchitekturen taucht immer wieder das Motiv der Apsaras, himmlischer Nymphen, beziehungsweise das der Devadasi, der Tempeltänzerinnen und Musikantinnen, auf. Sie schmücken nicht nur den Tanzpavillon, sondern auch die Sockelzonen von Jagamohan und Shikhara. Hier allerdings im Wechsel mit Maithuna-Paaren, deren phantasievolle Darstellung, sei es nun in Medaillons auf den Speichen der Räder oder in Überlebensgröße, die Kunsthistoriker in ihrer Hilflosigkeit vor solchem erotischen Schauspiel nur noch von Obszönität sprechen läßt. Inwieweit man damit den tantrischen Riten gerecht wird, kann hier nicht untersucht werden. Fest steht allerdings, daß selbst die Anhänger des tantrischen Ritus ihre Bräuche als gefährlich für den nicht Eingeweihten erachten. In absoluter Einsamkeit bauten sie den Tempel von Konarak in die Sanddünen am Golf von Bengalen.

Khajuraho

Ebenfalls geprägt vom tantrischen Ritus, nicht aber in die Einsamkeit gebaut, sondern in die Hauptstadt des Chandella-Reiches, sind die Tempel von Khajuraho. Innerhalb einer kurzen Zeitspanne – es ist genau ein Jahrhundert – vollzog sich hier die Entwicklung vom einfachen «einteiligen» Shikhara zur komplizierten geometrischen Form des «mehrteiligen» Shikhara. Der Kandaryo-Mahadeo Tempel zeigt das Endstadium.

Die späten Tempel von Khajuraho zeigen eine Veränderung des für Nordindien typischen Grundrisses. Im Inneren des Turmes führte man einen Pradakshina-Patha um die Garbha-Griha. Er wird durch drei in den Kardinalpunkten liegende Veranden belichtet. Wie in Konarak schien den Architekten auch hier das Maha-Mandapa zu groß, um durch ein einfaches Kraggewölbe gedeckt werden zu können. Man führte die vorkragenden Deckenschichten nur bis zu einem Säulenquadrat und begann über den Architraven dieser Säulenstellung ein neues Kraggewölbe.

Nur die das Lingam bergende Garbha-Griha ist ohne Schmuck. Der innere Umwandlungspfad aber, das Maha-Mandapa und die vorgelagerten Veranden, Artha-Mandapa genannt, sind für den Sthapati von Khajuraho bereits Teile der äußeren Form. Ihre Sockelprofile und Kraggewölbe sind ebenso verschwenderisch bis in kleinste Details gestaltet, wie die Außenhaut des Baues. Es ist wohl kein Zufall, daß Hand in Hand mit der Ornamentierung

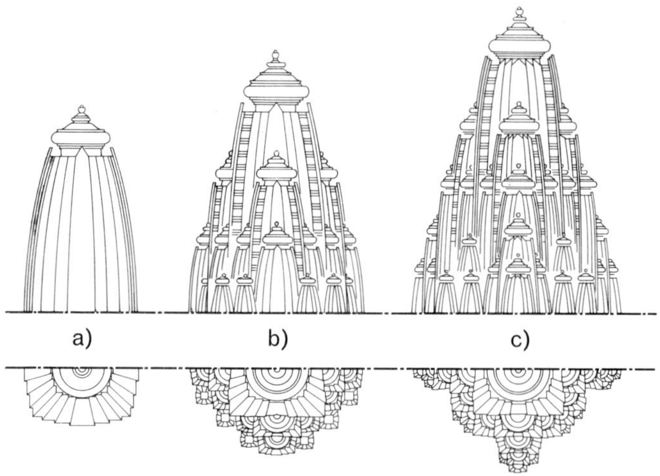

▲ Die Entwicklung vom «einteiligen» zum «mehrteiligen» Shikharaturm in Khajuraho
a) Adinatha-Tempel, jainistisch, 950 n. Chr.
b) Paraswanatha-Tempel, jainistisch, 970 n. Chr.
c) Kandaryo-Mahadeo-Tempel, hinduistisch, 1050 n. Chr.

des Innenraumes eine großzügige Belichtung desselben geht, denn nur im scharfen Licht der tropischen Sonne können die Staffelungen und der reiche plastische Schmuck zur Geltung kommen, im Inneren eines düsteren Tempels wären sie kaum wahrnehmbar.

Die regionalen Entwicklungen

Somnathpur

Während sich die nordindische Bautradition im 13. Jahrhundert ihrem Höhepunkt näherte, baute die Königsfamilie der Hoysala im sogenannten «späteren Chalukya-Reich» einige Tempel, deren stilistische Mischung aus Elementen des Dravida- und des Nagara-Stiles meist als Vesara-Stil bezeichnet wird. Von den drei bedeutendsten Heiligtümern dieser Richtung, denen von Belur, Halebid und Somnathpur, ist der Keshava-Tempel von Somnathpur am besten erhalten. Hier erscheint wieder das buddhistische und später in den dravidischen Tempel übernommene Grundrißschema eines von Zellen umgebenen Hofes, in dessen Mitte ursprünglich der Stupa beziehungsweise der hinduistische Tempelturm stand. Der Tempel von Somnathpur hat allerdings drei Cellen beziehungsweise

drei Türme, die verschiedenen Aspekten Vishnus geweiht sind. Ihr wichtigster, Keshava, wird in der mittleren Cella verehrt. Wir wollen uns etwas eingehender mit diesem kleinen Heiligtum befassen, da an ihm die Liebe des hinduistischen Sthapati für geometrische Konstruktionen besonders klar zutage tritt. Jede Cella hat einen sternförmigen Umriß, und auch die Plattform, auf der der Tempel steht, zeigt das gleiche Planschema. Das ist nun nicht eine Marotte des Architekten, sondern die Weiterentwicklung einer geometrischen Form, die wir bereits aus dem 2. Jahrhundert n. Chr. aus der Deckenkonstruktion des hellenistischen Grabmales von Mylasa, östlich von Milet, kennen. Das Gewölbe dieses Mausoleums entstand dadurch, daß man auf ein Geviert von Architraven Steinbalken diagonal als einbeschriebenes Quadrat legte. In der folgenden Schicht wurden wiederum kürzere Steinbalken als einbeschriebenes Quadrat verlegt usw., bis die immer kleiner werdende Öffnung mit einer Platte abgedeckt werden konnte. Die Grundform dieser sogenannten Laternendecke stammt vermutlich aus dem kleinasiatischen Raum. Über Persien und die nordindischen, buddhistischen Reiche drang sie in die hinduistische Formenwelt ein.
Dem Sthapati war das Spiel mit den einbeschriebenen Quadraten eine willkommene Ergänzung der alt-arischen Metageometrie. Fügt man eingeschriebene Kreise hinzu, dann beinhaltet die Figur die hinduistischen Vorstellungen von der Welt als Kreis und Quadrat.
Die Zellen rings um den Tempel von Somnathpur sind mit Laternendecken abgeschlossen. Das Zeichen der einbeschriebenen Quadrate kehrt außerdem im Grundriß der drei Schreine wieder. Die Sternform der Plattform und des äußeren Tempelumrisses entsteht durch Verdrehung eines Quadrates um jeweils 22° 30'.

So wie wir die geometrische Konstruktion eines Nebenschreines des Brahmeshvara-Tempels nachvollzogen haben, wollen wir auch die einzelnen Schritte verfolgen, die zum Grundriß des Keshava-Tempels führten. Wir werden sehen, daß einander einbeschriebene Quadrate und deren Drehung im umschriebenen Kreis nicht nur die Form der Sanktuarien bestimmen, sondern das gesamte Heiligtum.

Nach der Festlegung der Himmelsrichtungen werden Mittelpunkt und Hauptachsen des Tempels festgelegt und das «Quadrat der Erde» in der Größe des geplanten Heiligtums ausgelegt. Nun werden dem Grundquadrat Q_0 dreimal nacheinander kleinere Quadrate einbeschrieben, Q_1, Q_2 und Q_3. Diese Quadrate werden zusätzlich in den sie umschreibenden Kreisen K_1, K_2 und K_3 um 45° verdreht. Es entstehen die Quadrate Q'_1, Q'_2 und Q'_3. Um die Schnittpunkte des Quadrates Q_3' mit den Hauptachsen Süd, West und Nord, die wir S_s, S_w, und S_n nennen wollen, zog man Kreise, zu denen Q_2 und Q'_2 Tangenten liefern. In diesen Kreisen drehen sich die sternförmigen Sanktuarien und Plattformen. Überdies umschreibt Q'_2 zwangsläufig den Tempelplan und Q_2 ergibt durch die Verlängerung seiner Seiten eine Teilung des Grundquadrates in 16 Felder. Die Größe des vertieften Tempelhofes wird durch Q_1 festgelegt.

▼ Der Keshava-Tempel von Somnathpur. Die Entwicklung eines Grundrisses aus Kreis und Quadrat

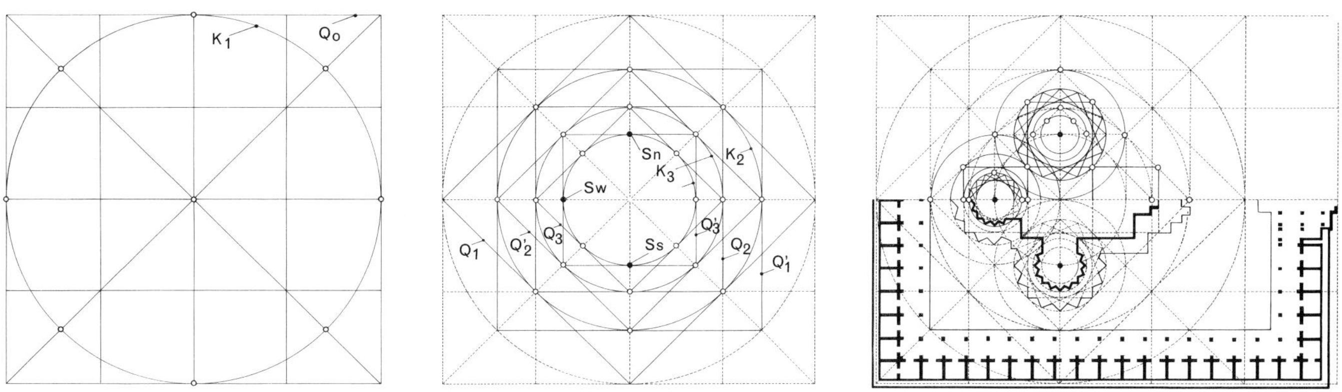

Auf einem Planfeld sah man entlang der äußeren Begrenzung jeweils vier Zellen vor. Das sind 16 Zellen pro Seite des Grundquadrates. Nach Osten wurde der Tempelhof erweitert, um Platz für größere Pilgergruppen zu schaffen und dem Eintretenden auch einen Überblick über den gesamten Baukörper zu geben. Da sich an der Längsseite des Hofes statt 16 Zellen deren 20 reihen, scheint der Schluß gerechtfertigt, daß man die Anlage einfach um eine Planfeldbreite verlängerte. Erstaunlicherweise wird das Verhältnis von 4 : 5 Feldern aber nicht genau eingehalten. Man drückte die Zellen der Längsseiten etwas zusammen, so daß sich ein Verhältnis der Längen von 4 : 4,9 ergab. Obgleich das bei der sonst außerordentlich exakten Bauausführung nicht auf einen Meßfehler der Handwerker zurückgeführt werden kann, dürfen wir annehmen, daß die Planung ursprünglich eine Erweiterung um genau eine Feldbreite vorsah. Zumindest entspricht die Zahl der Zellen dem Verhältnis 4 : 5. Da die Priesterarchitekten ihre Kompositionsschemen geheim hielten, wissen wir nicht, ob das Spiel mit dem einbeschriebenen Quadrat nur einer Anregung aus den Laternendecken entsprang oder in ihm ein ganz bestimmter esoterischer Sinn liegt, wie er uns für die geometrischen Kompositionen der Mandalas durch glückliche Umstände geliefert wurde.
Die vertikale Gliederung der drei sternförmigen Schreine wird von der Sockelzone bis in die Turmspitzen fortgeführt. In dieser Hinsicht gleicht der Tempel den nordindischen Shikharas. Das südindische Motiv der horizontalen Schichtung klingt in den starken waagrechten Profilen aller Bauteile an. Die Bezeichnung Vesara für diesen Mischstil wurde in den letzten Jahrzehnten immer wieder diskutiert, da verschiedene mittelalterliche Texte einander zu widersprechen scheinen. Die einen definieren Vesara als eine geographische Bezeichnung des Landes zwischen dem Vindhya-Gebirge und dem Fluß Krishna, andere gebrauchen den Begriff als Bezeichnung für einen runden Tempel.
Da es aber so gut wie keinen runden Tempel in Indien gab, liegt es nahe, daß die alten Texte ein Bauwerk meinten, welches in einer auffälligen Weise durch den Kreis bestimmt wird. Das trifft auf den Tempel von Somnathpur und mehrere Heiligtümer der Umgebung zu, so daß im Grunde die eine Definition des Wortes Vesara die andere nicht ausschließt.

Mount Abu

An der Westküste Nordindiens regierte zu Beginn des 2. Jahrtausends das Haus der Solanki von Gujarat. Einer ihrer Minister, Vimala-Shah, wurde in seiner Eigenschaft als Befehlshaber des Heeres zur Befriedung eines aufsässigen Fürstentums in die Stadt Chandravati entsandt Nachdem er seinen Auftrag erfüllt hatte, befragte er einen Jain-Mönch, wie er Buße tun könne für das verursachte Blutvergießen. Mutwillige Tötung sei nicht sühnbar, belehrte ihn der Mönch. Wenn er aber das Bedürfnis habe, eine gute Tat zu vollbringen, dann möge er eine Stiftung für den nahe der Stadt gelegenen heiligen Wallfahrtsort Abu einleiten. Dem Plan Vimala-Shahs, einen Jain-Tempel zu stiften, widersetzten sich die hinduistischen Priester des Ortes, überließen ihm aber schließlich das Bauland, als er es zur Bezahlung mit Goldstücken vollgelegt hatte. Aus weißem Marmor ließ Vimala-Shah ein Heiligtum errichten, welches in Grund- und Aufriß wesentliche Züge des Keshava-Tempels von Somnathpur vorwegnimmt (siehe graue Plantafeln von Abu und Somnathpur).
Umgeben von einer doppelten Säulenstellung und einem Zellen-Kranz erhebt sich der Tempel in einem Hof. Dem zentral gelegenen Mandapa des Keshava-Tempels entspricht in Abu das sogenannte Gudha-Mandapa.
Im Westen schließt sich die Garbha-Griha an, wie in Somnathpur vom Mandapa durch einen kleinen Vorraum getrennt. Nach Süden und Norden ergänzen die weit vorspringenden Portale des Gudha-Mandapa den Grundriß zur Form eines Kreuzes. Vor dem Gudha-Mandapa liegt eine schmale Säulenhalle, das Nav-Choki. Der interessanteste Raum der ganzen Anlage, die Tanzhalle, Ranga-Mandapa genannt, wurde erst hundert Jahre nach der Vollendung des Tempels hinzugefügt. Man benötigte einen weiten, stützenfreien Raum für rituelle Tänze. Ein hohes Shikhara-Dach kam als Überdeckung nicht in Frage, da die Säulen keine großen Lasten aufnehmen konnten. Deshalb deckte man den Tanzpavillon mit einer flachen Kragkuppel ab. Ihre Konstruktion werden wir im 5. Kapitel betrachten.

Zweihundert Jahre nach Baubeginn des Vimala-Tempels errichteten die Brüder Tejapala und Vastupala, ebenfalls Minister der Solanki, einen zweiten Tempel mit gleichem Grundriß neben dem des Vimala. Sie planten von vorneherein einen Tanzpavillon und betonten die Kreuzform der Anlage stärker. Nun ist es nur noch ein kleiner Schritt bis zur Verwandlung der Portale des Gudha-Mandapa in zwei weitere Bildschreine, wodurch sich der Grundriß von Somnathpur ergibt.

Anmerkungen

Bhubaneswar

Über hundert Tempel aus dem 8. bis 13. Jahrhundert n. Chr. sind hier erhalten, die Mehrzahl von ihnen wird aber nicht mehr benutzt. Schon aus weiter Ferne sieht man über den Palmwäldern den gestreckten Parabelumriß eines etwa 45 m hohen Shikharas. Es ist der Turm über der Cella des Lingaraja-Tempels aus dem 12. Jahrhundert n. Chr. Rings um den Haupttempel stehen sibzig bis achtzig kleine Schreine, die im Laufe der Jahrhunderte verschiedenen Göttern gestiftet wurden. Der heilige Bezirk um den Lingaraja (König der Phalli) darf nur von Hindus betreten werden; Tempelwächter bewachen das Tor in der hohen Umfassungsmauer. Wir befassen uns deshalb mit einigen kleineren Heiligtümern, die jedoch nicht weniger bedeutsam sind.

Als Baumaterial wurde in erster Linie ein heller Sandstein aus den Brüchen von Udayagiri, sieben Kilometer von der Tempelstadt entfernt, verwendet. Nur für die Fundamente und für die Umfassungsmauern nahm man gelegentlich den groben, dunkelroten Laterit, der direkt am Ort gebrochen wurde. Mehrere Tempel, die bereits eingestürzt waren, wurden vom «Archaeological Survey of India» exakt rekonstruiert, wobei man sich der alten Baumethoden bediente: erst wird die Rohform des Turmaufrisses aus geschliffenen Steinquadern fugenlos aufgebaut, dann erfolgt die Bearbeitung der Außenseite und des Innenraumes.

Caurasi

In den mittelalterlichen Architektur-Lehrbüchern werden alle möglichen Grundrißvarianten des nordindischen Tempeltyps eingehend besprochen. Eine der Varianten, «Khakara» genannt, hat einen Rechteck-Grundriß und ist dem weiblichen Aspekt Shivas, «Shakti» genannt, vorbehalten. Der Varahi-Tempel in Caurasi ist ein typischer Khakara-Tempel. Obgleich er seit seiner Erbauung im 12. Jahrhundert n. Chr. ohne Unterbrechungen benutzt wurde, entdeckten ihn die indischen Baugeschichtler erst vor wenigen Jahrzehnten. Caurasi ist ein abgelegenes Dorf, in keiner Karte von Orissa verzeichnet und nur den Bewohnern der näheren Umgebung bekannt. Anhand eines vor wenigen Jahren entdeckten Manuskriptes, der «Shilpa-Prakasha», konnte an diesem Tempel nachgewiesen werden, daß die Mehrzahl der tantrischen Reliefs über einem magischen geometrischen Zeichen (Yantram) komponiert wurden. Die Reliefdarstellungen, seien es nun Fabeltiere oder Maithuna-Paare, sollten den Nichteingeweihten von dem weit wichtigeren geometrischen Bild ablenken. Nur der Eingeweihte, der das Zeichen in dem Relief erkennt, sollte die Möglichkeit haben, magische Kraft aus dem Yantram zu schöpfen. Die Vermutung liegt nahe, daß ein solcher Zusammenhang zwischen Plastik und tantrischem Yantram überall dort nachweisbar wäre, wo sich hinduistische Sekten zum Tantrismus bekannten. Die Auswirkungen des Tantrismus auf die Hindu-Architektur und -Plastik konnten bislang noch nicht in ihrem vollen Umfang erforscht werden, da die noch existierenden tantrischen Gemeinden ihre Geheimlehren nicht preisgeben und die alten Lehrbücher in den Tempeln verwahrt werden.

Konarak

Aus dem 16. Jahrhundert n. Chr. ist uns eine Beschreibung dieses Sonnenheiligtums erhalten. Abul Fazl, der Hofhistoriker des Kaiser Akbar, schreibt in seinem Reisetagebuch über den Surya-Tempel: «In der Nähe von Puri liegt ein Tempel, der der Sonne geweiht ist. Die gesamten Staatseinnahmen von zwölf Jahren wurden für seine Erbauung ausgegeben... Die Wände sind etwa 150 Hand hoch und 19 Hand stark... Nähert man sich dem Tempel über eine der neun Treppenanlagen, so erblickt man eine weite Halle und einen großen Nebenraum, alles aus Stein, in den die Sonne und andere Planeten gemeißelt sind. Rings um den Tempel sind menschliche Figuren in verschiedenen «Verfassungen» dargestellt, einige auf dem Kopf stehend, andere aufrecht, sitzend oder liegend, andere wieder voll von Weisheit. Daneben sieht man verschiedene Arten von Musikantinnen und eine Reihe fremdartiger Tiergestalten, die der Phantasie entsprungen sein müssen. Man behauptet hier, daß vor mehr als 700 Jahren ein gewisser König Raja Narasingh-Deva dieses große Bauwerk zu seinem eigenen Ruhm vollendete. In der Nachbarschaft stehen weitere 28 Tempel, sechs von ihnen gegenüber den Portalen und 22 außerhalb des heiligen Bezirkes. Um jeden einzelnen ranken sich Legenden.» Aus diesem Bericht geht hervor, daß der Tempel nach der Meinung der Eingeborenen bereits im 9. Jahrhundert n. Chr. gebaut wurde. Alle stilistischen Merkmale weisen aber darauf hin, daß das Heiligtum erst im 13. Jahrhundert n. Chr. errichtet wurde.

Der Brahmeshvara-Tempel in Bhubaneswar: Grundriß, Schnitte und Ansichten 1:300

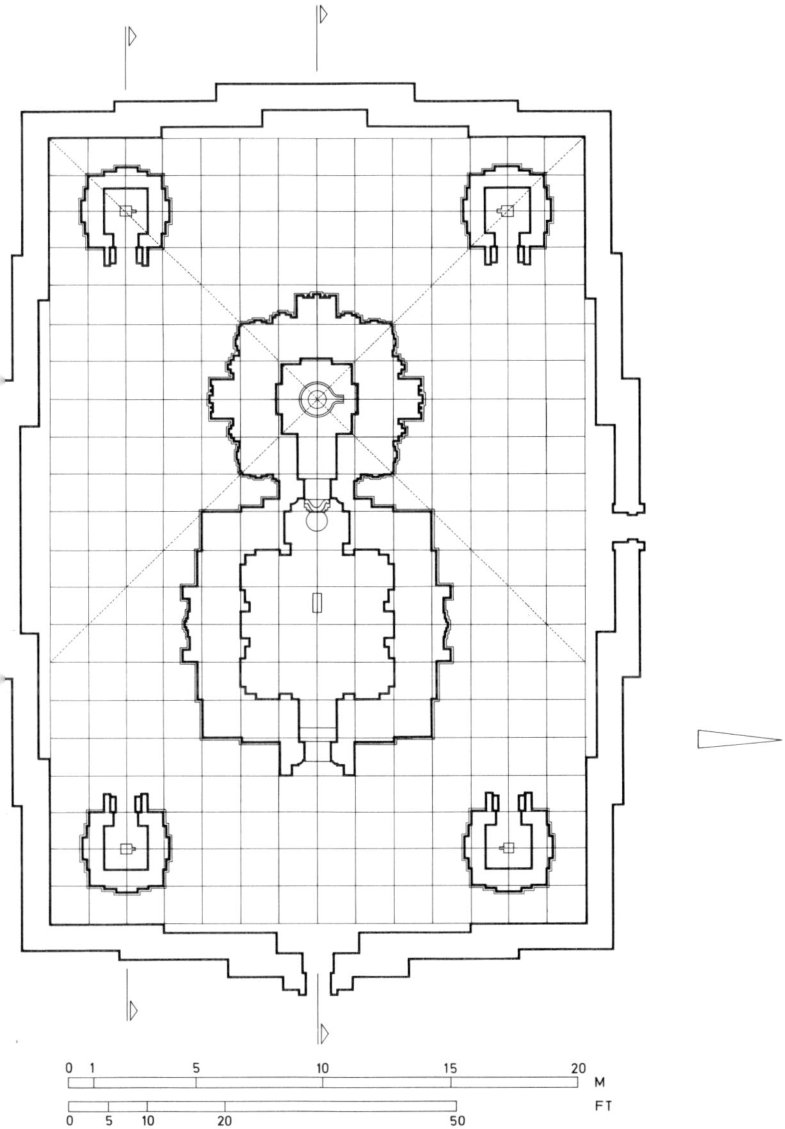

0 1 5 10 15 20 M
FT
0 5 10 20 50

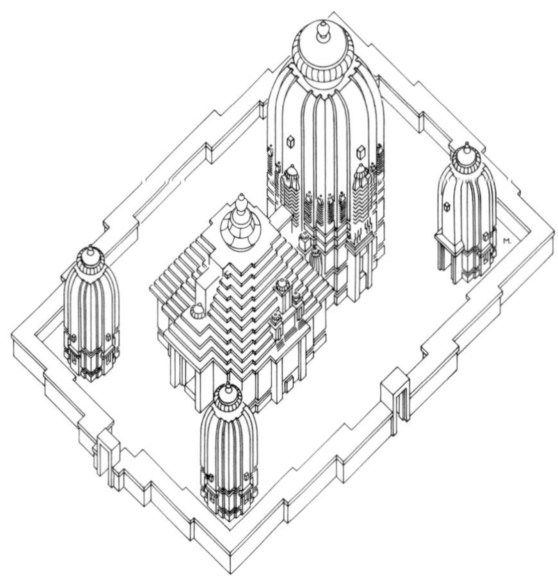

M.

Legenden

Bhubaneswar

155 Blick von Osten auf den Brahmeshvara-Tempel aus dem 11. Jahrhundert n. Chr. In der Mitte der Versammlungsraum und dahinter der Turm über dem Allerheiligsten. Das Dach über dem quadratischen Versammlungsraum ist, ähnlich den südindischen Tempeltürmen, eine pyramidenförmige Steinschichtung mit betont horizontaler Gliederung.

156 Der Brahmeshvara-Tempel von Südosten.

157 Sockelprofil an der Cella des Brahmeshvara-Tempels.

158 a) Monolithisch gearbeitetes Fenster am Mukteshvara-Tempel. Der Versammlungsraum eines nordindischen Tempels wird in der Regel nur durch zwei dieser Fenster belichtet.

158 b) Vor dem Eingang zum Versammlungsraum des Mukteshvara-Tempels errichtete man ein steinernes Tor mit einem Rundbogen. Nach dem indischen Sprichwort: «Der (echte) Bogen ruht nicht», setzten die Sthapatis (Priester-Architekten) den Kreisbogen nicht aus radial geschnittenen Steinen zusammen, sondern schichteten ihn aus horizontal verlegten Steinen auf. Der Rundbogen tritt in der hinduistischen Architektur nur sehr selten auf.

158 c) Bildnische an der Südseite des Mukteshvara-Tempels. Der Formenkanon ist aus der Holzarchitektur übernommen.

159 Der Rajarani-Tempel aus dem 12. bis 13. Jahrhundert n. Chr. zeigt die Verfeinerung und Differenzierung der architektonischen Gesamtform und der Details während der letzten Blütezeit der heiligen Stadt Bhubaneswar.

160 Nähert man sich dem Tempel, so bemerkt man, daß jede Form in maßstäblich kleinere Formen aufgelöst wurde, sodaß sich dem Betrachter aus jeder beliebigen Entfernung ein neues Formenspiel bietet.

161 Selbst wenn man sich der Oberfläche einer Tempelwand bis auf wenige Zentimeter nähert, ergeben sich neue, noch weiter detaillierte Strukturen.

Caurasi

162 Der Varahi-Tempel aus dem 12. Jahrhundert n. Chr. Blick auf den Shikhara von Westen. Dieser kleine vom tantrischen Ritus geprägte Schrein verdient besondere Beachtung, da die Bedeutung seiner Proportionen und seiner Bildnisse in einem mittelalterlichen Palmblatt-Manuskript, der «Shilpa-Prakasha», erläutert wird. Da der Tempel einer weiblichen Gottheit geweiht ist, hat der Turm, bzw. die Cella, einen rechteckigen Grundriß statt des üblichen quadratischen Grundrisses.

163 In einem namenlosen, verfallenen Schrein in Bhubaneswar ist die Form des Pyramidengewölbes sichtbar, da Licht in das Innere fällt.

Konarak

164 Zugang zum Tanzpavillon des Surya-Tempels aus dem 13. Jahrhundert n. Chr.

165 Blick vom Tanzpavillon auf die Versammlungshalle. Hinter der Versammlungshalle erhob sich der höchste aller indischen Shikharas.

166 Endlose Reliefbänder mit Darstellungen von Tempeltänzerinnen und Musikanten bedecken das Sockelgeschoß des Tanzpavillons. Ein Ausschnitt aus den teilweise unvollendeten Reliefs zeigt den Bearbeitungsvorgang.

167 Ausschnitt aus einer fertig bearbeiteten Teilfläche der gleichen Wand.

168 Die geometrische Ordnung des Surya-Tempels und seiner Nebenschreine konnte bislang nicht eindeutig definiert werden, da genaue Bauaufnahmen fehlen. So bietet sich dem Betrachter ein verwirrendes Schauspiel unzähliger Vor- und Rücksprünge des Sockelprofils.

169 Zwölf Steinräder wurden in die Sockelzone des Surya-Tempels zwischen Maithuna-Paare und Apsaras eingefügt. Auf ihnen rollt der als Wagen gedachte Tempel des Sonnengottes über das Himmelsgewölbe.

170 Kleine Medaillons in den Speichen der Räder sind mit phantasievollen Maithuna-Darstellungen gefüllt.

Der Varahi-Tempel in Caurasi: Grund- und Aufrisse 1:150

A Garbha-Griha
B Mukhashala

Der Surya-Tempel in Konarak: Grundriß des Jagamohan und der Garbha-Griha; Aufrisse des Jagamohan 1:800

A Garbha-Griha
B Jagamohan

5. Material und Konstruktion

Der indische Sthapati war in erster Linie Magier, Astrologe und Geometer. In der seit dem Beginn des Kaliyuga von Leid und Chaos gezeichneten Welt wollte er ein mikrokosmisches Abbild der Gesetzmäßigkeit des Makrokosmos entwerfen. In der Guptazeit war es noch seine primäre Aufgabe, einen einfachen, steinernen Schutzraum für das Götterbild zu schaffen. Sobald er sich dieser technischen Aufgabe gewachsen fühlte, wendete er sich in erster Linie den esoterischen Aspekten des Sakralraumes zu. Der Tempel als Weltberg, der Tempel als Höhle, der Tempel als Kraft verleihendes magisches Diagramm oder der Tempel als Garbha-Griha (Schoß), die Schöpfung und die Fruchtbarkeit beschwörend – das sind die Gedanken, die zur Vielfalt der Formen, zur geometrischen Strenge der Architektur und zur Ausbildung kompliziertester Riten führten.

Die meisten Architekturlehrbücher sind deshalb Sammlungen von Anweisungen, die die formale Übersetzung eines theologischen Gedankens in eine plastische Form erleichtern sollen. Jeder Handgriff wird unter dem Gesichtspunkt der rituellen Reinheit und der magischen Wirkung betrachtet, nur selten aber auch unter dem der konstruktiven Zweckmäßigkeit. Nur so ist es verständlich, daß sich die Baumeister auch in der Blütezeit der Tempelarchitektur noch der einfachen Konstruktionsmethoden bedienten, die in anderen Kulturkreisen lediglich die Anfangsstadien architektonischen Gestaltens kennzeichnen.

Das Material

Im «Mayamata-Manuskript» heißt es: «Stein oder Holz ist Göttern, Brahmanen, Königen und Eremiten würdig, unpassend aber für Vaishyas oder Shudras». Damit wird auch das Material in Verbindung zur Kaste gesetzt. Andere Lehrbücher gestehen zwar Stein als Baumaterial für alle Tempel zu, seien sie von einem Brahmanen oder Shudra gestiftet; die Kaste der Erbauer muß dann allerdings durch die Farbe des Steins zum Ausdruck kommen. Weißen Stein dürfen nur die Brahmanen, roten die Kshatryas, gelben die Vaishyas und schwarzen die Shudras verwenden. Die im zweiten Kapitel bereits erwähnten Farben des Weltberges Meru sind bestimmend für diese Einteilung. Die Vorschriften zur Farbe des Baumaterials beziehen sich nicht nur auf Stein; auch wenn man sich für eine Ziegelkonstruktion entschließen sollte, muß das Grundmaterial, in diesem Falle Lehm, genau die vorgeschriebene Farbe haben.

Materialien werden nicht nur den Kasten, sondern auch den Geschlechtern zugeordnet. Einen Tempel aus Stein und Ziegel bezeichnete man als männlich, den aus Ziegel und Holz als weiblich. Wurden alle drei Materialien gemischt, dann galt der Tempel als sächlich. Sobald die Baustoffe aus dem Rahmen ihrer natürlichen Umgebung genommen wurden, befreite man sie durch bestimmte Riten von allen früheren Assoziationen. Mit dem Fällen des Baumes, dem Brennen des Ziegels oder dem Brechen des Steines begann die Transsubstantiation eines irdischen Stoffes zum corpus dei, als welchen man den Tempel betrachtete.

Schon aus vedischer Zeit ist der Ritus der Transsubstantiation des Ziegels durch seinen Brand bekannt. Seit dem 6. Jahrhundert n. Chr. tritt der Stein neben den Ziegel als gleichwertiges Baumaterial. Auch er wird einer Wesensverwandlung unterzogen. In den folgenden Jahrhunderten scheint Stein den Ziegel ganz zu verdrängen, so daß es schließlich in mittelalterlichen Handbüchern heißt: « Es ist 100 mal verdienstvoller, einen Tempel aus Ziegeln zu stiften, als einen strohgedeckten aus Holz; und es ist noch 10 000 mal verdienstvoller, einen Tempel aus Stein zu stiften, als einen aus Ziegeln ».

Die Tempel Nordindiens sind durch eine Einheitlichkeit des Materials gekennzeichnet. In der klassischen Zeit wurden sie ausschließlich aus Stein errichtet. In Südindien hingegen zog man es vor, verschiedene Materialien zu mischen, um die besten Eigenschaften eines jeden Materials gezielt einsetzen zu können. Da die Mehrzahl der Tempel mit einer dünnen weißen Stuckschicht überzogen wurden, störte der Materialwechsel das Auge nicht.

Der Vorgang der Ziegelherstellung wurde gleichgesetzt mit dem Opferritus, in welchem der Opfernde einen Opferleib aus dem Trägermaterial Lehm formt und mit Hilfe des Feuers verwandelt. Jeder einzelne Ziegel erhielt durch diesen Akt neben seinem materiellen Aspekt einen individuell geistigen Aspekt. Es erschien deshalb dem indischen Sthapati verwerflich, die Ziegel eines verfallenen Tempels in einem anderen Zusammenhang wieder zu verwenden. Material, das bereits einmal identifiziert worden war, konnte nur in genau diesem ursprünglichen Zusammenhang wirksam werden. Die Herstellung der Ziegel erfolgte nur unter bestimmten astrologischen Bedingungen, die auf die spezielle Verwendung abgestimmt waren. Da der Zeitpunkt der Herstellung neuer Ziegel ein anderer sein mußte als der der Herstellung bereits verfallener Ziegelkonstruktionen, scheiterte die Wiederverwendung schon an der zeitlichen Differenz, beziehungsweise der veränderten Sternkonstellation.

Die Weisen mahnten ihre Schüler deshalb immer wieder, sie sollten nur frisches und eigens für diesen Bau gefertigtes Material verwenden, anderenfalls resultiere großes Leid aus der unsauberen Konstruktion. Diese Vorschriften beziehen sich auch auf Holz und Stein. Die Wesensverwandlung des Holzes wurde im Wald durch den Priesterarchitekten und den Astrologen vorbereitet. Zur genau berechneten Stunde begaben sie sich mit den Holzfällern zu den ausgewählten Bäumen. So wie sie die Erdgeister gebeten hatten, den künftigen Bauplatz zu verlassen, damit er nur der Gottheit gehöre, so beschworen sie nun den Baum und dessen Geister: « Laß Kobolde, Geister und Gnomen weichen, o Baum, möge Soma, der Mond, dir Kraft verleihen weiterhin. Glück euch, Söhne der Erde, Götter und Gnome. Ich werde diese Arbeit tun, drum bitte wechselt eure Wohnstatt », oder: « O Baum, geh in den Tempel zum Heile aller Baum-Welten. In Sicherheit wirst du dort sein vor Feuer und vor des Holzfällers Axt. Du wirst die Stelle eines Gottes einnehmen, und das Volk wird dich verehren.»

Die Verehrung des Holzes entspringt der alten Metapher des Baumes als Kosmos, des Holzmastes als Weltenachse und der Zweige als des um die Achse rotierenden Universums. In andere Worte gekleidet taucht das Baumbild in den Veden auf. Hier ist es Brahman, das höchste Sein, welches « in der Mitte der Welt ist, umringt von allen Göttern, so wie die Zweige den Stamm umringen ».

Der Bogen

Schon in den Städten der Indusebene war es üblich, eine weite Maueröffnung durch einen Kragbogen zu überbrücken. Die Inder behielten diese Konstruktion bis zur Invasion der Mohammedaner bei. Ja, selbst unter türkischer Herrschaft führten hinduistische Handwerker die Bogenformen der mohammedanischen Architektur als Kragkonstruktionen aus, da sie sich nicht von der dreitausendjährigen handwerklichen Tradition abwenden mochten. Das Verfahren ist sehr einfach: man läßt die Steine oder Ziegel in jeder Schicht ein wenig in die Tür- oder Fensteröffnung auskragen, bis die immer kleiner werdende Öffnung mit einem Stein beziehungsweise Ziegel abgedeckt werden kann.

Kleine Spannweiten wurden mit einem einfachen Sturz überdeckt. In den großen mittelalterlichen Heiligtümern finden sich auch häufig lange Stürze, diese wurden aber durch einen darüberliegenden Kragbogen entlastet und tragen im Grunde nur die Steinfüllung der dreieckigen Öffnung zwischen Sturz und Kragbogen.

Der Kragbogen ist uns aus den meisten Frühkulturen bekannt. Als Beispiel sei das Löwentor zu Mykenae genannt. Man griff in der ägäischen Kultur genau in den Jahrhunderten zu Kragkonstruktionen, in denen auch die Baumeister von Harappa und Mohenjo Daro in ihnen eine wirtschaftliche Möglichkeit zur gefahrlosen Überbrückung monumentaler Tore und Fensteröffnungen erkannten.

«Ein Bogen ruht nicht.» Dieses alte indische Sprichwort wird immer dann zitiert, wenn es darum geht, die relativ primitive Kragkonstruktion zu rechtfertigen. Eine solche, letztlich theologische Begründung liegt zwar nahe in Anbetracht der in Indien bei allen Handlungen im Vordergrund stehenden Frage nach dem mystischen Bezug.
Und dennoch scheint in erster Linie das Desinteresse des Sthapati am konstruktiven Aspekt eines Bauwerkes für die bewußte Übernahme traditioneller primitiver Konstruktionen verantwortlich zu sein. Besonders auffällig ist die Kragschichtung, wenn sie in der Form eines Halbkreises ausgeführt wird. So steht zum Beispiel vor dem Mukteshvara-Tempel in Bhubaneswar ein kräftiges Rundbogentor, in welchem man das Götterbild während bestimmter Riten in einer Schaukel wiegte. Der steinerne Bogen hat nicht die für Kragkonstruktionen übliche zugespitzte Form. Sein Umriß und seine reichen Ornamente folgen genau dem Kreisbogen. Dies mag uns als Vergewaltigung des Kragbogens erscheinen, radial geschnittene Steine entsprächen unseren Vorstellungen vom Bogen eher.
Der Sthapati aber bevorzugte eine durch alle Bauteile verlaufende, waagrechte Schichtung der Architektur und sah keine Notwendigkeit, aus formalen Gründen hier oder da von diesem Prinzip abzuweichen.

Der echte Bogen war zumindest in einigen Landstrichen bekannt. Wir finden ihn aus Haustein gefügt am Tempel von Bhitragon (5. Jahrhundert n. Chr.) und aus Formziegeln zusammengesetzt am Turmtempel von Bodh-Gaya (7. Jahrhundert n. Chr.). Da nur diese beiden Beispiele aus einer dreitausendjährigen vorislamischen Baugeschichte erhalten sind, dürfen wir annehmen, daß der echte Bogen nie in das Bewußtsein der Sthapatis eindrang. Die zwei radial geschnittenen Bögen auf dem indischen Subkontinent verdanken ihre Existenz vermutlich außerindischen Einflüssen. Es ist sogar möglich, daß sie von eingewanderten persischen oder griechischen Baumeistern errichtet wurden.

Das Gewölbe

Aus der räumlichen Projektion des Kragbogens ergibt sich das tonnenförmige Kraggewölbe. Da von den Häusern in Mohenjo Daro nur die unteren Mauerteile erhalten sind, können wir nicht beurteilen, ob man bereits in der Industal-Kultur größere Spannweiten in dieser Weise überdeckte. Eine Vorstufe finden wir in den Entwässerungsanlagen der Stadt. Die im Querschnitt rechteckigen Kanäle sind aus Ziegeln gemauert. Sie liegen in Straßenmitte direkt unter dem Pflaster und wurden durch lose Steinplatten abgedeckt. Man ließ die oberen Ziegelschichten auskragen, um Decksteine geringerer Breite verwenden zu können.

Dieses frühe Beispiel einer Kragkonstruktion führt uns mitten in das Problem: Wie muß man Kragbögen oder -gewölbe konstruieren, damit sie nicht einfallen? Eine statische Berechnung konnten die alten Meister natürlich nicht durchführen. Sie stützten sich auf die Erfahrungen ihrer Väter und betrachteten jeden Tempelbau als ein neues Wagnis, ein neues Experiment.

Möchte man den obersten Stein einer Mauer auskragen lassen, so wie die Abb. a) es zeigt, dann wird der Stein herabfallen, wenn seine im Flächenschwerpunkt der Schnittzeichnung angreifende Last nicht mehr innerhalb des Mauerwerkes liegt. Entsprechend muß auch die resultierende Last mehrerer übereinander geschichteter und immer weiter auskragender Steine innerhalb des Mauerwerkes, beziehungsweise in der Abb. b) links des Drehpunktes D, angreifen. Diese Bedingung wird von den auskragenden Schichten in den Abwasserkanälen Mohenjo Daros erfüllt. Das Diagramm c) zeigt, daß man in dieser Weise nur Auskragungen bauen kann, deren Kragweite k kleiner als die Stein- beziehungsweise Wandstärke w ist. Ist $k = w$, dann geht die Resultierende durch D, das Gleichgewicht kann durch eine geringe Verschiebung gestört werden und der Stein fällt herab. Möchte man noch weiter auskragen, dann müssen die Steine an ihrem rückwärtigen Ende so stark belastet oder so fest verankert werden, daß das Gleichgewicht wieder hergestellt ist. Eine solche Belastung ergibt sich im Fall der Tür- und Fensteröffnungen durch das über und seitlich des Kragbogens

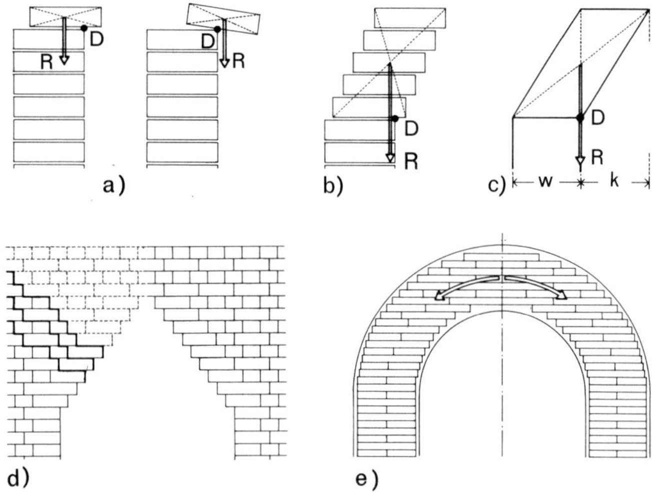

▲ Das statische Verhalten verschiedener Kragkonstruktionen

liegende Mauerwerk. Ohne diese Belastung würde der Bogen einfallen. Während der Bauzeit des Bogens war die Belastung noch nicht gegeben. Man mußte deshalb Lehrgerüste verwenden, es sei denn, man sorgte dafür, daß jeder Kragstein zusammen mit seiner rückwärtigen Belastung verlegt wird, wie es die Abb. d) zeigt.

Das früheste erhaltene Beispiel einer Kragtonne ist die bereits erwähnte Chaitya-Halle von Chezarla. Die von beiden Längsmauern her auskragenden Ziegelschichten konnten nach Diagramm c) gefahrlos aufgeschichtet werden bis sich die Kragweite der Mauerstärke näherte. Da die lichte Weite des Innenraumes größer als zwei Mauerstärken ist, konnte der mittlere Teil der Tonne wieder nur mit Hilfe von Lehrgerüsten fertiggestellt werden. Stabil wurde das Gewölbe ähnlich wie das römische, sogenannte echte Gewölbe, erst durch die Schlußsteine. Die sich treffenden Gewölbehälften lehnen sich gegeneinander. Die zu weit geführten Kragarme bilden zusammen eine auf Druck beanspruchte Tonne; es treten die gleichen horizontalen Schubkräfte wie in der römischen Tonne auf (Abb. e). Die Vorliebe der indischen Architekten für das Kraggewölbe kreiste um den Gedanken, daß in dieser Konstruktion nur vertikale Kräfte auftreten. Das trifft aber nur zu, solange $k < w$ ist. Da in den meisten Fällen $k > w$ ist, wirken die sogenannten Kraggewölbe oft wie die römischen Gewölbe, nur daß die Fugen im indischen Gewölbe ungünstiger als im römischen liegen.

Der nordindische Tempel besteht aus Garbha-Griha und Mukhashala; beide haben in der Regel einen quadratischen Grundriß, beide werden durch Kraggewölbe abgeschlossen. Im Shikhara verengt sich der Hohlraum über der Cella in einer Krümmung, die dem äußeren Turmumriß annähernd gleicht. Es scheint kein Zufall zu sein, daß die Cella oft genau zwei Mauerstärken weit ist. Diese Proportion ist zwar einerseits durch das Vastu-Purusha-Mandala gegeben, andererseits sicher auch durch die Erfahrung der Sthapatis, daß eine reine Kragkonstruktion nur bis zu diesem Verhältnis möglich ist (siehe zum Beispiel Brahmeshvara-Tempel in Bhubaneswar).

In der Mukhashala ist das Verhältnis von lichter Weite zu Wandstärke ungünstiger. Man versuchte das erforderliche Gleichgewicht durch eine Verbreiterung der Dachkonstruktion herzustellen. Die Resultierende verlagert sich durch diese Maßnahme zum Drehpunkt D hin. Liegt sie immer noch außerhalb des Mauerwerkes, dann werden die letzten Steine mit Hilfe eines Gerüstes versetzt und der Schlußstein verwandelt die allseitig auskragende Konstruktion in ein pyramidenförmiges Kreuzgewölbe. Der auftretende Horizontalschub muß durch den Reibungswiderstand in den Horizontalfugen aufgenommen werden.

Bis an die Grenze des statisch Möglichen gingen die Architekten der Jain-Tempel auf dem Berg Abu in der Schichtung flacher Kuppeln über dem Tanzpavillon. Nur von Säulen getragen, erhebt sich über einem aus Architraven gebildeten Oktogon die in konzentrischen Ringen geschichtete Wölbung. Nachdem wir das statische Verhalten anderer Kragkonstruktionen betrachtet haben, bedarf es keiner Erläuterung mehr, daß hier verschiedenste Faktoren zusammenwirken müssen, um einen Einsturz zu verhindern. Als reine Kragkonstruktion mit ausschließlich vertikalem Kräfteverlauf wären die Kuppeln nicht denkbar. Die Verklammerung der Steine eines jeden Ringes zu einem Ringanker wäre die einfachste Lösung gewesen. Der Horizontalschub könnte in diesem Fall mühelos aufgenommen werden. Da die Tempel von Abu noch benutzt werden, war es aber bislang nicht möglich, nachzuprüfen, ob tatsächlich Klammern verwendet wurden. Nach Meinung einiger Fachleute waren den Erbauern dieser relativ primitiven Konstruktion derartige Kunstgriffe wahrscheinlich unbekannt. Wir neigen deshalb zu der Annahme, daß auch hier ein großer Teil des Horizontalschubes durch den

Reibungswiderstand in den Fugen aufgenommen wird. Die Tatsache, daß der Tanzpavillon ohne rituelle Notwendigkeit in jeder Richtung durch ein Netz von Architraven mit den umliegenden Hallen verbunden wurde, läßt uns überdies vermuten, daß man einen Teil des Schubes auf andere Bauteile ableiten wollte.
Flache Kragkuppeln wie die von Abu treffen wir in der Jain-Architektur des nordöstlichen Indien immer wieder an. Die Kuppeln wurden oft mit weiten Stützhallen umgeben, damit nicht die acht Säulen unter dem Oktogon der Architrave den Schub allein aufnehmen müssen. Es ist sicher, daß man für den Bau der Wölbung wie auch für den der pyramidenförmigen Kreuzgewölbe der Hindutempel ein Lehrgerüst benötigte. Diese aufwendige Methode – aus den erhaltenen Bauformen mit Sicherheit zu rekonstruieren – wird in den vielen erhaltenen Architektur-Lehrbüchern nur ein einziges Mal erwähnt. Wir lesen im «Shilpa-Prakasha»: «Es ist notwendig, in dem Innenraum ein kräftiges hölzernes Gerüst zu errichten. Von diesem getragen, lassen sich die Steine des Daches, einer über dem anderen, in die rechte Lage bringen». Das Shilpa-Prakasha bezieht sich in erster Linie auf den Tempel von Caurasi. Gerade das Dach der Mukhashala dieses Tempels könnte aber theoretisch auch ohne Gerüst aufgeschichtet werden. Die in den Raum vorkragenden Steinplatten kragen nämlich teilweise als Dachvorsprünge auch auf der anderen Seite der Mauer so weit vor, daß die Resultierende der Gesamtlast noch innerhalb des Mauerwerkes liegt. Die verbleibende Öffnung zwischen den Kragarmen wurde mit dünnen, leichten Steinplatten abgedeckt. Durch diese geringe zusätzliche Belastung muß die Resultierende bereits nahe an den Drehpunkt gerückt sein. Ein Teil der Dachplatten neigte sich nach innen (siehe graue Plantafel), und nur umfangreiche Abstützungen im Innenraum werden den endgültigen Einsturz verhindern können. Die Platten wären bereits heruntergefallen, hätten sich die Sthapatis nicht eine interessante Anordnung der Steine überlegt, die das Herabgleiten schon gekippter Steine erschwert:
Die Dachkonstruktion zeigt sich wie der Grundriß in jedem horizontalen Schnitt rechteckig. Man ordnete aber die vertikalen Fugen im Bereich der Auskragung nicht rechtwinklig zur Raumbegrenzung an, sondern radial, als handle es sich um ein rundes Bauwerk. Kippt nun ein Stein, dann kann er nicht fallen, da er konisch geschnitten ist und durch die benachbarten Steine gehalten wird. Ein unregelmäßiges und undurchschaubares Gefüge von Verzahnungen der Steine unterstützt die Stabilität zusätzlich. Außer in Caurasi wandte man den Kunstgriff der radial geschnittenen Dachplatten auch in Konarak an.

Aus den Berichten der Restauratoren geht hervor, daß vier mächtige Steinpfeiler das Dach des Mandapa in Konarak unterstützen. Die gleiche Lösung wählte man im nahe gelegenen Tempel von Puri und auch im Kandaryo-Mahadeo-Tempel in Khajuraho. In allen drei Fällen fürchtete man, daß der Horizontalschub das Bauwerk auseinanderdrücken könnte. Man leitete deshalb einen Teil der Dachlast in die Säulenstellung. Der Horizontalschub wird durch die angefügten Kragwölbungen auf die starken Umfassungsmauern übertragen. Der Verlauf der Kräfte erinnert uns an gotische Kathedralen, wo die vertikalen Lasten von einer in Pfeiler aufgelösten Wand aufgenommen werden und der Horizontalschub in angefügte Strebepfeiler geleitet wird.

Der Felsbau

In den mittelalterlichen Architektur-Lehrbüchern sind Hinweise auf Einzelheiten der Konstruktion eines struktiven Tempels selten, da der Bau eines Heiligtums in erster Linie als ein Ritus betrachtet wurde. Keinerlei schriftliche Information ist uns darüber erhalten, wie man in der vorwiegend buddhistischen Bauperiode vom 3. Jahrhundert v. Chr. bis zum 6. Jahrhundert n. Chr. eine Chaitya-Halle oder einen Vihara in den Fels schlug. Die Inschriften in situ preisen den Stifter und erläutern dessen soziale Stellung, lassen aber weder auf den Arbeitsvorgang noch auf die Werkzeuge oder Bauzeit Rückschlüsse zu. Wenn wir also im Folgenden die Arbeitsmethoden erläutern, die bei der Herstellung einer Höhlenarchitektur angewandt wurden, dann stützen wir uns ausschließlich auf Beobachtungen in nicht fertig gewordenen Höhlen. Auch auf die Beschaffenheit der verwendeten Werkzeuge läßt sich nur aus den Werkspuren schließen. In der Regel arbeitete man mit einem Spitzmeißel und einem Eisenfäustel. Zum Glätten der Felswände benutzte man Flachmeißel von verschiedener Breite. Nur in besonders weichen Gesteinsarten begann man die grobe Arbeit mit einer Spitzhacke.

Zu Beginn wurde der Felshang geglättet und die Fassade aufgezeichnet und eingeritzt. Sollte ein hoher Felsraum ausgeschlagen werden, begann man einen mannshohen Tunnel unter der geplanten Decke vorzutreiben. Diesen erweiterte man erst seitlich und dann stufenförmig nach unten. Auf jeder Arbeitsebene folgte dem Steinmetz, der die grobe Arbeit tat, sogleich ein anderer, der die Wandflächen scharrierte und glättete. In einer unvollendeten Höhle von Ajanta sind alle Wandflächen, die der Spitzmeißel erreicht hatte, auch schon endgültig bearbeitet.

Wir vermuten, daß hier die grobe Arbeit mit der Spitzhacke und dem Spitzmeißel von dem gleichen Handwerker ausgeführt wurde, der, nachdem er eine bestimmte Menge Gestein gebrochen hatte, zu Flachmeißel und Fäustel griff, um endgültige Wandflächen bis ins Detail zu bearbeiten. Noch während er, abwechselnd zur Spitzhacke und dem Flacheisen greifend, tiefer in den Berg vordrang, rückten Stukkateure und Maler nach, um im vorderen Raumteil bereits mit ihrer Arbeit zu beginnen. Diese Theorie wird erhärtet durch das Beispiel eines Höhlenklosters in Ajanta, welches alle erwähnten Ausbaustufen zeigt.

Neben der treppenförmigen Erweiterung einer ersten Arbeitsplattform wählte man gelegentlich eine andere Methode. Die Steinmetzen schlugen Gräben in einer Breite von 1–1,5 m in den Boden ihrer jeweiligen Arbeitsebene. Zwischen den Gräben ließen sie Felsrippen von annähernd gleicher Breite stehen. Man konnte nun mit relativ geringem Arbeitsaufwand die Rippen wegsprengen, indem man von beiden Seiten gleichzeitig in gleicher Höhe mehrere Meißel als Keile ansetzte.

Der Vorteil der getreppten Abarbeitung lag – verglichen mit der durch Gräben – darin, daß man die Keile vertikal einschlagen konnte, wodurch das abgesprengte Gestein auf die nächst tiefere Stufe fiel und über die folgenden Stufen ohne große Mühe zum Ausgang befördert werden

▼ Eine unvollendete unterirdische Klosteranlage von Ajanta zeigt die Bearbeitungstechnik im Felsbau

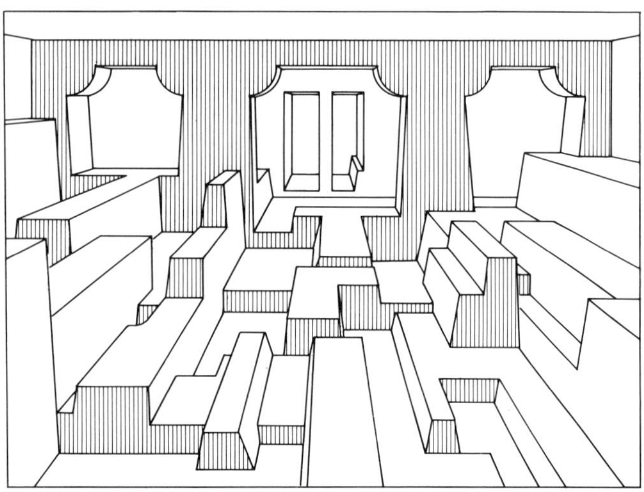

konnte. Die Chaitya-Hallen wurden vermutlich immer in dieser Weise ausgehauen. In der ersten Baustufe drang man von einem Tunnel im Scheitel der Tonne senkrecht bis zur Oberkante der Säulenstellung vor. Das Geröll konnte durch das hufeisenförmige Sonnenfenster entfernt werden. Da die Baumeister offensichtlich immer bestrebt waren, Holzgerüste im Inneren zu vermeiden und alle Detailarbeiten auszuführen, solange die Felstreppung eine natürliche Arbeitsplattform bot, nehmen wir an, daß zum Beispiel in Karla bereits nach Abschluß der ersten Baustufe die Holzrippen eingefügt wurden. Erst nachdem das Tonnendach sein endgültiges Aussehen erhalten hatte, begann man die untere Raumzone in einer zweiten Baustufe auszuhauen. Jede der schweren Teakholz-Rippen hat einen Querschnitt von etwa 80×25 cm. Sie mußte aus mehreren Bohlen zusammengesetzt werden und mit kräftigen Dübeln in der geglätteten Felstonne verankert werden. Das Gewicht einer Rippe beträgt etwa 3,5 t; ihr Einbau nach Fertigstellung der vollen Raumhöhe hätte umfangreicher Abstützungen bedurft.

Als man nach Fertigstellung des Gewölbes stufenweise das Mittelschiff ausschlug, transportierte man das lose Gestein nicht mehr durch das Sonnenfenster, sondern wiederum treppab durch die bereits gebrochene Tür des Mittelschiffes. Schließlich trieb man tiefe Nischen in die Wände des Mittelschiffes und verband sie zu einem Seitenschiff. Den letzten Arbeitsgang bildete die Bearbeitung der noch rohen Säulenformen.

Einige frühe Pallava-Höhlen in Mahaballipuram zeigen die Technik des Aushöhlens niedriger Räume. Die Handwerker ritzten die Säulenstellung der Front auf den geglätteten Fels und teilten dann die abzuarbeitenden Restflächen in quadratische Felder auf. Mit dem Spitzmeißel schlug man nun tiefe Furchen entlang der Ritzlinien, so daß regelmäßige Bossen stehenblieben. Die Bossen ließen sich leicht abkeilen, wenn man den Meißel seitlich ansetzte. War die erste Schicht abgearbeitet, zeichnete man wieder ein Quadratnetz und begann weitere etwa 10 cm des harten Granits abzumeißeln. Der gleiche Vorgang wiederholte sich auch im Inneren der Höhle so lange, bis die erwünschte Raumgröße erreicht war. Anders als in den zeitlich früheren buddhistischen Höhlen, trennte man hier die grobe Bearbeitung von der bildhauerischen Gestaltung der Details. Erst wenn der gesamte Felstempel in der Bossenstruktur fertiggestellt war, ging man daran, die letzte Schicht der Bossen abzuschlagen, die Wände zu glätten und die Rohform der Säulen zu bearbeiten.

▲ Oben: unvollendeter hinduistischer Höhlentempel in Mahaballipuram
Unten: nach Fertigstellung (Rekonstruktion)

Auch eine der zwei gleichartigen Höhlen in den Barabar-Bergen, die Lomas-Rishi-Höhle, zeigt verschiedene Stadien der Bearbeitung. Ein Teil des Innenraumes wurde bereits in der für die Maurya-Dynastie typischen Art poliert, während weitere Teile der Decke und des runden Nebenraumes noch nicht einmal in der rohen Form mit dem Spitzmeißel fertiggestellt waren. Da man den Raum nicht von oben nach unten, sondern in umgekehrter Richtung ausgehöhlt hatte, stand man nach der Fertigstellung eines mannshohen Raumes vor der schwierigen Aufgabe, die Tonnendecke von unten her aus dem harten Granit zu meißeln. Unter diesen ungünstigen Bedingungen stellte man nur die Sudama-Höhle fertig. Verwunderlich ist in diesem Zusammenhang, daß man Jahrzehnte später die unvollendete und nicht die bereits allseitig spiegelnde Sudama-Höhle für eine prächtige Gestaltung des Einganges auswählte.

Der Steintransport

Jede der ungefähr 30 Asokasäulen, die bislang nachgewiesen werden konnten, war etwa 15 m lang und wog 50 t. Mehrere dieser Monolithe, hunderte von Kilometern voneinander entfernt aufgestellt, stammen aus dem Steinbruch Chunnar, welcher das Material für den Ehrenschirm des Stupa in Sanchi lieferte. Auch in Sanchi, 800 km vom Steinbruch entfernt, errichtete man eine dieser Sandsteinsäulen. Ein Transport zu Land war sicherlich unmöglich, da tiefe Schluchten und unwegsamer Dschungel zu durchqueren gewesen wären. Es bietet sich nur eine Erklärung: man baute ein gigantisches Floß und schiffte den Stein flußaufwärts über den Ganges, die Jumna und schließlich die Betwa, welche in 2 km Entfernung an Sanchi vorbeifließt. Da die Betwa im Sommer kaum Wasser führt, mußte man den Transport während der Regenzeit durchführen. Aber auch das war nicht einfach, da die Flüsse zu dieser Zeit unberechenbar anschwellen und die Strömungsgeschwindigkeit es kaum erlaubt, ein großes Floß stromaufwärts zu bewegen. Keine Erklärung wissen wir für die Art des Transportes der Säule über die restlichen 2 km, zumal auf den letzten 200 m eine Höhendifferenz von 60 m zu überwinden war. Auch wissen wir nicht, mit welchen Hilfsmitteln die Säule aufgerichtet wurde.

Vor ähnlichen Transportproblemen standen im 11. Jahrhundert n. Chr. die Architekten des Brihadeshvara-Tempels in Tanjore. Die starken Umfassungsmauern des Heiligtumes sind, wie auch der Vimana selbst, aus Granitblöcken aufgeführt. Im näheren Umkreis von Tanjore findet sich aber nicht ein einziger Granit-Steinbruch. Besonders rätselhaft scheint, wie ein 80 t schwerer Monolith, der die Grundplatte für den kuppelförmigen Abschluß des Vimana bildet, zu seinem Platz in 70 m Höhe transportiert wurde. Ein kleines Dorf, 6 km nordwestlich von Tanjore, trägt den Namen Sarapallam («Senke des Gerüstes»).
Einer Legende der Einheimischen nach wurde der Stein von hier aus über eine ansteigende, hölzerne Rampe zu seinem Bestimmungsort in Tanjore befördert. Legenden um den Tempel von Tanjore gibt es allerdings viele. Eine berichtet zum Beispiel davon, daß der Turm des Tempels keinen Schatten werfe, und man möchte weder der einen noch der anderen Legende Glauben schenken.
Realistischer als die Erzählung von der langen Holzrampe ist K. Fischers Rekonstruktionsversuch. Er nimmt an, daß der Tempel von einem Erdwall umgeben war und man auf einer spiralförmigen Straße zur Turmspitze gelangte.
Mit Hilfe mehrerer Elefanten könnte es dann möglich ge-

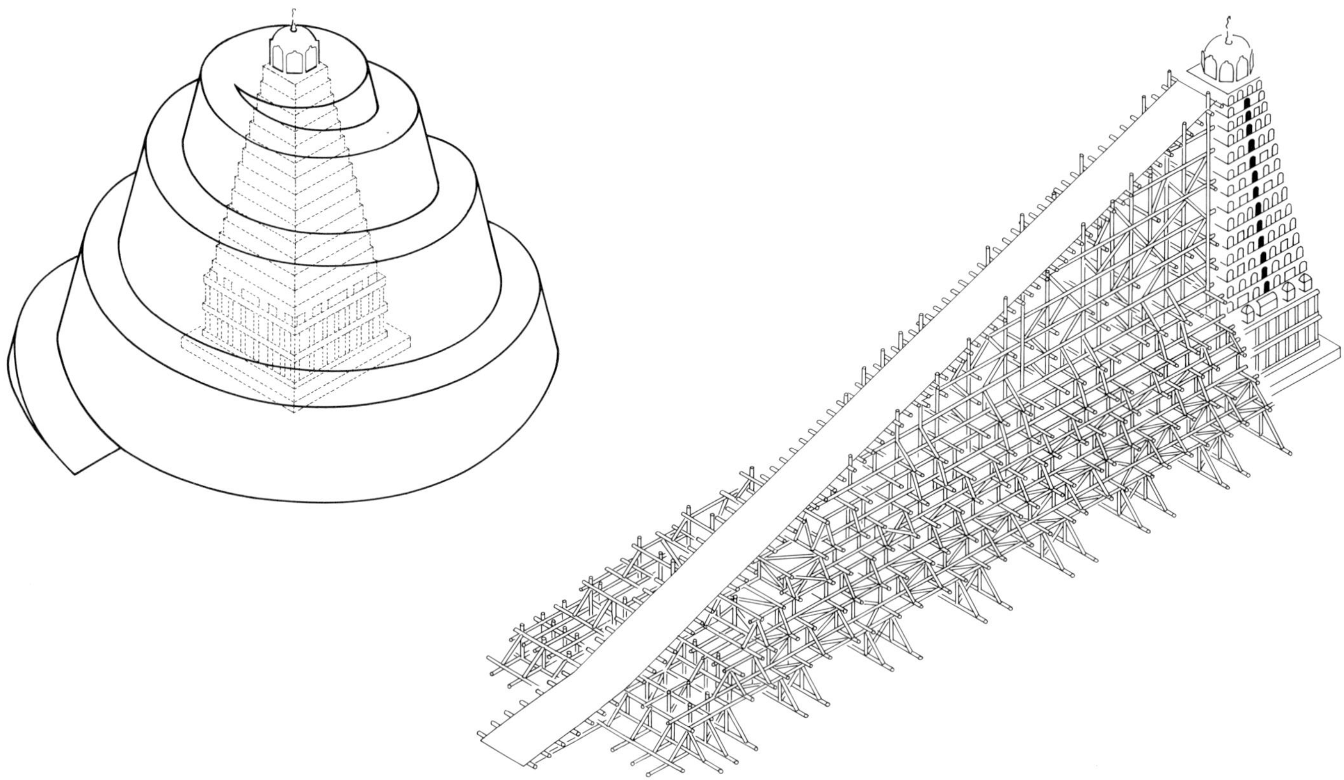

▲ Der Transport eines 80 t schweren Abschlußsteines auf die Spitze des Tempelturmes von Tanjore erfolgte:
a) nach K. Fischer über eine spiralförmige Erdrampe
b) nach einer örtlichen Legende über eine Holzrampe

wesen sein, den Monolith auf Holzlagern bergauf zu schleifen.

Im Mittelalter verwendete man für den Transport schwerer Säulen Ochsenwagen. Eine Zeichnung an der Burg Raichur stellt einen solchen Transport dar. Erstaunlich ist, daß man zu dieser Zeit Wagen bauen konnte, die unter der Last solcher Säulen nicht zusammenbrachen (die gezeichnete Säule hat ein Gewicht von etwa 45 t.).

Auch in den Chroniken der Jains wird an einer Stelle vom Steintransport mit Ochsenwagen erzählt: Der Minister Vastupala hatte seinem Bruder Tejapala von seinem Vorhaben berichtet, einen Tempel, ähnlich dem Vimala-Tempel, in Abu zu stiften. Tejapala war nicht nur von diesem Plan begeistert, er begab sich sogleich auf die Reise nach Arasana, um dort doppelt so viel weißen Marmor brechen zu lassen, wie man vermutlich für den Bau eines neuen Heiligtums benötigen würde. Wie viele der heiligen Stätten Indiens liegt auch Abu in einem hohen, schwer erreichbaren Tal. Die Berge, welche die liebliche Palmenlandschaft allseitig umschließen, fallen in steilen Schroffen zur ebenen Landschaft der Umgebung ab. Tejapala ließ deshalb eigens für den Transport der Marmorblöcke eine Strasse mit geringer Steigung von der Ebene bis zur Höhe des Abu-Tales aufschütten. Nur langsam konnten sich die Fuhrwerke in Etappen bergauf bewegen. Der Schwiegerbruder Tejapalas, Udala, war mit der Bauleitung betraut. Er ließ entlang der künstlichen Trasse Raststätten errichten, in welchen für Menschen und Tiere

gleichermaßen gesorgt wurde. Nachdem aller Marmor zum Bauplatz gebracht war, zerstörte man die Straße, damit nicht die das Land durchziehenden Türken in die Abgeschlossenheit des heiligen Hochtales eindringen konnten.
Bei der Rekonstruktion alter Transportverfahren muß bedacht werden, daß den Indern die Arbeitskraft von Elefanten bei der Bewegung schwererer Lasten zur Verfügung stand. Wenn Elefanten auch als Zugtiere ungeeignet sind, so können sie doch große Gewichte mit dem Rüssel vorwärtsstoßen. Die Einheimischen erzählen, daß man besonders große Steine gelegentlich am Bauplatz selbst hochkeilte oder mit Hilfe mehrerer Hebebäume in die gewünschte Position brachte. Am langen Hebelarm eines Hebebaumes setzte man Elefanten ein, wodurch man auch schwerste Lasten in der Vertikalen transportieren konnte.
Der vertikale Transport von Baumaterial, insbesondere der Steine auf die oberen Schichten eines nordindischen Shikara, war bei geringer Höhe eines Bauwerkes mit Hilfe von Holzgerüsten möglich. In den Legenden, die sich um jedes große Heiligtum spinnen, wird oft berichtet, daß man die hohen Türme mit einem Erdwall umgab. Es liegt also nahe, daß der Transport von Steinen über spiralförmige oder gerade Erdrampen, wie er aus Ägypten bekannt ist, in allen Teilen Indiens, nicht nur in Tanjore, üblich war.
Von Konarak wird berichtet, daß man überdies den Innenraum der Mukhashala bis zur jeweiligen Arbeitsebene mit dem trockenen Sand der umliegenden Dünen füllte, damit die Kragdecke während der Bauzeit nicht einstürzen konnte. Nachdem das Dach fertiggestellt war, ließ man den Sand durch die drei ins Freie führenden Türen abfließen.

Die südindischen Gopuras bestehen nur im Untergeschoß aus Stein, alle Obergeschosse führte man in Ziegel aus. Im Inneren des Turmes entsprechen die immer enger werdenden Vorratsräume der Geschoßteilung der Fassade. Alle Ziegel, Holzbalken, Stützen und die Materialien für die Stuckarbeiten mußten in beträchtliche Höhen transportiert werden. Die leichten Bambusgerüste, mit denen man den Turm während der Stuck- und Malerarbeiten umzog, waren für den vertikalen Transport solcher Lasten ungeeignet. Die Architekten ersannen einen Transportweg, der nicht nur während der Bauzeit, sondern auch anschließend noch benutzt werden konnte. Durch alle Geschosse sparten sie im Mittelpunkt des Turmgrundrisses mit Hilfe von Auswechslungen in den Balkendecken quadratische Löcher aus. So konnten die Baustoffe auf dem kürzesten Weg in jedes Geschoß befördert werden.

Die Steinbearbeitung

Die frühesten indischen Monumentalarchitekturen waren in den gewachsenen Fels geschlagene Höhlen. Wenn man seit dem 7. Jahrhundert n. Chr. struktive Tempel aus gebrochenem Stein errichtete, dann geschah dies in erster Linie wohl, weil an dem Ort, der nach Ansicht der Magier für eine Manifestation eines bestimmten Gottes geeignet war, kein Monolith von entsprechender Größe vorhanden war.

Der Tempel war für den indischen Sthapati nicht ein «Bauwerk», sondern eine plastische, materielle Dimension des Gottes. Daß diese sich notwendigerweise aus Stützen, Decken und Wänden zusammensetzt, interessierte ihn – soweit die alten Manuskripte es zeigen – kaum. Man behielt die bevorzugte, monolithische Bauweise auch dann noch bei, als man die Tempel bereits seit mehreren Jahrhunderten aus gebrochenen Steinblöcken zusammenfügte. Die Tempelmauern und das Sanktuarium wurden in der Regel aus rechteckigen, gespitzten, scharrierten und geschliffenen Steinquadern aufgetürmt. Aus der Gesamtform dieser Roh-Architektur meißelte man dann wie aus einem Monolith die gekurvte Form eines nordindischen

▼ Der Transport einer Steinsäule mit Ochsenwagen
Nach einem Relief aus der Burg Raichur

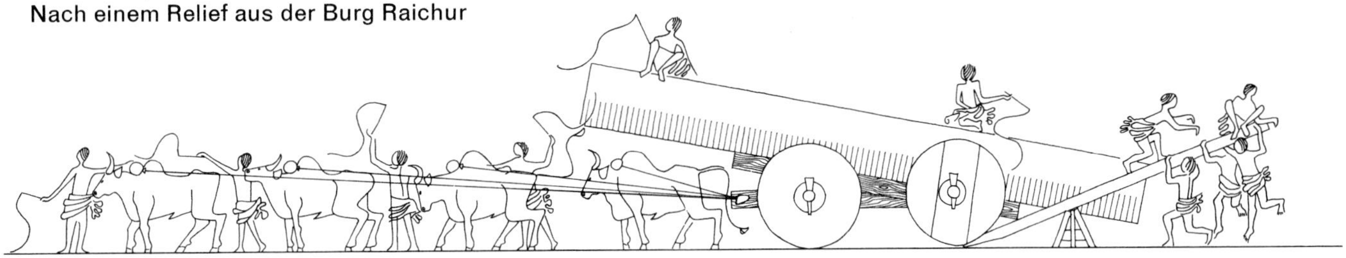

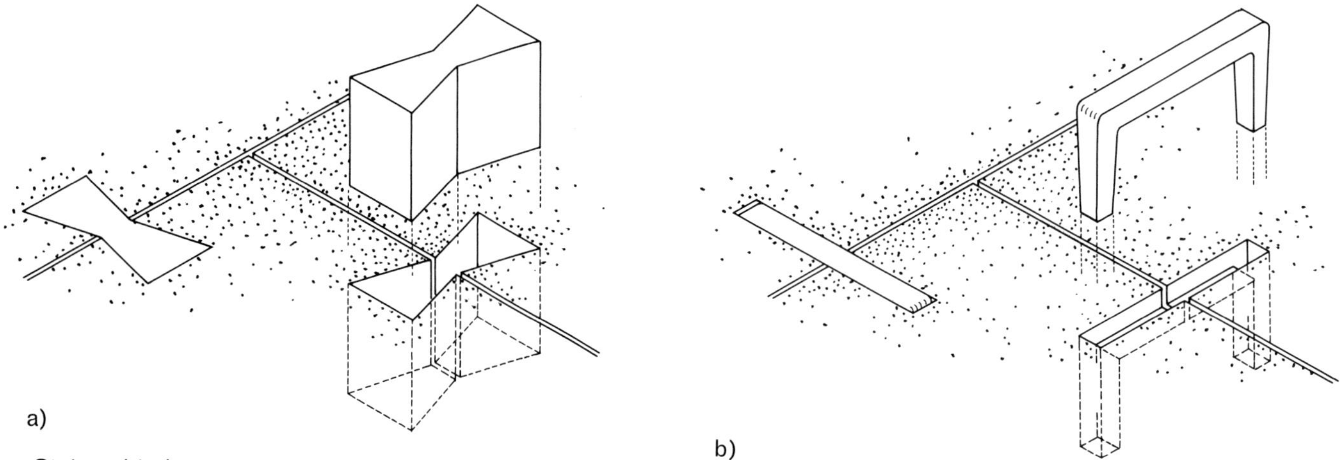

▲ Steinverbindungen, die in den mittelalterlichen Tempeln Nordindiens auftreten:
a) mit einem Formstein
b) mit einer Eisenklammer

Shikhara oder südindische Pilaster-Architekturen wie die von Tanjore. Besonders klar ablesbar ist diese Methode in Tanjore, wo die Steinfugen nur durch Zufall gelegentlich im Einklang mit der architektonischen Form stehen. Sie laufen schräg über weit ausladende Gesimse oder durchschneiden eine Pilasterstellung willkürlich. Der Vorteil der Bearbeitung eines Steines in seiner endgültigen Lage bestand darin, daß die teils sehr großen Blöcke nur mit geringer Präzision versetzt werden mußten, da sie noch nicht die endgültige Form repräsentierten. Auch die Vorplanung war einfach, da man nicht die Größe und Form eines jeden Steines im voraus bestimmen mußte. Dafür nahm man den Transport weit größerer Steinmengen in Kauf, als er sich beim Bau eines gleichen Tempels ergeben hätte, wenn jeder Stein erst fertig bearbeitet und dann versetzt worden wäre.

Mit Verwunderung bemerken wir, daß auch in den Kraggewölben einer nordindischen Mukhashala die formal betonte Kragschichtung gelegentlich nicht mit der tatsächlichen Steinschichtung übereinstimmt. In Bhubaneswar finden wir mehrere Beispiele von Kraggewölben, in denen die Steine nicht einmal in Schichten versetzt sind. Man baute verschieden große Steinquader zu der Rohform eines Kraggewölbes zusammen und arbeitete anschließend die geometrische Form eines Gewölbes aus dem « gebauten Monolith ». Diese Bauweise hatte natürlich auch Nachteile. So konnte es zum Beispiel geschehen, daß ein kleiner Stein so weit abgearbeitet werden mußte, daß er aus der Decke oder der Wand fiel. Man näherte deshalb die Rohform immer mehr der endgültigen Baugestalt an.
Im Falle des Rajarani-Tempels in Bhubaneswar oder des Surya-Tempels in Konarak – hier wie dort sind nicht bearbeitete Rohformen erhalten – wurde die Differenz auf ein Minimum reduziert; nur Profile und der Figurenschmuck mußte noch ausgehauen werden.

Dem gleichen monolithischen Bearbeitungsvorgang unterzogen die Jains in Mount Abu die im rohen Zustand versetzten Marmorblöcke. Das feine Filigranwerk der Säulen und Gewände, märchenhafte Gespinste aus Marmor, konnte aber nur unter der Feile statt dem Meißel entstehen. In den Chroniken des Tempels wird berichtet, daß die Handwerker, in der Mehrzahl Elfenbeinschnitzer, nach dem Gewicht des Steinstaubes bezahlt wurden, den sie an einem Tag abfeilten. Vimala-Shah soll 185,3 Millionen Rupien für den Bau des Vimala-Tempels ausgegeben haben. Der Baugrund, welchen er den Brahmanen abkaufen mußte, mißt etwa 43 × 28 m. Er belegte diese Fläche mit den damals gebräuchlichen Goldmünzen, von denen jede ca. 6,5 cm² bedeckte und rund 25 Rupien kostete. Es ergab sich ein Quadratmeterpreis von 38 450 Rs./m². Für die insgesamt

1204 m² hätte Vimala Shah also 46 Millionen Rs. bezahlt und es bliebe die durchaus glaubwürdige reine Bausumme von 139 Millionen Rupien.

Schon die Pallavas versuchten, dem sauber bearbeiteten und mörtellos versetzten Verband der Steine eine zusätzliche Standfestigkeit zu geben. In regelmäßigen Intervallen legten sie dünne Schichten aus großflächigen Granitplatten in das Mauerwerk. Solche Binderschichten waren besonders wichtig, wenn eine Raumbegrenzung zweischalig aufgeführt wurde und man den Zwischenraum mit Gesteinsbrocken füllte. In Orissa ging man zu Beginn des 2. Jahrtausends dazu über, die Steine einer jeden Schicht direkt miteinander zu verbinden. Zu beiden Seiten einer Fuge meißelte man schwalbenschwanzförmige Vertiefungen und paßte einen Formstein ein. Der Arbeitsaufwand war außerordentlich groß. Nachdem eine Schicht der Roh-Architektur verlegt war, mußten für mehrere hundert Steinklammern die Negativformen exakt ausgehöhlt werden. Die Verklammerung der Steine erfolgte nur horizontal, vertikale Verbindungen waren nicht üblich.

In Konarak sehen wir Steinverbindungen, die uns von griechischen Tempeln bekannt sind. Im Abstand von etwa 6 cm von der Fuge wurden Löcher in die Steine gebohrt. Die Löcher verband man mit einer Rinne und schlug dann eine Eisenklammer in die Vertiefungen. Eisen wurde in Konarak nicht nur verwendet um einzelne Steinschichten zusammenzuhalten, sondern auch als «Bewehrung» verschiedener Steinkonstruktionen. Die Erfahrung, daß ein Kraggewölbe das Gleichgewicht verliert, sobald $k > w$, führte dazu, daß man im Innenraum der Mukhashala von Konarak vier kräftige Pfeiler errichtete. Sie sollten einen Teil der Dachlasten über das Geviert der Architrave abfangen. Die gesamte Konstruktion schien den Architekten jedoch in den gewählten, monumentalen Dimensionen nicht ausreichend gesichert, und sie versuchten, das Mauerwerk des Pyramidendaches sowie alle im Bauwerk vorgesehenen Architrave zu verstärken, indem sie schmiedeeiserne Stäbe in das Mauerwerk und unter die Architrave legten. Die meisten dieser Eisenstreben haben einen Durchmesser von 10–15 cm, an besonders gefährdeten Punkten fand man regelrechte eiserne Unterzüge mit einer Höhe von 25 cm. In Anbetracht einer sonst relativ einfachen Bautechnik bemerken wir mit Erstaunen, daß man die Vorzüge des Eisens genau erkannte und auch gezielt einzusetzen verstand. Steinarchitrav und untergelegte Eisen können in ihrer statischen Wirkungsweise mit Stahlbetonträgern verglichen werden. Die im oberen Teil eines Trägers auftretenden Druckspannungen werden vom Steinarchitrav aufgenommen. Die Zugspannungen aber, die in der unteren Zone auftreten, können vom Stein nicht, vom Eisen aber mühelos abgefangen werden. Voraussetzung für die Wirksamkeit dieser Konstruktion ist im Stahlbeton, daß Stahl und Beton fest miteinander verbunden sind. Stein und Eisenstäbe bilden zwar in Konarak nicht diese statisch günstige Einheit; die großen Lasten über den Auflagern der «bewehrten» Architrave verbinden aber Stein und Eisen gewissermaßen am Auflager durch eine starke Pressung beziehungsweise einen hohen Reibungswiderstand.

Zeittafel

v. Chr.	Geschichte Indiens
2500–1500	Blütezeit der Industalkultur
1500	Invasion der Aryas
800	Veden werden niedergeschrieben
563–483	Gautama Buddha, der «Erleuchtete»
326–325	Indien-Feldzug Alexanders
273–232	Kaiser Ashoka aus der «Maurya-Dynastie» Ausbreitung des Buddhismus über das gesamte Maurya-Imperium
185–72	Shunga-Dynastie in Nordindien
20	Erster südindischer Gesandter bei Augustus Caesar

v. Chr.	Bauten
	Städtebau: Mohenjo Daro und Harappa erste Kragbögen
250	Ediktsäulen Lomas-Rishi-Höhle Sudama Höhle Ziegel-Stupa in Sanchi
150	Vergrösserung des Stupa von Sanchi erste Hinayana-Hallen in Ajanta
1. Jahrhundert	Chaitya-Halle in Karla
25	Toranas von Sanchi

n. Chr.	**Geschichte Indiens**
120–162	Kanishka
320–499	Dynastie der Guptas
465	Einfall der weissen Hunnen unter Toramana
543–757	Dynastie der Frühen Chalukyas in Südindien
757–900	Hegemonie der Pallavas in Südindien
760–800	Krishna I. aus der Dynastie der Rashtrakutas in Mittelindien
846–1279	Dynastie der Cholas in Südindien
973–1189	Dynastie der Späten Chalukyas
986	Sabuktigin von Ghazni fällt in Indien ein
997–1030	Mahmud von Ghazni unternimmt 17 Beutezüge nach Indien
1111–1310	Dynastie der Hoysalas
1206	Kutub-ud-din-Aibak, erster Sultan von Delhi
1371	Der unter Mohamud Bin Tuglakh gegründete islamische Staat um Madurai wird von den Hindu-Königen von Vijayanager erobert
1526–1857	Moghul-Dynastie in Nord- und Mittelindien
1529–1736	Letzte Blütezeit hinduistischer Königreiche in Südindion
1772–1785	Warren Hastings, erster britischer General-gouverneur

n. Chr.	**Bauten**
2. Jahrhundert	Letzte Hinayana-Hallen in Ajanta Stupa-Hof in Takht-I-Bahai
450	Ladh Khan-Tempel in Aiholi
500	Durga-Tempel in Aiholi
450–642	Mahayana-Hallen in Ajanta
650	Rathas in Mahaballipuram
700	Strand-Tempel in Mahaballipuram
8. Jahrhundert	Kailas-Tempel in Ellora erste Erwähnung Madurais
975	Mukteshvara-Tempel in Bhubaneshwar
1010	Brihadeshvara-Tempel in Tanjore
950–1050	Tempel in Khajuraho
1021	Vimala-Tempel in Mount Abu
1075	Brahmeshvara-Tempel in Bhubaneshwar
1200	Rajarani-Tempel in Bhubaneshwar
1230	Tejapala-Tempel in Mount Abu
1250	Surya-Tempel in Konarak
1268	Keshava-Tempel in Sonathpur
3.–17. Jahrhundert	Erweiterungen der Tempelstadt Madurai Ausbau einer grossen Zahl von südindischen Tempelstädten

Glossar

Ajivikas	Mönche einer Sekte, die aus dem Jainismus hervorging
Amalaka (m.)	Turmbekrönung in der Form einer flachen Frucht
Anda (n.)	wörtl.: Ei; die runde Kuppel eines Stupa
Apsaras (f.)	himmlische Nymphen
Aryas	Hirten- und Reiterstämme, die im 2. Jahrtausend v. Chr. nach Indien einwanderten
Bada (m.)	Sockelgeschoß bzw. Erdgeschoß eines Shikhara
Beki (m.)	wörtl.: Nacken; Steinplatte zwischen Chapra und Amalaka
Bhakti-Yoga (m.)	der Weg der Liebe und Hingebung; Verehrung als Gottesdienst
Bhog-Mandir (n.)	Opfer-Pavillon
Bodhisattva (m.)	buddhistischer Heiliger; «Noch-nicht-Buddha»
Brahma (m.)	Gott, der Schöpfer
Brahman (n., m.)	Weltseele, höchstes Ordnungsprinzip
Brahmane (m.)	Angehöriger der Kriegerkaste
Brahma-Sthana (n.)	in der Mitte liegendes Planfeld eines Mandalas
Catusala (f.)	Atriumhaus
Chaitya (m.)	Reliquienschrein, Altar
Chaitya-Halle	buddhistische Gebetshalle, Basilika
Chandellas	nordindisches Königshaus, 9. Jh. n. Chr. bis 12. Jh. n. Chr.
Chapra (f.)	Turm mit parabelförmigem Umriß
Cholas	südindische Dynastie, 9. Jh. n. Chr. bis 13. Jh. n. Chr.
Deva (m.)	wörtl. der Glänzende
Devadasi (f.)	Tempeltänzerin
Dravida-Stil	südindischer Baustil
Draviden	dunkelhäutige Urbevölkerung Indiens
Dvisala (f.)	Winkelhaus
Eksala (f.)	einfacher, nicht abgewinkelter Baukörper
Gandhara	Landschaft und Königreich im Norden von West-Pakistan
Garbha-Griha	wörtl.: Schoß, Cella eines Hindu-Tempels
Gnjana-Yoga (m.)	der Weg des Wissens
Gopura (n.)	Torturm
Gudha-Mandapa (n.)	Vorhalle der Tempel Nordwestindiens
Gujarat	Landschaft im Nordwesten Indiens
Guptas	Dynastie, 4. Jh. n. Chr. bis 6. Jh. n. Chr.
Harmika (f.)	Reliquienschrein, stilisierter Zaun um die Chattravali
Hinayana (n.)	wörtl.: das kleinere Fahrzeug; ursprünglich atheistische Richtung des Buddhismus
Indra (m.)	höchster Gott der Veden, Gott des Donners und der Blitze
Ishvara (m.)	Gott, der Weltenherr
Jagamohan (n.)	Versammlungsraum
Jains	Angehörige einer Religionsgemeinschaft die von Mahavira, einem Zeitgenossen des Buddha, begründet wurde
Jatakas	Legenden von den Vorleben des Buddha
Kailas (m.)	Götterberg im Himalaja, Sitz Shivas
Kalasha	Spitze des nordindischen Tempelturmes in Form einer Vase
Kalpa	ein Tag im Leben Brahmas
Karma-Yoga (m.)	der Weg des selbstlosen Handelns

Keshava (m.)	Aspekt Vishnus
Konaka-Ratha (m.)	oder: Konaka-Paga; vorspringender Eckpfeiler eines Shikhara
Kshatriya (m.)	Angehöriger der Kriegerkaste
Kudu	Hufeisenförmiges Sonnenfenster in der Giebelfassade einer Chaitya-Halle
Lingam (n.)	Darstellung Shivas als Phallus
Magadha	nordindisches Königreich
Maha-Mandapa (n.)	wörtl.: große Halle
Mahayana (n.)	wörtl.: großes Fahrzeug; theistische Richtung des Buddhismus
Mahayuga (n.)	«großes Weltzeitalter», 4320000 Jahre
Maithuna-Paare	Liebespaare
Manasara (n.)	mittelalterliches Architektur-Lehrbuch
Mandala (n.)	magisches Zeichen
Manduka-(n.)	Mandala über 8×8 Quadratflächen
Padmagarbha-(n.)	Mandala über 16×16 Quadratflächen
Paramasayika-(n.)	Mandala über 9×9 Quadratflächen
Sthandila-(n.)	Mandala über 7×7 Quadratflächen
Vastu-Purusha-(n.)	magische Zeichen, welches den im Bauplatz residierenden Dämon bezwingt
Mandapa (n.)	Versammlungsraum vor einem südindischen Tempel
Mantram (n.)	Gebetsformel
Marma (n.)	Schnittpunkt zweier Pada-Trennlinien
Mauryas	Dynastie, 4.–2. Jh. v. Chr.
Medhi (f.)	Sockelgeschoß eines Stupa
Meru (m.)	Berg der Welten
Mudra	Hand- oder Körperhaltung beim Gebet
Mukhashala (f.)	Versammlungsraum vor einem nordindischen Tempel
Nagara-Stil	wörtl.: Stil der Städter; nordindischer Baustil
Nandi (m.)	Stier, Reittier Shivas
Nandi-Mandapa (n.)	Pavillon, der eine Darstellung des Nandi enthält
Nat-Mandir (n.)	Tanzpavillon der Tempel von Orissa
Nav-Choki (n.)	Säulenhalle zwischen Gudha-Mandapa und Nat-Mandir
Nirvana (n.)	das Nichts, das Erlöschen
Pada (m.)	quadratische Teilfläche eines Mandalas
Paga (m.)	synonym zu Ratha; Pilasterartiger Vorsprung
Panjab	wörtl.: Fünfstromland, Landschaft im Norden Indiens und West-Pakistans
Pida (m.)	Terassendach, welches die Mukhashala abschließt
Pida-Deul	Mukhashala-Bau
Pradakshina (f.)	Ritus des Umschreitens eines Kultobjektes
Pradakshina-Patha (m.)	Umwandlungspfad
Purusha (m.)	Urmensch, Urgeist, personifizierter Kosmos
Puja (n.)	hinduistischer Gottesdienst mit Opferritus
Raja (m.)	König
Raja-Yoga (m.)	der königliche Weg zur Einswerdung mit dem Brahman

Ranga-Mandapa (n.)	wörtl.: farbige Halle; Tanzpavillon der Jain-Tempel
Ratha (m.)	a) als Wagen gedachter Tempel b) Pilasterartiger Vor- oder Rücksprung in der Fassade eines Tempels im Nagara-Stil
Rekha-Deul	nordindischer Cellabau über einem quadratischen Grundriß
Shakas	Dynastie, 1.–4. Jh. n. Chr.
Shakti (f.)	weiblicher Aspekt eines Gottes
Shikhara (m.)	nordindischer Tempelturm
Shilpa Prakasha (n.)	mittelalterliches Architektur-Lehrbuch
Shiva (m.)	Gott, der Zerstörer
Shivaiten	Hindus, die in Shiva den höchsten Gott sehen
Shudra (m.)	Angehöriger der Landarbeiter-Kaste
Shungas	Dynastie, 2.–1. Jh. v. Chr.
Solankis	Dynastie der Chalukyas von Gujarat
Stambha (m.)	monumentale Säule, oft freistehend
Sthapati (m.)	Priester-Architekt
Stupa (m.)	halbkugelförmiger Grab- oder Reliquienhügel
Surya (m.)	Sonnengott
Svastika (m.)	Hakenkreuz
Tantras (n.)	Geheimlehren
Thabha (m.)	Zaunpfosten
Torana (m.)	Tor
Triratna	wörtl.: drei Juwelen; buddhistisches Symbol
Trisala (f.)	einseitig geöffnetes Atriumhaus
Upanishaden (f.)	philosophische Anhänge der Veden
Vaishya (m.)	Angehöriger der Händlerkaste
Vajralepa (m.)	durchsichtiger Steinkleber
Vajrayana (n.)	wörtl.: Diamant-Fahrzeug; tantrische Richtung des Buddhismus
Varahi (f.)	eine der «sieben Mütter», Göttin
Vastu (n.)	a) Bauplatz b) Rest (einer Division)
Vastu-Purusha (m.)	Dämon, der in jedem Bauplatz residiert
Vastu-Vidya (f.)	die Lehre von der Architektur, Architekturtheorie
Veden (m.)	Sammlung heiliger Überlieferungen; urzeitliche Offenbarungen
Vedika (f.)	Zaun
Vesara-Stil	Baustil, der eine Mischung nord- und südindischer Elemente zeigt
Vihara (m.)	buddhistisches Kloster
Vimana (m.)	südindischer Tempelturm; Himmelswagen
Vishnu (m.)	Gott, der Erhalter
Yantram (n.)	magisches Zeichen, Diagramm, Instrument
Yavana (m.)	Grieche
Yoga (m.)	wörtl.: Weg; Weg zur Einswerdung mit dem Brahman
Yogini-Yantram (n.)	sich aus Dreiecken zusammensetzendes Yantram aus Orissa
Yuga (n.)	Weltzeitalter

Bibliographie

Acharya, P. K.
An Encyclopaedia of Hindu Architecture
Oxford University Press, 1927–1946

The Annual Reports of the Archaeological Survey of India
Calcutta, New Delhi

Bhattacharyya, T.
The Canons of Indian Art. Mukhopadhyay, Calcutta, 1963

Boner, A. und Rath Sarma, S.
Silpa Prakasa. Brill, Leiden, 1966

Brown, P.
Indian Architecture
Taraporevala, Bombay, 1965

Coomaraswamy, A. K.
History of Indian and Indonesian Art. Dover Publications, New York, 1965

Diez, E.
Die Kunst Indiens. Athenaion, Berlin 1925

Fabri, Ch.
An Introduction to Indian Architecture
Asia Publishing House, Bombay, 1963

Fergusson, J.
History of Indian and Eastern Architecture
Munshiram Manoharlal, Delhi, 1967

Fischer, K.
Schöpfungen indischer Kunst. DuMont Schauberg, Köln, 1959

Frédéric, L.
L'Inde, ses temples, ses sculptures. Arts et Métiers Graphiques, Paris, 1959

Gangoly, O. C.
Indian Architecture. Kutub Publishers, Bombay, 1954

Goetz, H.
Fünf Jahrtausende indischer Kunst. Baden-Baden, 1959

Havell, E. B.
Indian Architecture. London, 1913

Kramrisch, S.
The Hindu Temple. University of Calcutta, 1946

La Roche, E.
Indische Baukunst. München, 1921

Marshall, Sir J. H.
The Monuments of Sanchi. Archaeological Survey of India
Calcutta, New Delhi, 1913–1914

Rambach, P. und Golish, V. de
Indische Tempel und Götterbilder, Biberach, 1954

Rowland, B.
The Art and Architecture of India. The Pelican History of Art, 1953

Shukla, D. N.
Vastu – Sastra, Vol. I. Bharatiya Vastu-Sastra Series
Punjab University, Chandigarh, 1960

Wu, Nelson
Architektur der Chinesen und Inder. G. Braziller, New York, 1963

Zimmer, H.
The Art of Indian Asia. Bollington Series XXXIX, 1960

Quellen zu den Textzeichnungen und Plantafeln

(o = oben, u = unten, r = rechts, l = links)

Acharya, P.K.: 49

Archaeological Survey of India: 17/18, 41 lo, 41 r, 48, 56, 59/60, 88 l, 95, 98 o, 98 u, 99, 100 r, 104, 106, 133 u, 134, 138 l, 146, 172, 181

Batley, C.: 41 lu

Brown, P.: 13, 91, 97, 100 l, 136, 145, 148

Fergusson, J.: 42 lo, 42 r

Fischer, K.: 90, 180 l

Gangoly, O.C.: 96

Kramrisch, S.: 591

Rowland, B.: 9

Shukla, D.N.: 45

Sompura, O.: 44

Volwahsen, A.: 42 lu, 51, 52, 53, 54, 55 r, 57, 87, 88 r, 94, 102, 105, 133 o, 138 r, 141, 142, 149, 151, 152, 171, 176, 178, 179, 180 r, 182

Inhaltsverzeichnis

Verzeichnis der Pläne

Verzeichnis der Pläne, Risse und Karten